STUDIES OF
EUROPEAN AND AMERICAN

HISTORY (Vol.1)

中国社会科学院
"登峰战略"欧美近现代史优势学科

欧美史研究
（第1辑）

孟庆龙
王宏波 ／主 编

社会科学文献出版社
SOCIAL SCIENCES ACADEMIC PRESS (CHINA)

《欧美史研究》编委会

目 录
contents

英国农业革命初探

王章辉

英国工业革命以前，农业是国民经济中的主要部门，农业人口占全国人口的绝大多数。农业从自给自足的状态发展到适应现代大工业发展需要的现代化农业，对工业化的进程、对社会经济结构和阶级结构都产生了深刻的影响。因此，深入研究农业革命的历史对正确理解英国近代社会经济和政治的发展具有十分重要的意义。

一 农业革命的内涵与分期

经济史学家对"农业革命"的内涵及其分期有各种不同的解释。以前许多学者认为农业革命是和工业革命同时发生的（发生在 1760～1830年），后来有的学者把这个时期往前推到 17 世纪，往后推到 19 世纪末。[①]

农业史专家钱伯斯和明格把同传统耕作制度的决裂和新耕作制度的采用以及农业发展速度的加快，看成农业革命的重要内容。他们认为农业革命从 17 世纪初就开始了，但主要发生在 1750～1880 年这一时期。[②]

克里吉讲的农业革命就是农业生产本身的变革，他的分期与众不同，

[①] G. E. 明格：《英国史中的农业革命再考》（G. E. Mingay, "The Agricultural Revolution in English History：A Reconsideration"），载 W. E. 明钦顿（主编）《土地史论文集》[W. E. Minchinton (ed.), *Essay in Agrarian History*] 第 2 卷，戴维和查尔斯出版社，1968，第 11 页。

[②] J. D. 钱伯斯和 G. E. 明格：《农业革命，1750—1880》（J. D. Chambers and G. E. Mingay, *The Agricultural Revolution*，*1750 - 1880*），伦敦，1966，第 4 页及以后。

认为农业革命发生在 1560～1767 年。他说，农业革命的主要成就是 1720 年以前达到的，而其中的大部分则是在 1673 年以前取得的。[1]

马克思在《资本论》中多次使用"农业革命"[2] 一词，其含义主要是指圈地运动引起的土地关系的变革，它开始于 15 世纪最后 30 年。同时马克思也指出，随着土地所有权关系变革而来的耕作方法的改进、协作的扩大、生产资料的积聚等，推动了农业生产的发展。[3] 可见马克思是把土地所有制的变革同农业生产的发展联系起来看的。

笔者认为，英国的农业革命是从传统农业，即中世纪自给自足的农业向近代农业的转变，也即向资本主义大农业的转变过程。农业革命的基本内容有四个方面：第一，在土地关系方面消除原始的村社公用地的残余，变封建的土地所有制为资本主义的土地所有制，也就是把封建地产变成完全的私有财产；第二，使农业从自给自足的状态转变为适应资本主义大工业和城市发展需要的商品化农业；第三，革新农业生产技术；第四，把大批固着于土地的农民变成可以自由流动的劳动者，为大工业和大农业的发展提供劳动力。

若用农业革命的这四项基本内容来衡量，那么农业革命显然是经历了一个比较长的历史时期，它起始于 15 世纪最后 30 年开始的圈地运动，结束于 19 世纪中叶集约化农业的建立。农业革命大体上可以分为三个时期。第一个时期（15 世纪最后 30 年到资产阶级革命前）的主要事件是早期的圈地运动和 16 世纪寺院土地的世俗化；资本主义生产关系开始渗入农村，资本主义农场开始发展，市场地租开始取代习惯地租；[4] 新作物和新的耕作制度相继出现。

第二阶段从资产阶级革命开始到 18 世纪 50 年代，资产阶级革命废除

---

[1] E. 克里吉：《农业革命》（E. Kerridge, *The Agricultural Revolution*），伦敦，1967，第 181、194、328 页。

[2] 《资本论》英文版用的是 agrarian revolution 一词，译为土地革命更确切一些。

[3] 马克思：《资本论》第 1 卷，人民出版社，1975，第 791、795、811～812、814 页。

[4] 前资本主义的地租分劳役地租、实物地租和货币地租三种形式，到 16～17 世纪，货币地租已占主导地位，这时货币地租大体又可分为三种类型，即习惯地租、改进地租和市场地租。

了骑士领地制；大批国王、教会和保王派封建贵族的地产被拍卖，变成了完全的私有财产；新的耕作制度和农业技术逐渐传播开来，农业生产获得很大发展。

第三阶段是通过议会立法进行大规模圈地及农业实现近代化的时期（18 世纪 60 年代至 19 世纪 70 年代）。这一时期圈地运动基本结束；资本主义农场占据了优势；农业生产开始广泛使用新肥料、新排水办法和农业机械，为集约化农业奠定了基础；农民作为一个阶级基本上消失。

前两个时期圈地规模有限，土地关系的变革还很不彻底，农业耕作和栽培技术的变化才刚刚开始，因此这一时期仅仅是农业革命的初始阶段，农业革命中的重大变化主要发生在第三阶段。

应当指出，农业革命与通常说的革命不同，它不是突发性的急剧变革，而是持续几个世纪、通过一系列时快时慢的技术进步而完成的历史过程。农业生产没有像工业生产那样因新机器和新技术的采用而出现明显的飞跃，倒表现出更多的渐进性。

二　土地关系的变革

在农业革命时期，英国有三种土地所有制并存：封建大土地所有制、农民小土地所有制和资产阶级土地所有制。

封建土地所有制的一个特点就是土地占有者不能任意支配土地，他们的土地所有权是不完全的。在封建时代，封臣除了缴纳形形色色的封建捐税以外，他们的地产还受到封建主的种种限制，土地传给后代时要缴纳继承捐；领主对未成年继承人实行监护制度，当他们成年时要缴纳相当于年收入一半的转让费；领地非经领主同意不得随意转让，国王土地的直接领有者只有向国王缴纳年收入 1/3 以上的过户税后，方能转让。农民类型的土地占有者自由持有农和公簿持有农对领主（包括教会）的封建义务更多，他们除了向领主缴纳一定的地租外，还要履行其他种种封建义务，缴纳捐款，接受领主法庭的审判，缴纳罚金等。在土地关系上，农业革命要解决的问题就是要把这种附有种种封建义务的地产变成土地所有者可以任意支配的私有财产，为资本主义农业的发展扫清道路。

除了封建主的大土地所有制外，旧的土地关系中还有古老的村社土地占有制残余。在圈地以前，耕地以敞地制为基础。这种土地制度扼杀了农民的进取精神；不利于改良畜种；很难采取排水措施，因此生产率低下。①

15 世纪最后 30 年开始的圈地运动、16 世纪上半叶的寺院土地世俗化、17 世纪中叶资产阶级革命时期的土地立法和 18~19 世纪通过议会立法进行的大规模圈地，逐步摧毁了封建的土地关系和原始的土地占有制度。

圈地运动从 15 世纪末叶开始到 19 世纪中叶结束，大部分土地是 18 世纪下半叶和 19 世纪上半叶通过议会立法圈占的。对公用地和敞地的圈围破坏了传统的土地占有关系，使部分土地所有权发生转移，又使土地的经营方式发生变化。对公用地的圈围剥夺了农民对公用地的传统使用权。地主圈地以后，或雇工自己经营，或大片地出租给租地农场主。

圈地是英国土地革命的一种特殊方式，它的目的不是解决农民的土地问题，而是扫除资本主义农业发展的障碍。在圈地过程中，大批小农的土地被剥夺和兼并，大土地所有制在英国占据了统治地位。据对 1790 年英格兰和威尔士土地占有情况的估计，400 家年收入 5000~50000 英镑（平均 1 万英镑）的大土地贵族拥有全部耕地面积的 20%~25%；乡绅所有土地占 50%~60%；而自由持有农仅占有土地 15%~20%。② 前两类均属地主类型，共占有土地 3/4 以上。另据 1873 年英格兰的土地调查登记《新末日审判书》提供的资料，在诺森伯兰和拉特兰两个郡，占地 1 万英亩以上的大地产分别占全郡土地面积（荒地除外）的 50% 和 53%，在英格兰中部和南部的 7 个郡，这样的大地产占各郡土地面积的 30%~38%。③

---

① 英国最新研究成果表明，敞地制下的农业并非完全停滞不前。从 16 世纪开始，块根和牧草等新作物和新的耕作制度及耕作方法已经出现，农业产量和劳动生产率都有一定提高。但敞地制毕竟妨碍着农业的现代化。

② 明格：《18 世纪英格兰的地主社会》（G. E. Mingay, *English Landed Society in the Eighteenth Century*），伦敦，1963，第 26 页。

③ 汤普森：《19 世纪英格兰的地主社会》（F. M. L. Thompson, *English Landed Society in the Nineteenth Century*），伦敦，1963，第 32 页。

大地产是资本主义大农业的基础。

16 世纪除了圈地运动的继续发展以外，造成土地关系变化的最重大事件要算宗教改革时期寺院土地的世俗化。亨利八世于 1536 年和 1539 年关闭大小修道院 576 所，其全部土地收归王室所有，所没收的寺院土地约占全国耕地面积的 1/6。国王把大部分土地出售给了贵族、乡绅和官吏。教会土地所有权是封建土地所有制的宗教堡垒，没收教会地产对封建土地制是一次沉重打击。

16 世纪和 17 世纪初叶，王室和旧贵族因缺少资金，不得不大量变卖土地，也造成土地所有权的重大转移。16 世纪下半叶，王室卖掉了剩余的寺院土地，一些绝后的贵族土地和没收的土地也被国王投入市场。据统计，在 1561 ~ 1600 年，2500 个庄园中有 1/3 易手，在 1600 ~ 1640 年，又有 1/3 以上的庄园易手。[①]

17 世纪中叶的资产阶级革命是摧毁封建土地制度的重要时期。革命期间议会多次通过没收国王、大主教、主教、教长、教士会和保王党贵族的土地，并进行拍卖。在 1647 ~ 1659 年拍卖教会土地 727 次，在 1649 ~ 1655 年拍卖保王党贵族土地 625 次。土地多为大片地拍卖，平均每份售价 100 英镑。虽然对土地占有者规定有 30 天的优先购买权，但很少有农民能筹集到如此数额的款项，所以大部分土地被富人买走。登记在买主名册上的 403 人中，可查到社会成分者 138 人，其中 50.73% 是伦敦的资产者，9.42% 的人是有封号的贵族和乡绅，13.77% 的人是军官，其余买主为债主、官吏、土地承租人和富裕农民等。[②] 除了中央和地方政权机关拍卖的封建地产外，保王党贵族为交罚款，还私自拍卖了大量土地。革命时期所拍卖地产的总和比红白玫瑰战争和没收修道院土地所造成的土地易手的规模还要大。

---

① 施托克马尔：《16 世纪英国史纲》（В. В. Штокмар, Очерки по истории Англии XVI Века），列宁格勒，1957，第 40 页。

② 科斯明斯基和列维茨基主编《十七世纪英国资产阶级革命》第 1 卷（Английская буржу-азная революция XVII Века, под ред. Е. А. Косминского и Я. А. Левицкого），莫斯科，1954，第 382 页。

除了大批封建地产转手以外，议会还于 1646 年 2 月 24 日正式通过法令，废除骑士领地制，取消监护制度和监护法庭。废除与骑士领地相联系的一切封建捐款和义务，一切基于骑士服兵役从国王和其他人那里取得的领地，以及根据封建租佃制直接从国王那里取得的领地都变成了普通的自由领地，变成了资本主义性质的私有财产。但这次对封建土地关系的打击是不彻底的，因为在废除领主对国王的封建义务的时候，并未废除农民对领主的封建义务，公簿持有农的私有权亦没有得到承认。

资产阶级革命还在一定程度上动摇了传统的租佃关系。议会颁布的拍卖封建土地的法律规定要审查土地占有者的占有权，凡不能提供合法文契或其他证明文件者，只得听候驱逐。在王室林地登记和区分划界的过程中（1652 年、1654 年和 1657 年），许多享有公地使用权的村社农民破产，一些林区的茅屋农被清洗。那些新近购得土地的地主不满足于传统的低额地租，纷纷撤租撤佃。把土地大片地出租给愿意支付市场地租的租地农场主。可见这样的土地变动促进了资本主义农场的发展。

在农村商品经济发展的过程中，乡绅和少数约曼农的上层大量购买或从大土地贵族那里租来土地，地租是按惯例确定的，由于价格革命，实际地租已变得微乎其微。他们或者按资本主义方式经营这些土地，获取大量收益，或者以高出所付租金 10 倍的市场地租转租给农场主。那些发了财的城市资产阶级也纷纷在乡间购置地产，他们把地产当作提高自己社会地位的资本，同时也把土地当作营利的工具。乡绅、约曼农上层和城市资产阶级是农村资本主义势力的主要代表，也是农业和工商业结合的纽带。在旧贵族地产减少的时候，他们手中的地产却大量增加。

在农业革命过程中，农民阶级内部的阶级分化非常迅速，富裕农民手中的土地和财富不断增加，贫苦农民虽然人数众多，但占有土地却越来越少。拉弗罗夫斯基对 1793～1815 年圈地的 62 个庄园和教区的圈地裁决书所做的研究表明，那里占农民总数 4.3% 的富裕农民（平均占地 109 英亩）占有全部农民土地的 47.9%，而占农民总数 91.2% 的贫农（平均占地 3.3 英亩）仅占农民土地的 35.2%，其余 16.9% 的土地为中农占有。[①] 这些富裕农民除耕种自有土地以外，往往还租种一部分土地，他们是农村资本主义生产关系的温床，而广大贫苦农民则是城乡无产阶级的后备军。

经过农业革命，土地所有制已发生质的变化，土地所有者摆脱了封建义务的束缚，取得了对地产的完全支配权，他们可以任意买卖、出租或自由耕种自己的土地，这种地产是资本占有的一种特殊形式，属资本主义地产。土地所有者与资本家和工人构成了以资本主义生产方式为基础的现代社会的三大阶级。

在市场经济的推动下，资本主义租地农场迅速发展起来。有些农民卖掉自己的份地，从地主那里租地耕种；有些农民除自有土地外，还租种一部分土地，这两种农民都变成了租地农场主。有些乡绅雇工经营自己的地产，开办农场，有些乡绅同时也是租地农场主。这样的租地农场主即是农业资本家。大农场资金雄厚，易于采用先进的耕作技术，增加投入，生产效率较高，对天灾和市场波动有较强的承受能力，因此在生存竞争中处于优势地位。还有一部分小农业属家庭农场，基本上由家庭独自经营，在播种和收割季节或许要雇请一些临时帮工。这样的小农业已不同于中世纪自给自足的小农经济，而是资本主义商品经济的一部分。当然也有一些占地特别少的人，他们实质上是占有小片宅旁园地的农村雇工。

19 世纪上半叶，英国的耕地绝大部分都为租地农场主和佃农所耕种。1800 年前后，工地所有者自营土地面积仅占耕地面积的 20% 左右，1815 年以后自营土地进一步减少，到 19 世纪末降为 12%。1851 年，占地 300 英亩以上的大农场主 16671 个，占有耕地 1/3 以上，而占地 100 英亩以下的小农场主多达 134000 个以上，但占有耕地不到 22%，其余为占地 100~299 英亩的中等农场（16671 个）。[②] 由此可见，资本主义大农业在英国已占主导地位。

---

① 拉弗罗夫斯基：《17—19 世纪英格兰土地史研究》（В. И. Лавровский, Исследование по аграрной истории Англии XVII — XIX вв.），莫斯科，1966，第 196 页。

② 钱伯斯和明格：《农业革命，1750—1880 年》，第 92~93 页。

三　农业生产的技术变革

英国史学界洛德·厄恩利等老一代农业史家的观点认为，农业的技术变革主要是杰思罗·塔尔（1674～1741）、汤申勋爵（1674～1738）、托马斯·科克（1754～1842）和罗伯特·贝克韦尔（1725～1795）等代表人物在18世纪开创的。新的研究成果表明，农业技术变革早在他们以前，即在16～17世纪已经开始了。他们的作用是把前人取得的成就系统化并加以推广。

应该指出，新的农业技术和农作物的推广是一个漫长的过程，因为全国各地气候、土质、交通和市场状况差别很大，一种新作物和新技术不一定适用于所有地区，而且它们的推广还受到投资能力的限制和农民因循守旧的传统势力的阻碍。

农业生产技术的变革主要有以下几个方面：新作物（人工牧草和块根作物）的种植，耕作制度的进步；人工肥料和化肥的施用；排水技术的发展；农具改良和农业机械的采用；畜种的改良；农业科学的发展；等等。

新作物的种植　新作物主要包括苜蓿、驴喜豆、黑麦草等牧草以及芜菁、胡萝卜和土豆等块根作物。据考证，影响比较大的芜菁是荷兰移民于1565年引入英国的。在安妮女王即位（1702年）前，在英格兰西部和南部多数地方已有种植。苜蓿在17世纪已见一些地方种植。其他人工牧草和块根作物亦陆续从大陆引进。不过，在1540～1640年，新作物对农业的影响还比较弱。以诺福克和萨福克两郡为例，种植块根作物的农场比例在1587～1596年只有0.8%，17世纪80年代上升到10%，18世纪20年代上升到50%。芜菁的种植比苜蓿推广得早，18世纪20年代，芜菁占耕种面积的8%，苜蓿占3.5%，到19世纪50年代以前，这两种作物的种植面积分别占18%和20%。[①] 苜蓿等豆科植物的根部有固氮作用，有利于改良土

---

① 马克·奥弗顿：《农业革命，1650—1750?》（Mark Overton, "An Agricultural Revolution, 1650–1759?"），载爱丁堡1983年经济史学会论文集《农业革命》，第8～10页。

壤。芜菁是极好的饲料。过去畜群因缺乏越冬饲料，一到冬天就不得不大量宰杀。块根作物和人工牧草的种植解决了冬饲料问题，不仅有利于畜牧业的发展，而且可以减少常年牧场，扩大耕地面积。特别是在圈地以后，新作物不再受旧的土地占有制的阻碍，发展更快了。

耕作制度的进步 古老的耕作制度以二圃别为主，即一部分地种谷物，另一部分地休耕，变为常年牧场。实行这种制度时，土地利用效率很低，对种植业和畜牧业的发展都不利。后来发展为二作一休和三作一休制。到17世纪出现小麦—芜菁—大麦—苜蓿轮作的四田轮作制，这就是后来有名的"诺福克制"。实行这种制度时，种牧草产量高，质量好，而且豆科牧草的根瘤菌有固氮作用，有的地方牲口实行圈养，粪肥可集中起来施用。所以这种制度既有利于谷物和畜牧业的发展，又能畜养地力，因此是一大进步。但因全国各地土质差异较大，在黏土地带，耕作比较困难，生产成本高，休耕制、二作一休的三圃制存在时间较长。直到19世纪中叶，新旧耕作制度仍互相交替。在潮湿的西部地带，有些农场主要采用2轮谷物、2轮绿色植物的四田制。有些地方还有五田、六田轮作的，因地而异。

人工肥料和化肥的施用 较早的施肥方法是：在沙土地上施用泥灰，增加团粒结构，固定沙土和薄土；在黏土地上施用石灰、白垩，以增强土壤的透气性。另外就是施用农家肥。以后肥料的种类越来越多，兽骨、鸽粪、牛血、烟灰、毛纺织业和皮革业的废料及城市垃圾等都被用作肥料。兽骨被打成颗粒状或骨粉直接施用，1842年发明过磷酸钙，骨头成为生产高效磷肥的重要原料。除利用本国的兽骨外，英国进口的骨头1823年价值1.5万英镑，在以后14年内年进口值增至25万英镑，即增长15.7倍。[①] 19世纪上半叶，油菜籽饼被广泛用作肥料，对法战争最后5年的消耗量是2.5万吨，1856年上升到27.3万吨，1880年消耗74万吨。[②] 英国还从南美大量进口鸟粪，1841年后的6年间，年进口量从2000吨增加至30万吨。[③]

---

① 钱伯斯和明格：《农业革命，1750—1880》，第174~175页。
② 汤普森：《第二次农业革命》（F. M. L. Thompson, "The Second Agricultural Revolution"），《经济史评论》，第2辑第21卷，1964，第67~68页。
③ 钱伯斯和明格：《农业革命，1750—1880》，第174页。

19 世纪中叶开始使用化肥，其中有过磷酸钙、硫酸砷等。施肥成为农业投入的一个重要方面。

排水技术的发展 英国是一个岛国，年降水量多达 800~900 毫米，加上日照短，湿地和沼地较多，排水是农业中的一大问题。在敞地制时，土地条块分割，分属不同的所有者，排水技术很难推广，圈地排除了这一障碍。排水技术本身也不断改进，1843 年约翰·里德发明机制陶管技术，使排水变得简便易行，且降低了成本。排水技术的进步使以前不宜耕种的潮湿黏土地变成了可耕地，扩大了耕地面积。

农具和农业机械的采用 18 世纪农具有很大进步，工业革命为农具的改良、农业机械的发明和推广创造了条件。18 世纪末，铁制农具广泛取代了木制农具，铁犁取代了木犁，铁造的压土机和铁耙取代了石滚和木耙，工厂生产的标准化农具部件使农具的修理和更新变得简便易行。拿破仑战争（1793~1815 年）开始以后，由于劳动力供不应求，工资上升，于是农场主们极力寻求使用节省劳动力的机械，农业机械化的速度加快。

杰思罗·塔尔在 18 世纪上半叶就发明了条播机和马拉锄。1780 年安德鲁·米克尔发明脱粒机，19 世纪初叶发明收割机，此外还发明了摊晒机、簸谷机、饲料加工机（切草、切片、粉碎）。19 世纪二三十年代一些地区采用了以蒸汽为动力的排水设备、蒸汽脱粒机等。

农业机械的逐渐采用对提高农业劳动生产率、提高农业集约化程度、相对减少农业劳动力还是起了重要作用的。从 1801 年至 1881 年，农业劳动力在全国劳动力中的比例从 35.9% 下降到 12.6%。[1] 在 19 世纪，英国农业的机械化程度和劳动生产率在欧洲是最高的，农业劳动力在劳动力中的比例最低。据克拉夫茨统计，若以 1970 年的美元币值计算，人均国民收入在 550 美元时，大不列颠从事农业的男劳力比重是 28.6%（1840 年），法国是 50.6%（1870 年）。[2]

---

[1] 迪安和科尔：《英国的经济增长，1688—1959》（Phyllis Deane and A. W. Cole, *British Economic Growth, 1688—1959*），剑桥，1962，第 142~143 页。
[2] 克拉夫茨：《工业革命时期英国的经济增长》（N. F. R. Crafts, *British Economic Growth during the Industrial Revolution*），牛津，1985，第 57 页。

但是，对农业机械化的速度不宜估计过高。直到 19 世纪上半叶，尽管许多农业机械已发明出来，但普及率并不高，许多地方仍在采用原始农具或改良农具。直到 19 世纪上半叶，农业产量的提高主要还不是采用机械的结果，而是改变耕作制度，加强管理及扩大耕地面积的结果。

畜种的改良　圈地为牲畜的改良提供了良好的客观条件。有名的育种专家罗伯特·贝克韦尔约在 1745 年开始育种试验，他采用良种杂交、纯种选育方法，培育出育肥快、出肉率高、饲料消耗少的新莱斯特羊。他用米德兰战马与大陆母马杂交，培育出大种重挽马。

贝克韦尔仅是改良畜种的一位杰出代表，在他的前人和同时代人中已有不少成功的育种专家。考文垂附近的韦布斯特·坎利约在 1750 年成功地改良了兰开斯特长角羊。约瑟夫·艾洛姆在贝克韦尔前就为改良兰开斯特羊奠定了基础。苏塞克斯的约翰·埃尔曼约在 1780 年培育出适宜于坡地牧场的短毛羊，肉和毛的产量都很高。科林兄弟在达林顿附近培育出产肉和产奶量高的短角牛种。

畜种的改良和饲料质量的提高，使牲畜育肥期缩短，出肉率提高。19 世纪上半叶，牛的育肥期从 5~6 年缩短到 2 年，羊的育肥期从 4 年缩短为 2 年。[1]

农业科学的发展　农业科学随着农业生产的发展而发展起来。到 19 世纪，科学家已研究了土壤的化学成分，知道矿物质在植物生长中的作用，并在该世纪中叶发明了化学肥料。1840 年英国出版了德国化学家李比希（1803~1873）的《有机化学在农业和生理学上的应用》，奠定了农业化学的基础。16 世纪以来，英国出版了大量农业著作。16 世纪出版了 34 部，17 世纪增至 49 部。其中有哈布雷尔·普拉特斯的《农业的实际改良》，科尼利厄斯·维姆登的《大沼泽地排水工程概况》，沃尔特·布里奇的《英国改良土壤的成就》，等等。18~19 世纪的农业著作更不胜枚举，最主要的作者有杰思罗·塔尔、威廉·马歇尔、阿瑟·扬、笛福、纳撒尼尔·肯特等。

---

[1]　休克尔：《工业化时期的农业》（G. Hucckell，"Agriculture during Industrialization"），载弗拉德和麦克洛斯基（主编）《1700 年以后的英国经济史》第 1 卷 [R. Floud and D. Mccloskey（eds.）*The Economic History of Britain Since 1700*]，剑桥，1981，第 187 页。

18 世纪末和 19 世纪初，英国成立了一系列促进农业生产的组织，例如 1793 年成立以阿瑟·扬为书记，约翰·辛克莱为主席的农业协理会（The Board of Agriculture），[①] 它的通讯员提供了各郡圈地和农业生产的报告，提供了大量农业资料，并在推动圈地运动和推广农业新技术方面起了促进作用。1838 年成立英格兰皇家农业协会，2 年后维多利亚女王发给该社团特许状。该协会通过举办展览、在各地举行会议、出期刊等方式，传播农业科学知识。此外还有农场主俱乐部、农业联合会等组织，都在促进新式农业的发展方面起了作用。1845 年建立赛伦塞斯特农业学院，开创了英国农业教育的先河。

资本主义大农业的确立、新的耕作制度的采用和新作物的广泛种植、农业机器和农业化学的推广，使农业单位面积产量大幅度提高，据估计，小麦每英亩平均产量在 1650 年大约是 11 蒲式耳，1800 年大约是 19.5 蒲式耳，19 世纪 50 年代提高到 34.8 蒲式耳，即在 1650～1800 年的 150 年间，每英亩小麦产量提高了 77%，而后在 19 世纪上半叶就提高了 79%。[②] 1790 年以后农业生产率增长的速度逐渐加快，1790～1815 年的年增长率约为 0.2%，1816～1846 年的年增长率约为 0.3%，1847～1870 年的增长率约为 0.5%。从 19 世纪 30 年代末到 50 年代末，小麦产量大约提高了 50%，而农业劳动力只增长了 5%。农业的商品化程度亦有很大提高，1700 年一个农民只能养活 1.7 人，而到 1800 年能养活 2.5 人。[③] 到 19 世纪第 3 个 25 年期间，集约化农业逐步建立起来，农业革命基本完成。

四 农业革命在英国经济现代化中的地位和作用

英国在世界上最早实现工业革命，是这个国家社会、经济和政治等各

---

① 有人译为"农业部"，是不对的，因为它只是一个得到政府资助的民间机构。英国的农业部（也叫 The Board of Agriculture）成立于 1889 年。

② 特纳：《18 世纪英格兰的农业生产率》（M. Turner., "Agricultural Productivity in England in the Eighteenth Century: Evidence from Crop Yields"），《经济史评论》，第 2 辑第 35 卷，1982，第 504 页。

③ 弗拉德和麦克洛斯基（主编）《1700 年以后英国的经济史》第 1 卷，第 70～71、192 页。

种因素发展综合作用的结果，单就经济因素而言，我们应特别注意当时国民经济的主要部门农业的演进在经济现代化过程中的地位和作用。农村资本主义关系的较早出现、土地关系和农业生产技术的变革、较大规模的商品化农业的建立，在为工业革命创造条件和促进其发展方面，起了关键性的作用，这主要表现在以下几个方面。

第一，为工业革命积累和提供资本。通过农业革命，地主们把地租提高了一倍或几倍，使收入成倍增加。那些按资本主义方式亲自经营地产者，收入增长更快。大农场主和富裕农民也从农业生产的发展中获益。这些人手中积攒了相当数量的剩余资本。他们除了向农业投资以外，还大量地向工矿业和交通运输业投资。地主们对修建运河、公路和铁路表现出特殊的兴趣，有的是为了解决自己煤矿的运输问题，有的是为了运进农业所需设备和运出农产品。据调查，修建铁路提高了农场出租的收益，因距车站远近不同，出租收益可提高 5%～20% 不等。[①] 英国第一条运河的开凿人布里奇沃特公爵是大地主兼煤矿主。在 1758～1801 年通过的 165 个运河法中，至少有 90 个与运煤有关。在这期间运河公司发行的 1300 万英镑股票中，大部分被地主认购。[②] 在约克郡和达勒姆郡拥有大量地产的沃尔特·斯坦厄普同时在煤炭、冶铁和纺织工业中投资，他发起开凿巴恩斯利运河的法案。莱斯特郡的改良型牧场主约瑟夫·威尔克斯既发起开凿运河，又是银行家、棉纺织业主和小工业城镇米沙姆的创建人。约克郡的菲茨威廉伯爵、坎伯兰的劳瑟家族、达勒姆勋爵、德文公爵、伦敦德里侯爵等在工矿业和交通运输业都有大量投资，特伦特河北部许多工业企业都是土地贵族兴建的。资产阶级和地主阶级在经济发展过程中互相渗透，这是英国的一大特点。地主们通过直接向工矿业、交通运输业和城市房地产投资，跻身于工商界，或者与后者联姻；而发了财的工商业者为了提高自己的社会地位，也纷纷到农村购置地产，他们把商业精神带到农村，对农村资本主义的较早发展起了积极作用。克拉克教授写道："在英国，很难找到一个

---

① 汤普森：《19 世纪英格兰的地主社会》，第 256 页。
② 钱伯斯和明格：《农业革命，1750—1880》，第 203 页。

纯地主阶级。"[1]

18世纪的圈地运动促进了乡村银行的发展，通过这些银行的集资渠道，英格兰西南部、中部和东南部农村的游资转移到西北部新兴的工业区，为蓬勃发展的棉纺织业和加工金属业等提供了资本。

第二，在农业革命中，广大农民摆脱了对土地的依附状态，一大批农民被剥夺生产资料，成为随时可以满足工业革命需要的自由劳动者。关于这个问题，本人另有专文论述，[2]这里从略。

第三，为工业提供原料，为城镇人口提供粮食。工业的发展和城镇人口的迅速增加，扩大了对工业原料和粮食的需求。仅在18世纪，英格兰和威尔士的羊毛产量就增长了一倍，羊肉增长的速度超过了人口的增长速度，兽皮、油脂等工业原料也有相当程度的增长。在农业革命过程中，还引种了纺织业所需要的茜草、靛蓝、菘兰等染料作物及大麻和亚麻等纤维作物。

农业生产的发展部分地满足了迅速发展的人口对食品的需求。1701~1801年英格兰人口增加了72%，而食品自给率从101%降为90%，仅降低了11个百分点。[3]

第四，农业革命扩大了国内工业品市场，一些学者强调海外市场在工业发展中的意义，实际上国内市场的作用更大。拿工业革命中最先发展起来的棉纺织工业来说，它的发展首先就是为了满足国内的需求。

农业的技术变革，特别是排水工程的发展、化肥的施用，铁制农具和农业机械的推广，推动了农用工业的发展。石灰被广泛地用作肥料增加了对煤炭的需求，奶制品生产的扩大需要更多的金属容器。在工业革命以前，许多农民从事家庭手工业生产，许多工业品都是农民自己生产的，大批农民流入城市后，必然要扩大工业品市场。而且在农业革命过程中，不仅地主和租地农场主增加了收入，有些农民的收入也有增

---

① 琼斯：《农业与工业革命》（Jones, E. L., *Agriculture and the Industrial Revolution*），牛津，1874，第160页。

② 参见王章辉《圈地运动——工业革命劳动力的重要来源》，载《世界历史》1984年第4期。

③ 弗拉德和麦克洛斯基（主编）《1700年以后的英国经济史》第1卷，第70~71页。

加，使他们有可能扩大用于购买工业品的开支比例，扩大对工业品的总需求。

纵观英国的农业发展史可以看到，英国农业革命有些不同于其他国家的特点。

（1）英国通过圈地方式进行的土地革命不是把土地分配给农民，而是确立了大土地所有制，为资本主义大农业的发展创造了条件。由于英国是最早实现工业革命的国家，工商业的发展扩大了农产品市场，也为农业发展提供了新装备，因此提高了农业集约化程度。土地贵族当政的英国政府实行了一系列保护农业的政策，例如：17 世纪 60 年代以后，政府清除了圈地和农业投资的障碍；1714 年和 18 世纪中叶，牲畜发生瘟疫，政府给予补贴；1815 年通过谷物法，保护国内农产品市场；1846 年，政府为促进排水工程，决定提供长期低息贷款。这些措施都为农业发展创造了条件。

（2）英国的地理和气候条件，使它盛行一种混合型农业，即种植业和畜牧业平衡发展。据克尔德估计，1851 年牧场占全部可耕地的 49.2%[①]，谷物种植面积只占可耕地的一半。混合型农业有利于农业和牧业互相促进，牧草（特别是豆科植物）的种植和畜粪的施用有利于改良土质，提高谷物产量；谷物和饲料作物的栽种又为畜牧业提供了充足的饲料。而且混合型农业比较容易适应市场行情的波动，农牧业可以互相转换调剂，例如 19 世纪中叶以后，英国谷物业因受到进口谷物的竞争，谷物价格下跌，一部分农场主便把耕地变成牧场，发展畜牧业。

（3）农村和城市间的流动性较大。这包括城乡之间的资金互相流动和城乡劳动力的自由流动。从而使城市的资金和商业精神较早地渗透到农村，推进了农业的资本主义改造；反过来，农村的剩余资本投向工矿业和交通运输业也加快了工业化的发展。

（4）英国地主同租地农场主有较好的伙伴关系。土地所有者通常对佃户承担某些习惯性责任，如投资圈地、改良土壤、兴建排水设施、修

---

① 克拉潘：《现代英国经济史》中卷，姚增廙译，商务印书馆，1975，第 352 页。

筑道路、遇到火灾时分担部分损失等。这比有些国家的地主明智得多。他们这样做并非出于好心肠，而是为了提高土地价值，因而能够收取更多的地租。他们这样做还出于一种政治目的，即争取选票，加强对地方的政治控制。

［王章辉，中国社会科学院世界历史研究所研究员］

（本文始发于《世界历史》1990 年第 1 期）

试探十九世纪中叶后俄国资本主义迅速发展的原因

孙成木

15 世纪末以前，俄国并没有引起人们的注意。正如马克思所说的，"惊惶的欧洲，当伊万在位之初，几乎不知道夹在鞑靼人和立陶宛人之间还存在着一个莫斯科公国"。[①] 18 世纪以前，俄国是一个弱国，日耳曼人、蒙古人、波兰人、瑞典人都打过它。18 世纪时，俄国农奴制度仍有发展的余地，资本主义关系还很脆弱。但是，从 18 世纪起，俄国便开始跻身欧洲强国之列。1861 年俄国进入资本主义社会以后，社会经济迅速发展起来，到 19 世纪末 20 世纪初，已经接近工业发达的国家。

俄国资本主义迅速发展有多方面的原因，本文试就促进俄国资本主义发展的几个因素进行探讨。

一　改革对俄国资本主义发展的促进作用

马克思主义告诉我们，资本主义发展可能是地主式的资产阶级演进，也可能是农民式的资产阶级演进。在俄国历史上，当革命阶级的力量还不足以自下而上用革命手段来实现资产阶级演进时，自上而下地主式的资产阶级演进就成为不可避免的、合乎规律的手段。18 世纪以后，特别

[①]　马克思：《十八世纪外交史内幕》，人民出版社，1978，第 70 页。

是 1861 年以后，俄国历次重大的改革，正是遵循这种地主式的资产阶级演进。

在自上而下的改革中，改革的历史条件、动机、规模和效果不尽相同。

18 世纪初，彼得一世为克服俄国的落后面貌、提高俄国的国际地位并适应对外战争的需要进行改革。彼得改革促使俄国在经济、政治、军事、文化上都取得长足的进步，客观上为资本主义关系的发展准备了必要的物质条件。因此，列宁说，俄国的"欧化"，"甚至从彼得大帝时代就开始进行了"。①

19 世纪上半期，随着资本主义关系的发展、农奴制危机的加深和西方民主思想的影响，俄国革命运动日益高涨。统治阶级为缓和阶级矛盾、适应新的形势，已经开始实行某些局部的改革。例如，亚历山大一世统治时，出现了米·米·斯佩兰斯基的国家改革方案，包括仿效西方议会制度建立国家杜马，进行行政、司法、财政制度的改革，企图实行某种君主立宪；尼古拉一世统治时，出现了巴·季·基谢廖夫的管理国有农民的改革方案，包括建立沙皇官吏监督下的农村自治机关、扩大少地农民的份地、提高农业技术、向东部移民等改革，企图逐步废除农奴制度。这些改革方案，由于当时缺乏牢固的社会基础，能够付诸实现者甚少，大都因顽固的反动贵族的反对而遭到失败，但在一定程度上也改善了国家管理制度，缓和了阶级矛盾。

1861 年，沙皇亚历山大二世宣布废除农奴制度。之后，他又陆续实行地方自治局、司法、市政、军事改革。1861 年改革虽然有很大的局限性，但在当时的条件下起了一定的积极作用。第一，改革超出了封建主义的范围，以资本主义代替封建主义，开辟了整个俄国"欧化"的新时期。第二，改革使农民的人身获得了自由，提高了他们的生产积极性。农民不但可以继续从事农业，而且可以经营手工业，经营其他行业，这就有利于活跃城乡经济生活。农民还可以进城当工人，这就为新兴的俄国工业提供了自由雇佣劳动力。由于生产力获得一定的解放，俄国资本主义便迅速发展

① 《列宁全集》第18卷，人民出版社，1959，第561页。

起来。据统计，19 世纪 60～90 年代，工业产量增加七倍。1860～1895 年，生铁熔炼量从 2050 万普特增加到 8870 万普特，煤开采量由 1830 普特增加到 5.555 亿普特，石油开采量从 50 万普特增加到 3.77 亿普特。[①] 列宁指出："1861 年以后，俄国资本主义发展是这样的迅速，只用数十年的工夫就完成了欧洲某些旧国家整整几个世纪才能完成的转变。"[②]

1905～1907 年俄国革命失败后，沙皇政府为防范农民的反抗斗争和扶植农村资产阶级，实行了斯托雷平土地改革。这又是一次地主式的资产阶级演进，一方面保留地主土地所有制，扶植专制制度新的社会基础，对农民实行暴力和剥夺，具有明显的反动性；另一方面破坏了传统的村社土地公有制，促使农民同土地分离，加速农村资产阶级的形成，在一定程度上促进了农村资本主义的发展。因此，列宁指出，"从科学的经济学来讲"，斯托雷平土地改革无疑是进步的。列宁认为 1861 年改革是第一次用地主方式为资本主义"清洗土地"，斯托雷平改革则是第二次用地主方式为资本主义"清洗土地"，并说：如果斯托雷平的政策长久地维持下去，"俄国的土地制度将完全是资产阶级的土地制度"。[③] 当然，斯托雷平土地改革远没有达到目的。直到 1917 年，俄国仍没有建立起完全的资产阶级的土地制度。

由此可见，俄国每次改革，虽然并不完全成功和达到既定的目的，但是都或多或少地破坏了旧的经济、政治结构，推动了社会的进步，促进了资本主义的发展。

二　保护关税政策和扶植工商业政策对俄国资本主义发展的促进作用

17～19 世纪，随着商品经济的发展和全俄市场的形成，在俄国封建

---

① 《苏联史（十九世纪—二十世纪初）》（История СССР XIX начало XX），莫斯科，1981，第 161 页。

② 《列宁全集》第 17 卷，人民出版社，1959，第 104 页。

③ 《列宁全集》第 15 卷，人民出版社，1959，第 27 页。

农奴制社会内部，资本主义关系逐渐成长。大地主、大商人多以经营手工业、商业致巨富。沙皇政府为保护本国新兴地主、商人的利益，保护本国工业免受外国商品竞争的打击，维持贸易平衡，很早就实行征收高额关税、限制外国商品进口和免税优待本国工业品出口的办法。1649年，就禁止英国商人在俄国无税贸易。1667年，沙皇政府颁布了由大商人、大贵族奥尔金－纳肖金提出的商业章程，禁止外商进入俄国腹地经营零售商业，违者罚以重税。1724年，彼得一世政府首先在俄国制定了关税税率，规定国内能够生产而又数量充足的商品（如麻布、铁、针等）的最高税率为商品价格的75%，国内不生产的商品或者工业上需要的原料（如羊毛、颜料、原糖、生丝等）予以免税或减税。18世纪中叶，沙皇政府逐渐取消了对部分商品的专卖。1753年12月的敕令宣布自次年4月起取消国内关税，但在对外贸易中仍征收高额关税，限制外国工业品进口，唯独工业原料可免税进口。1810年，沙皇政府仍实行禁制关税，采取高额税率的办法阻止外国商品大量进口，使市场全部都在俄国的控制下。

但是，当时以出口农产品致富的大地主则要求贸易自由。在他们的影响下，沙皇政府在1816年和1819年曾放宽关税税率，减少进口税。据1816年3月颁布的关税税率，251种商品的税率为其价格的15%~35%；其余的约占进口量一半以上的商品，包括俄国工业需要的各种机器、工具、设备，允许自由进口；175种商品，包括奢侈品、食物、酒类及俄国能大量生产的农产品，禁止进口；绝大部分俄国生产的商品可以自由出口。① 这种关税政策既适应了贵族企业家发展工业的需要，又满足了贵族地主出口谷物和其他农产品的愿望，调和了统治阶级中两个不同利益集团之间的矛盾。

1822年，在贵族企业家的要求下，沙皇政府又制定了很多限制外国商品的禁例，对进口的外国制造品课以高额关税，如铁的关税率为其价格的

---

① 《十九世纪—二十世纪初俄国历史问题》（Вопросы истории России XIX — начала XX века），列宁格勒，1983，第80~81页。

250%，生铁的关税率更高，达600%。① 这种政策一直延续三十年之久。

19世纪四五十年代，沙皇政府陆续颁布了一些放宽工业品进口的关税税率。1850年，降低了纺织品和从陆路进口黑色金属的关税。1857年，准许从海路进口生铁和铁，进一步降低皮棉、纱锭和布匹的进口税，免征机器进口税。1859年，俄国铁路总公司获得免税进口铁路建设所需的生铁和铁的优惠。接着，其他铁路公司也获得这种优待。机器制造厂也获得免税进口本厂生产所需金属的特许。1868年，准许免税进口冶金、机器制造、钢轨工厂需要的生铁、铁和一部分机器，唯独在企业家的要求下开始征收机器的进口税。这些措施在当时促进了铁路和机器制造业的发展，但在一段时期内出现了外国商品涌入俄国的情况。

因此，俄国中部资本家担心民族工业会因为外国商品的竞争而遭受致命的打击。乌拉尔矿业主强烈要求撤销免税从国外进口任何种类的钢、铁、生铁的规定，并修订1868年税率。至此，沙皇政府不得不实行一系列巩固关税壁垒的措施。1882年，关税提高了10%。1884年，每普特铜的关税为1卢布50戈比，1886年增加到2卢布50戈比。从1868年到1891年，棉纺织品关税增加一倍，生铁关税增加九倍，钢轨关税增加三倍半，高额课征关税推广到绝大部分工业品。②

1891年，在企业家的参与下，沙皇政府颁布了非常保护关税税率。19世纪70年代以来提高关税的措施被固定了下来。此后，关税税率进一步提高。所有进口商品的关税与商品本身价格的比例，从1881~1884年的19%增至1891~1900年的33%。③

俄国保护关税政策，无论采取什么样的税率，都是从有利于本国工业的发展出发，这种政策一直延续到20世纪初，它加快了俄国工业发展的步

---

① 谢·宾·奥孔：《苏联史纲（十九世纪第二个二十五年）》（С. Б. Окунь, Очерки история СССР вторая четверть XIX века），列宁格勒，1957，第12页。

② 波格列宾斯基：《革命前俄国财政史纲》（П. П. Погребинский, Очерки истории Финансов дореволюционной России），莫斯科，1954，第76页。

③ 阿·拉·西多罗夫等主编《苏联史》第2卷（История СССР. Т. II, Под ред. А. Л. Сидорова и др.），莫斯科，1965，第200页。

伐，提升了俄国工业生产的能力；对外国商品在俄国的竞争起了一定的自卫作用，有利于俄国在经济上的独立。但在另一方面，保护关税政策却又使一小撮大资本家在国内市场保持垄断地位和对广大劳动人民进行盘剥；阻碍技术的进步，使民族工业得不到进一步的发展。恩格斯说，整个俄国大工业"只有依赖国家恩赐的保护关税才能存在"。①

实施保护关税政策的同时，俄国政府为利用新的工业技术来巩固自己的统治实行了扶植工商业的政策。

17 世纪，俄国已有个别商人经营大的工业企业。18 世纪初，由国家投资兴办了一批大企业。国家还鼓励贵族地主经营手工工场，使用廉价的农奴劳动力，并给予贷款。由于政府的扶植，私营手工工场逐渐增多。18 世纪40 年代开始，不少地主利用自己庄园的农奴和原料，建立呢绒厂、帆 - 麻布厂、地毯厂、酿酒厂等。沙皇政府不但鼓励贵族地主经营工业企业，而且扶植大商人经营工业企业，把官办工厂以优惠条件交给大商人经营。乌拉尔矿业主杰米多夫家族的工厂，是接受官办的涅维扬斯基冶金厂为基础开办的，到了 18 世纪中期扩充为拥有 26 个炼铜厂和炼铁厂的规模，占全国金属产量的 1/3。

18 世纪 20 ~ 50 年代，沙皇政府曾授予少数宠臣和显贵经营工商业的垄断权，但是，政府既然准许贵族经营工商业，也就不能阻止平民举办工业企业。到了 18 世纪下半期，俄国农村手工业者和包买商的势力已日渐强大。某些大商人拥有工厂，并兼批发自己生产的产品，其经济势力可与贵族的大企业相抗衡。先前政府授予这些大企业的垄断权已经不能维持下去了。为了适应新的情况，沙皇在商人的呼吁下，于 1775 年和 1778 年颁布诏书，明确宣布所有臣民均可自由从事织布技艺，撤销领取织机证，撤销法定企业与非法定企业的区别。18 世纪初，沙皇政府为保证陆海军的供给，曾禁止工厂主经营零售贸易，只许工厂主将自己的产品批发给商人，到了 19 世纪初，这项禁例也被冲破了，工厂主已被准许经营店铺和零售商品。1842 年，正式撤销了对工厂主经营零售业务的禁令。这样，放松了对

---

① 《马克思恩格斯选集》第 2 卷，人民出版社，1972，第 619 页。

工商业的压抑，使商办工业得到较大的发展。据统计，1765 年莫斯科商人仅 2% 拥有工厂，到 19 世纪中叶在莫斯科固定商中就有 14.3% 掌握了生产企业。①

19 世纪 40 年代，俄国统治阶级中已经有人从巩固俄国的国际地位出发，主张大力发展工业。如原沙皇财政大臣康克林在 1845 年写道：一个国家如果没有工业，"就如同处于某种野蛮状态"。这种情况如果单独自己就没有大的不幸，如果同别国处于同样状况就更加不幸，但如果同高度文明的民族发生冲突，就成了大的"祸害"。②

克里木战争的失败暴露了沙皇制度的腐朽。沙皇政府更把发展工业、兴办铁路作为挽救自己的出路，除准许外国生铁、铁进口以满足工厂、铁路的需要外，还以官方订货的办法来刺激工业生产。对与铁路修筑和机车制造有关的冶金工厂和企业的订货往往高于市场的价格。国家通常通过招标的方式吸引资本家订货。20 世纪初，在铁路部门订货的办法改变了，在交通部下面设立了有工业资本家的代表参加的特别委员会，作为分配各工厂之间的钢轨、机车及其配件订货的最高机构。在这个特别委员会中，南方八家工厂和乌拉尔三家工厂是最有权势的单位，是政府旨意的传达者和执行者。第一次世界大战以前，由于扩军备战的需要，军事订货激增。与订货有关的工业部门在短期内获得迅速发展。例如，由陆海军部承包订货的造船业就有了很大的发展，仅在战前三年里固定资本就增加了九倍。

此外，19 世纪初，沙皇政府成立了有工商业者参加的工业会议和商业会议，讨论工商业中的重大问题；开办技术学校，培养技术人才；出版专门杂志，为工商业者提供咨询；举办全国性的工业展览会，交流生产经验；以后为鼓励输出给制糖业和石油业资本家发放出口奖金，等等。这些措施都对资本主义的发展起了一定的促进作用。

---

① В. Н. 雅可夫柴夫斯基：《封建农奴制时期俄国的商人资本》（В. Н. Яковцевский，Кулечаский капитал в Феодальнокрепостнической России），科学出版社，1956，第 173 页。

② 谢·宾·奥孔：《苏联史纲（十九世纪第二个二十五年）》，第 35 页。

三　引进外资对俄国资本主义发展的促进作用

19世纪下半叶，当俄国资本主义兴起的时候，西方主要国家资本主义的上升时期正在终结。当时俄国社会中，由于封建残余势力的压迫，工人生活水平、工资低，有大批廉价劳动力，又由于俄国资源、原料丰富，并有商品销售市场，外国资本家特别乐于对俄国输出资本，在俄国开办新的企业。沙皇政府为加强自己的统治，提高俄国的国际地位，需要修筑铁路和发展新式的军事工业而又苦于资金不足，财政支绌，亦不得不越来越多地求助于外国资本。

这样，外资在俄国就有两种用途。一种是为发展工业生产的生产性投资。另一种是为弥补政府财政亏缺的非生产性投资，生产性投资又有股票投资（股东参与企业的经营并取得利润）和借贷投资（资本家只收取利息）两种形式。

19世纪六七十年代，外国资本就已经大量输入俄国。据统计，1861～1880年，俄国资本在生产性投资中的比重为28%，外国资本在生产性投资中的比重为72%。[①] 当时外资主要以借贷形式用于发展铁路作为俄国经济振兴的杠杆。从19世纪80年代起，外国资本家在俄国投资设立银行和工厂的活动迅速扩大。1891年关税税率实行后，外国资本家为躲避关税，更以直接向俄国投资代替向俄国倾销工业品，在关税壁垒内部建立自己的企业。1890～1900年，外国在俄国银行和工业的投资从2亿卢布增加到9亿卢布。[②] 这些还不包括沙皇政府在国外的借款和铁路借款。19世纪90年代，外国资本差不多占俄国工业全部所投资额的一半。1900年，外国人在采矿、冶金和工程等行业中拥有的资本占70%以上。[③]

---

① N. Φ. 金丁：《国家银行与沙皇政府的经济政策（1851—1892年）》［И. Ф. Гиндин, Государственный банк и экономическая политика Чарского правительства（1861—1892гг.）］，莫斯科，1960，第50页。

② 《苏联史（十九世纪—二十世纪初）》，第167页。

③ 西里尔·E. 布莱克等著《日本和俄国的现代化》，商务印书馆，1984，第240页。

列宁在指出 19 世纪 90 年代外国资本家在俄国投资的情况时说："最近一个时期，外国资本家特别愿意把自己的资本投到俄国来，在俄国建立自己的分厂，设立企业公司，以便在俄国开办新的企业。他们像饿虎一样向年轻的国家扑来……"① 这是外国资本家在俄国投资的一个生动写照。

外国在俄国开设的银行，最主要的是"国际商业银行""俄罗斯对外贸易银行"。前者是柏林"贴现公司"分公司，后者是"德意志银行"分行。外国银行在俄国吸收存款，发行纸币，经营汇兑，购买股票，开展对外贸易，向沙皇政府发放贷款。

外国在俄国办的企业，主要集中在重工业，如采矿、化学、机器制造等部门。四个欧洲资本主义国家（法、英、德、比）在俄国的资本占俄国外资总数的 96%。法国和比利时资本主要投到冶金、金属加工、机器制造工业和银行业。英国资本家在南方经营煤炭、冶金和石油开采工业。德国资本家主要经营机器制造、电力、化学工业等。1904 年，德国电力工业在国外的投资有 2.33 亿马克，其中投到俄国的就有 6200 万马克。

棉纺、丝织、麻纺等轻工业部门，是俄国民族资本的发祥地，民族资本在这里占优势。著名的俄国大商人，如莫罗佐夫家族、里亚布申斯基家族、普罗霍夫家族等，从 18 世纪末 19 世纪初就开始在莫斯科附近开办企业。但是，就在这些部门中，外资也有一定的比重。20 世纪初，在棉纺织业中外资约占 19%，达 8450 万卢布。②

1907 年英俄协定签订后，协约国增加了对俄国的资本输出。1908 ~ 1910 年，英国给俄国的铁路和城市借款从 276.6 万英镑增加到 297.8 万英镑，英国在俄国的工业投资从 91.39 万英镑增加到 177.72 万英镑。法国在俄国的投资，1901 ~ 1905 年为 136.6 万法郎，1906 ~ 1914 年增加到 246.15 万法郎。1914 年 1 月 27 日，俄国财政部同巴黎银行团签署贷款 2.49355 亿卢布，以修筑连接俄国西部边境的战略铁路。另外，1914 年，美国在俄国

① 《列宁全集》第 2 卷，人民出版社，1959，第 83 页。
② 弗维·拉维雷切夫：《俄国纺织业中的垄断资本》（Лаверыцев, В. Я. Монополистический капитал в текстильной промышленности России），莫斯科大学出版社，1963，第 21 页。

投资 11.39 亿卢布以上。[①]

外国资本的输入，带来了西方资本家对俄国经济的掠夺和对劳动人民的剥削。因外债和外国投资，俄国每年必须向外国支付 4 亿卢布。20 世纪以前，80% 的外资以借款的形式用于铁路建设。日俄战争和 1905~1907 年革命后，沙皇政府为了摆脱财政困难，把大量外债用于非生产性开支。1900~1913 年，俄国国债（内债和外债）从 79 亿卢布增至 127 亿卢布，其中外债从 40 亿卢布增至 54 亿卢布。[②] 俄国成为世界上最大的债务国，愈来愈深地陷于对西方帝国主义国家的依赖地位。

外国资本的输入，也不能不刺激俄国资本主义的发展。列宁指出，"资本的输出总要影响到输入资本的国家的资本主义发展，大大加速那里的资本主义发展"。[③]

外国资本对俄国资本主义发展的促进作用，表现在下述几方面。

第一，投到俄国工业的外国资本，主要不是经营原料加工业，没有使俄国的工业生产服从于西方帝国主义的需要，而是发展俄国的工业，尤其是发展铁路和重工业，并由此带动整个俄国经济的发展。如果说 19 世纪六七十年代，俄国铁路和机器制造业的发展都要依靠进口的金属，那么，到了 90 年代，俄国金属的供给情况就有了明显的好转。

第二，外国资本的输入引起了俄国工业布局的变化。19 世纪末，在南俄很快就建立了崭新的采矿工业和冶金工业基地。这些工业是"纯粹资本主义的工业，既没有传统和等级，也没有民族性与一定居民的闭关自守性"。[④] 重工业的领先地位便从乌拉尔移到南俄。据统计，1880 年，南俄生铁熔炼量才占全国生铁熔炼量的 5%，乌拉尔则占 70%。1900 年，南俄生铁熔炼量的比重上升到 50%，乌拉尔则下降到 27%。1913 年，南俄生

① 奥·弗·索洛维约夫：《国际帝国主义——俄国革命的敌人》（Международный империализм—враг революции в России），莫斯科，1982，第 188~189 页。
② 波诺马廖夫主编《苏联通史》第 6 卷（История СССР с древнейших Времени до великой октябрьской социалистической революции，т. Ⅵ，гл. ред. Б. Н. Пономарев），莫斯科科学出版社，1968，第 276~277 页。
③ 《列宁选集》第 2 卷，人民出版社，1959，第 785 页。
④ 《列宁全集》第 3 卷，人民出版社，1959，第 444~445 页。

铁熔炼量的比重进一步上升到67%，乌拉尔则进一步下降到19.7%。顿巴斯煤炭开采量在19世纪60年代占全国煤炭开采量的33%，90年代增加到70%，1913年又增加到87%。巴库地区石油的产量在19世纪70年代占全国石油产量的74%，90年代增加到95%。[①]

第三，一些外国资本家在俄国开办企业或者把自己的工厂搬到俄国，并在俄国定居下来，从而扩大了俄国大资产阶级的来源。来自外国的资本家的著名代表有尤兹、古容、诺贝尔兄弟等人。

约翰·尤兹（1814～1889年），原为英国人。出身于工程师家庭。起初在英国一家冶金厂工作。1860年成为一大展铁厂经理。曾接受俄国的军事订货。1869年，在俄国设立诺沃罗西斯克煤、铁、钢轨股份公司。1869～1872年在尤佐夫卡（今顿涅茨克）开办冶金厂。之后，迁居俄国。尤兹拥有种种优惠和特权。沙皇政府划给他大片土地，提供大量贷款和奖金。

尤·彼·古容（1858～1918年），原为法国人。1883年在莫斯科设立制作金属线的作坊。以后，在此基础上建立"古容"冶金厂。古容曾任法国互助协会委员、莫斯科冶金工厂股份公司董事长、莫斯科交易委员会主席、莫斯科缲丝股份公司董事、工商委员会莫斯科分会主席，历届工商代表大会代表。

诺贝尔兄弟，即路·伊·诺贝尔（1831～1888年）和阿尔弗勒德·诺贝尔（1833～1896年），原为瑞典人。1879年，他们在俄国创办石油工业公司——诺贝尔兄弟公司。1885年，该公司在巴库生产的煤油就达1070万普特，占9个最大的油田煤油产量的一半。

四　学习和引进西方新技术对俄国资本主义发展的促进作用

英国工业革命以后，俄国经济的落后更加明显。例如，英国在1771年

[①] 《苏联史（十九世纪—二十世纪初）》，第161、250页。

加工棉花已经达 2132 吨，而俄国（不包括波兰和芬兰）直到 1828 年才超过这个水平，即落后 50 多年。18 世纪以英国为市场的俄国冶金业，到了 19 世纪初面临着严重的挑战。大约到 1805 年，英国生铁熔炼量已经超过俄国。1825 年左右，法国、美国，从 1855 年起德国、奥匈帝国，生铁熔炼量都超过俄国。俄国要在经济上缩短同先进国家的差距，就必须学习和引进西方最新技术成就。

19 世纪初，由于阶级斗争的尖锐化，俄国统治集团意识到，仅用强制的手段已不足以对手工工场工人进行统治。1804 年，财政大臣瓦西里耶夫伯爵向沙皇亚历山大一世献策说，"可能的严厉"只能引起"工人不断的反抗"，"并且，强制的严厉正使工人变得忧郁，而心灵的忧郁正压抑着工人的能力"。[①] 因此，统治阶级为自身的利益和缓和阶级矛盾，也不得不采用新的技术装备，改进企业管理。

18 世纪末 19 世纪初，英国是掌握最新技术的国家。但是，英国政府为保持技术垄断，早在 1786 年就禁止出口机器，违者要处以死刑。在这种情况下，俄国要掌握新技术，就只好聘请英国技师、工程师工作。最初到俄国的一些英国技师、工程师并不都是好手。其中最有成绩的是查尔洛兹·别尔德。1792 年，他在俄国设立机械作坊。1804 年，为官办的亚历山大罗夫厂安装第一部 14 马力的蒸汽机，但未能奏效。1810 年，别尔德为彼得堡机械厂造出一部 24 马力的蒸汽机。这部机器用了 5 年，开始失灵。此后，他又造了几部蒸汽机。1811 年，别尔德获得贵族衔。1815 年，他获得在欧俄一切水路使用蒸汽船的特权。同年年底，他造的"斯捷姆博特"号完成了彼得堡和喀琅施塔得之间的航行。别尔德的小机械作坊发展为一座大机器制造厂。该厂在 1803 年有 113 人，1812 年增至 400 人，1824 年又增至 900 人。到 1825 年，别尔德在彼得堡的机械厂共制造出工厂用的蒸汽机 130 部，轮船用的蒸汽机 11 部。

聘请外国技师、工程师的同时，一些掌握西方新技术的俄国技术人才

---

① 斯·古·斯特鲁米宁：《俄国经济史纲》（С. Г. Струмилин, Очерки экономической истории России），莫斯科社会经济书籍出版社，1960，第 433、435 页。

开始成长。别尔德曾亲自训练大批技工，包括司机、锻工、钳工等。在1806年，他的徒工就有一百人。乌拉尔著名的机械工程师叶·亚·切尔巴诺夫曾到过瑞典和英国。19世纪20年代，切尔巴诺夫就为尼·塔吉尔厂制造两部排水用的蒸汽机（30马力和40马力）。此后，他又为另一家工厂造了一部蒸汽机（40马力）。

但在19世纪30年代以前，俄国蒸汽动力的应用范围还很小。据统计，在加工工业中，总共只有150部发动机，2200马力，平均每部14～15马力。在采矿和工厂中，总共只有22部发动机。[1] 可见，工业中使用机器虽已出现，却还是个别现象，对整个工业发展的作用还不大，不能改变手工工场的统治局面。

1842年，英国解除了对机器出口的禁令。从此，俄国进口的机器激增。1843年进口的机器比1842年增加两倍，1860年比1842年增加39倍。1811～1870年，俄国进口机器和工具的情况，可用表1表示。[2]

表1

单位：千银卢布

年代	机器	工具	总计
1811～1820	177	1792	1969
1821～1830	487	2712	3199
1831～1840	4111	4321	8432
1841～1850	11747	4199	15946
1851～1860	48080	6348	54428
50年总计	64602	19372	83974
1861～1870	128140	13142	141272

19世纪80～90年代，俄国制造的机器仍不能满足工业、农业、交通运输的需要，进口的机器占进口总值的10%～15%。[3] 俄国进口的农业机器，1862～1872年为78.8万卢布，1873～1880年为290万卢布，1881～

① 斯·古·斯特鲁米宁：《俄国经济史纲》（С. Г. Струмилин, Очерки экономической истории России），莫斯科社会经济书籍出版社，1960，第433、435页。
② 斯·古·斯特鲁米宁：《俄国经济史纲》，第441页。
③ 《苏联史（十九世纪—二十世纪初）》，第167页。

1888 年为 420 万卢布，1889～1896 年为 370 万卢布，1902～1903 年为 1520万～2060 万卢布。[1] 1909～1913 年经济高涨时期，俄国进口机器仍占相当比重，1912 年，农业机器的进口量已过本国产量，工业机器中国产的和进口的约各占一半。

在俄国投资的外国企业家也带来了大量西方的新技术，如采矿和金属加工技术，电气和化工机器。其中电气工业则是最能代表新技术成就的资本主义工业部门。

引进大批机器和重要工业原料，对俄国工业技术和经济的发展起了巨大的推动作用。如果说 18 世纪俄国廉价的铁有助于英国的工业革命，那么，19 世纪英国的机器和金属则加速了俄国的工业革命。1851～1861 年，俄国机械厂增加 4.6 倍，工人增加 8.2 倍，产品增加 14.2 倍，年增长率30% 以上。1861～1871 年，俄国机械生产的工厂增加 56%，工人增加143%，产品增加 270%，年增长率 14%。[2] 19 世纪 70 年代，工业中有蒸汽发动机 6300 台，总功率为 11.5 万马力。1892 年蒸汽发动机增至 1.3 万台，总功率为 34.5 万马力。[3] 这样，"木犁与连枷、水磨与手织机的俄国，开始迅速地变为铁犁与脱谷机、蒸汽磨与蒸汽织机的俄国"。[4]

学习和引进西方新技术不但促进了劳动生产率的提高，而且改善了工业生产的条件。例如，19 世纪八九十年代，俄国在石油钻探、开采、加工以及运输、保管方面都有很大的改进。在巴库石油工业中广泛应用蒸汽发动机，其数量从 1883 年的 141 台增至 1893 年的 605 台和 1901 年的 2769台，总功率从 1883 年的 1458 马力增至 1893 年的 10054 马力和 1901 年的70707 马力。此外，在作业区和工厂区铺设了道路、管道，出现了供运载石油和石油产品用的运油船、油槽车。[5]

---

[1] 《列宁全集》第 16 卷，人民出版社，1959，第 67 页。
[2] 斯·古·斯特鲁米宁：《俄国经济史纲》，第 439 页。
[3] 《苏联史（十九世纪—二十世纪初）》，第 161 页。
[4] 《列宁全集》第 3 卷，第 547 页。
[5] 巴·尤·阿洪诺多夫：《革命前巴库石油工业的垄断资本》（Ахунодов, Б. Ю. Монопол-истический капитал в дореволюционной бакинской нефтяной промышленноти），莫斯科社会经济书籍出版社，1959，第 11 页。

学习和引进西方新技术缩短了俄国同西方的差距。19 世纪末至 20 世纪初，俄国一些新兴的工业部门都是用当时先进的技术装备起来的。在南俄的燃料工业和冶金工业中，动力装备超过国内平均指标的 2.3 倍，南俄冶金工业的技术和规模与当时西方的差别不大，在俄国中部也有一批引进了大型机器的机器制造厂，"在短期内实现了生产的现代化"。[1]

[孙成木，中国社会科学院世界历史研究所研究员]

（本文始发于《世界历史》1987 年第 1 期）

---

[1] 《苏联史（十九世纪—二十世纪初）》，第 252 页。

路易－拿破仑·波拿巴政变

孙　娴

1851 年 12 月 2 日，法兰西第二共和国总统路易－拿破仑·波拿巴发动政变。它动摇了法兰西第二共和国的基础，导致了第二帝国的建立，使波拿巴在法国实行帝制统治达 18 年之久。这次政变得到资产阶级的支持。政变的发生和成功都不是偶然的，而是 1848 年二月革命后法国阶级斗争的必然结果。

一　制宪议会召开和波拿巴当选总统

1848 年法国二月革命中，无产阶级和资产阶级并肩战斗，推翻了代表大金融资产阶级利益的七月王朝的统治，国家政权转到资产阶级手中。资产阶级掌权之后，在政治上和经济上加强对无产阶级的压迫，迫使无产阶级在思想上、组织上没有充分准备，富有斗争经验的领袖被囚在狱的情况下，于 6 月 23 日仓促起义。资产阶级的残酷镇压使工人阶级的有生力量遭受毁灭性打击。

1848 年 5 月 4 日由普选产生的制宪议会开幕。在这届议会中温和资产阶级共和派占优势，在 880 个议席中占有 550 个。六月起义后，资产阶级共和派卡芬雅克将军任行政首脑直至 1848 年 12 月 20 日新选总统路易－拿破仑·波拿巴上任时为止。制宪议会后期，温和共和派力量逐渐衰弱。

制宪议会中奥尔良派的议员约为 200 人，正统派议员不足 100 人，他们分别是金融资产阶级和已经资产阶级化的大土地所有者的代表。他们联合起来称为秩序党，力量不断加强。这两个派别力图恢复自己的旧王朝，彼此间也存在着矛盾。制宪议会中的第三种势力是波拿巴派，该派势单力薄，依附于秩序党。制宪议会中民主派力量不大。

制宪议会的主要任务是制定宪法。5月17日，议会成立了有各派人士参加的宪法委员会，主席由温和共和派科尔默曼担任。5月底，拟定宪法草案。9月4日至10月27日，11月2日至4日，议会逐条讨论了草案。讨论过程中的激烈争论充分反映了六月起义后法国阶级力量对比发生的变化。草案中关于保证劳动权的条文遭到猛烈攻击。奥尔良派的头目之一梯也尔诬蔑劳动权是一种伪理论。他认为当失业普遍存在的时候，无法给200万工人提供工作。迪韦尔吉埃·德·奥拉纳认为劳动权就是"号召内战"。争论结果关于劳动权的条文被一笔勾销了。

关于总统和议会条文的争论集中反映了共和派同秩序党等保王势力之间的斗争。皮阿（后来的巴黎公社社员）和茹尔·格累维主张设总理不设总统；勒布隆提议，如设总统则应由议会选举产生。还有人提出，凡是统治过法国的王朝的家族成员都没有当选总统的资格。迪韦尔吉埃·德·奥拉纳反对一院制的议会，主张两院制。这些提案都遭否决。

11月4日，制宪议会通过了第二共和国宪法。这部宪法的特点是议会和总统都具有较大的权力而又相互制约。议会和总统都由人民直接普选产生，议员可以连选连任，总统不得连选连任。总统可以不经议会径自任免内阁部长和所有高级官吏，总统必须每年以咨文形式向议会报告国事。总统享有统率武装力量的权力，但不能亲自指挥。议会为一院制，拥有立法权，掌握最终决定宣战、媾和、订立商约以及大赦权。宪法中对议会和总统权力的规定，反映出共和派虽在议会占多数，但力量日趋衰落，保王派势力正逐步加强。

1848年12月10日举行总统选举。有5名总统候选人：拉斯帕伊、赖德津-洛兰、拉马丁、卡芬雅克和路易-拿破仑·波拿巴。公众对选举比较重视，登记的选民有76%参加投票，尤其是农民表现出巨大的热忱。路易-拿破仑·波拿巴获得550万张选票，居于首位。卡芬雅克、赖德律-洛兰、拉斯帕伊、拉马丁获得的选票分别是150万、37万、3.7万和1.7

万张。被誉为二月革命化身、临时政府灵魂的拉马丁得票最少，这表明二月革命时各阶级之间的妥协情绪已被激烈的斗争所代替。资产阶级不需要拉马丁这样软弱的人物来代表它执掌政权。

路易-拿破仑·波拿巴是拿破仑一世的弟弟路易之子。法兰西第一帝国倾覆后，他被逐出法国，寄居瑞士。他朝思暮想恢复帝业，曾于1836年10月在斯特拉斯堡和1840年8月在布洛涅发动两起冒险举动，反对七月王朝。布洛涅冒险失败后，路易-拿破仑·波拿巴成为路易-菲利普的阶下囚，被监禁在阿姆堡。他在囚禁期间阅读了各种不同倾向的书籍，其中包括圣西门的著作。他交游很广。路易·勃朗是他的朋友，曾数次到狱中探望他，与他促膝长谈。

波拿巴自诩是反七月王朝的英雄，主张共和，曾在一份民主刊物上著文，诡称共和国是他的理想，他将帮助人民争取自己的权利，寻求符合革命原则的政治制度。他伪装同情劳苦大众，曾写作了《论消灭贫困》等文章，以骗取劳动群众的信任。6月4日制宪议会补充选举时，他同时在4个省中获胜，当选为制宪议会议员。竞选总统时，他更利用人们尤其是农民对拿破仑一世的怀念之情，把自己和伯父紧密相连，大肆宣传。路易-拿破仑的当选说明，资产阶级共和派失去了法国多数人，包括资产阶级在内的拥护。

波拿巴就任总统后组织的第一个内阁是以奥尔良派的首领巴罗和正统派分子法卢为核心的秩序党内阁，他把共和派完全排斥在内阁之外，这是二月革命以来第一个没有共和派参加的内阁。内阁执行的是秩序党的政策。波拿巴之所以能容忍这样的内阁存在，是为了和秩序党联合共同对付共和派占多数的制宪议会和摧毁民主派的力量。

二 立法议会内外的斗争

1849年5月，制宪议会解散。5月28日新选出的立法议会开幕。在立法议会选举中温和共和派被击败，秩序党在750个席位中占有450个。

在立法议会中以赖德律-洛兰为首的小资产阶级民主派共占有210个

议席。他们模仿大革命时期国民公会中的左派，自称山岳党。他们的纲领概括为：尊重别国人民的自由，直接普选，新闻完全自由，实行兵役改革，完全取消对盐酒等生活必需品征税，修改土地税和营业税，对纯收入、动产和不动产征收累进税，偿还 45 生丁税，由国家经营铁路、矿山、运河和保险公司，废除死刑，实行大赦，等等。他们的主张主要代表小资产阶级的利益。立法议会初期，秩序党和波拿巴派联合，矛头指向山岳党。

1848 年 11 月 15 日，意大利罗马爆发起义，1849 年 2 月 9 日，罗马宣布为共和国。4 月 16 日，法国议会决定派远征军反对罗马共和国，并拨给内阁 120 万法郎。法国将军乌迪诺于 4 月 13 日、6 月 3 日两次对罗马共和国发起攻击。6 月 12 日，赖德律－洛兰代表山岳党在议会提出了弹劾总统和部长们违反宪法的控诉书。他们的依据是宪法第 5 条，其中规定法兰西共和国任何时候都不能动用武力反对他国人民的自由，第 110 条规定法国人民有义务维护宪法。6 月 13 日，山岳党组织了约有 3 万人的队伍上街游行示威。巴黎正规军兼国民自卫军指挥尚加尔涅派军队驱散了游行队伍。政府对游行者严加迫害，赖德律－洛兰逃往英国。小资产阶级民主派的力量遭受沉重打击。此后，在法国政治舞台上活动的主要是波拿巴派和秩序党，他们之间的斗争上升到首位。

波拿巴首先发起攻势，于 1849 年 11 月 1 日交给立法议会一份咨文，通知它已经命令受秩序党控制的巴罗内阁辞职，另组了奥普尔新内阁。新任命的司法部长鲁埃尔和财政部长富尔德是波拿巴派。富尔德是著名的金融寡头，总统把他拉入内阁使得金融贵族转到波拿巴派一边。这届内阁"是总统反对立法议会的工具，是听差内阁"①。巴罗内阁辞职表明，秩序党丧失了为维持议会制度所必需的支柱——对行政权力的领导。

6 月 13 日事件后，山岳党的一些代表被逐出立法议会。为填补这些空缺，1850 年 3 月 10 日和 4 月 28 日立法议会举行两次补选，民主派获胜。这种趋势使大资产阶级为即将进行的 1852 年的总统选举担忧。秩序党的首领和总统又暂时接近起来，成立了一个由秩序党的梯也尔、贝利耶等 17 人

---

① 《马克思恩格斯选集》第 1 卷，人民出版社，1972，第 464 页。

组成的委员会，负责修改选举法。

新选举法草案规定，凡在一地居住 3 年并能提交在同一地方纳税单据或主人证明者，方有选举权，废除了普选权。该草案经总统同意后以政府的名义送交议会，在 1850 年 5 月 31 日议会上以 433 票对 241 票通过，并得到总统的批准。选举改革主要是针对城镇工人的。马克思指出："1850 年 5 月 31 日的选举法根本剥夺了无产阶级参政的权利，甚至断绝了他们接近战场的机会。"①

当民主派势力受挫退居斗争后台时，波拿巴派和秩序党之间的矛盾斗争又突出起来。1850 年 11 月，负责议会安全的一名警官报告议会，"十二月十日会"② 的支会企图暗杀国民议会议长杜班和尚加尔涅。波拿巴得知后，急忙在议会休假复会前，宣布解散"十二月十日会"。

从 1851 年初起，总统和秩序党的斗争达到了白热化的程度。

宪法第 50 条规定：总统支配武装力量，但任何时候都不能亲自指挥军队。按照这个规定，只有当军队中最高指挥对总统俯首听命时，总统才能真正掌握军权。从 1848 年底起，尚加尔涅是巴黎正规军的总司令和塞纳省国民自卫军的最高指挥，他一身兼二要职，成了军队中的第一号人物。尚加尔涅是秩序党在军队中的代表，秩序党通过他实际上掌握着军权。尚加尔涅与波拿巴矛盾很深。尚加尔涅曾说："如果给我下一道由议会主席签署的逮捕总统的命令，我将立即捉拿他，送他到万森监狱去。"波拿巴也曾对奥国大使说，他不去掉尚加尔涅，尚加尔涅就会干掉他。总统首先对尚加尔涅发起进攻。1851 年 1 月 2 日，波拿巴派的《祖国》报披露，尚加尔涅曾于 1849 年下令驻巴黎军队各级军官，未经他允许，禁止他们服从议会调动。尚加尔涅的这道命令违反了 1848 年 5 月 11 日法令，该法令规定议会主席有权调动军队保卫议会。波拿巴的堂弟热罗姆亲王就此事在议会提出质询。尚加尔涅申辩说：他的命令是针对制宪议会而不是立法议会发的。如果一旦发生冲突，他将第一个承认议会有权调军队保卫自己。尚加

---

① 《马克思恩格斯选集》第 1 卷，人民出版社，1972，第 649 页。
② "十二月十日会"是波拿巴派的组织，于 1849 年为纪念波拿巴当总统而建。它在总统与秩序党的斗争中为总统摇旗呐喊。

尔涅的申辩虽然获得议会信任，但波拿巴无视议会，于1851年1月3日撤销了尚加尔涅的两个要职，任命波拿巴派的巴拉盖·狄利埃将军指挥巴黎正规军，佩罗将军指挥国民自卫军。

议会不甘示弱，于1851年1月通过对政府不信任案，政府辞职。其时秩序党在议会的势力日趋衰弱，已有277名成员转入波拿巴派的阵营，失去了自己独立的议会多数。只有当正统派、奥尔良派、山岳派和共和派联合时，方能形成议会的多数。总统利用这种情况，声称议会中不存在一个党派的多数，不能从分成为几个部分的议会多数中组织新内阁。1月24日，他宣布由不属于议会任何党派的人士组成新内阁，即组织议会外的内阁，超议会的内阁。议会对总统的行为无可奈何。总统在和议会的斗争中力量越来越强。不久，他决定让这个内阁下台。4月10日组织一个主要由他的忠实追随者富尔德、鲁埃尔等人组成的反议会内阁。

1848年宪法第45条规定，总统不得连选连任。波拿巴的总统任期于1852年5月届满。到那时，他的权力将全部丧失，恢复帝国的梦想也就随之破灭。改变这种局面的办法有两种：一种是修改宪法，延长总统任期或取消总统不得连选连任的条款；另一种是采取暴力，实行政变，夺取全权。波拿巴做两种准备，双管齐下。

波拿巴指使其部下在全国掀起了要求修改宪法的请愿运动。波拿巴派的宣传大有成效。1851年春，修改宪法已经成为法国政治生活的中心问题。3月，成立了巴黎商人委员会，要求修改宪法，并提出了一份请愿书，征集签名。在农村、大城市的资产阶级当中，甚至在工人中拥护者为数不少。到7月1日，签名者达112.3万人。

1851年5月23日，有23名议员向议会提出全面修改宪法的提案。议会中各个派别态度不相同。波拿巴派主张部分修改宪法，废除第45条或延长总统任期，以赢得时间，为恢复帝国铺平道路。秩序党进退维谷。如果拒绝修改宪法，就会迫使波拿巴采用暴力手段，解散立法议会，剥夺秩序党和波拿巴进行斗争的合法阵地；但又不情愿支持修改宪法。共和派坚决反对修改。它的强硬态度使任何提案都得不到宪法规定的3/4的票数而得以通过。

1851 年 7 月 9 日，议会就修改宪法的议案进行表决。投票结果赞成票 446 张，反对票 270 张，未获得 3/4 的多数。提案被否决。

立法议会不支持波拿巴，而各省议会则相反。从 8 月 25 日起，各省议会相继召开。各地大资产阶级在省议会中起很大作用，它们支持波拿巴反对立法议会。全国 90 个省议会中，约有 80 个主张修改宪法。

修改宪法的议案虽然遭立法议会否决，却使波拿巴有了完全的行动自由。今后，如果波拿巴撕毁宪法，那么他的行动是合乎议会精神的，因为议会的多数赞成修改宪法；如果他解散立法议会，那么他的行动又是合乎宪法精神的，因为立法议会的多数要求修改宪法。修改宪法问题的提出使得波拿巴左右逢源，在和立法议会的斗争中掌握了主动权。

总统乘胜追击，又利用 1850 年 5 月 31 日选举法案大做文章，把通过这个不得人心的法律的责任完全加在秩序党和立法议会身上。1851 年 10 月 10 日，他向部长们宣布要废除 1850 年 5 月 31 日法令，恢复普选权。不同意这个决定的部长如巴罗什、福适等辞去了部长职务。总统乘机于 10 月 26 日组织了清一色的波拿巴派的内阁。这是一个反议会的内阁。至此，议会完全丧失了对行政机构的控制，议会和行政权公开分裂了。

1851 年 11 月 4 日，波拿巴又向议会递交一份咨文，要求废除 5 月 31 日法律，恢复普选。如果秩序党反对他的提议，便可以达到两个目的：一是以此来加深秩序党和共和派、民主派之间的分裂，使他们无法联合起来反对他实行政变；二是以此来加深立法议会和人民群众的分裂，使立法议会更加孤立。11 月 13 日，立法议会讨论总统的提议，共和派、民主派和波拿巴派支持这个提议，秩序党反对，结果以 353 票对 347 票否决了此提议。波拿巴的目的达到了。

在议会表决此提案前一周，议会深感自己的安全受到威胁，便于 11 月 6 日由议会总务官勒夫洛和巴兹向议会提议，为保证议会安全重新到处张贴 1848 年 5 月 11 日法令。波拿巴竭尽全力反对此提案，因为它是针对圣－阿尔诺将军的。圣－阿尔诺原是法国非洲军中的军官。波拿巴在非洲军中拉拢提拔了一些军官与反对自己的老将军们相抗衡，圣－阿尔诺便是其中之一。为了给他提供荣立战功的机会，波拿巴不惜对小卡

比利亚①发动战争。1851 年 7 月 26 日总统委任他为巴黎正规军总司令，10
月 27 日又改任他为陆军部长。11 月初，圣－阿尔诺将军向全体指挥官发
布命令，要求他们无条件地服从命令，并下令撕去军营墙上张贴的 1848 年
5 月 11 日法令。

共和派和民主派也反对勒夫洛和巴兹的提案，认为这是秩序党想掌握
军权，图谋恢复君主制和白色专政。11 月 17 日，此提案以 408 票对 300
票被否决了。立法议会又一次败给总统。这件事表明议会已经最终失去调
动军队进行自卫的能力。

在总统和议会进行斗争的同时，波拿巴派的将军们已把具有共和主义
思想的 4 个步兵团和两个骑兵团调离巴黎，把驻非洲的军队调来补充。
1851 年 10 月，军队调动工作全部完成。波拿巴还从法兰西银行预支 2500
万法郎，从西班牙驻巴黎大使处借来 50 万法郎，用作收买军官，笼络
士兵。

至此，政变的时机已经成熟。

三 政变经过

政变密谋的积极参加者和核心人物有莫尔尼、佩尔西尼、圣－阿尔
诺、马尼扬和莫帕等。莫尔尼是波拿巴的同母异父兄弟，1849 年当选为立
法议会议员，是政变的最积极参加者。他在回忆录中供认："自总统就职
后，对于我说起来，唯一萦绕在心中的念头就是政变。"佩尔西尼本姓菲
亚朗，是波拿巴的患难之交，参加过波拿巴组织的图谋推翻七月王朝的斯
特拉斯堡和布洛涅的冒险行动。圣－阿尔诺是总统新任命的陆军部长，拉
莫里西埃曾预言："当您看见圣－阿尔诺当陆军部长时，您就可以说：'这
就是政变。'"马尼扬将军是 1849 年 6 月 15 日里昂起义的镇压者，和波拿
巴派早有联系，政变前受命为巴黎正规军司令。此人是一个见钱眼开的家

---

① 指阿尔及利亚东部卡比利亚山区，这里的部落富有反抗精神。自 19 世纪三四十年代起，
他们不断掀起抗法武装斗争高潮。圣－阿尔诺是镇压阿尔及利亚人民斗争的凶手之一。
1851 年他征服了小卡比利亚。

伙。波拿巴用金钱收买了他。莫帕当时33岁，1851年10月被任命为巴黎警察总监，波拿巴通过他掌握了警察。

1851年8月11日在圣-克卢宫举行了商议政变的第一次会议，参加者有波拿巴、莫尔尼、佩尔西尼、鲁埃尔、圣-阿尔诺和当时的巴黎警察总监卡尔利埃。会议讨论了卡尔利埃制定的政变计划和宣言。莫尔尼认为这个计划笨拙，宣言无力，法律草案杂乱而又荒唐，因而竭力反对。鲁埃尔支持莫尔尼，波拿巴赞同他们的意见。这次会议未做出决定。

9月又召开了第二次会议，准备9月17日举行政变。圣-阿尔诺反对。他认为，9月正值议会休会，找不到任何借口而解散议会，是明目张胆地违反宪法，容易失去人心，而且议会可以借机在外省召开会议，组织起义，反对政变。此外，由于具体措施、人员等尚未安排就绪，因而决定把政变推迟到立法议会复会后举行，日期定为12月2日。这个日子是拿破仑一世取得辉煌胜利的奥斯特利茨战役的纪念日，又是他举行加冕礼的纪念日。

12月1日在爱丽舍宫举行了盛大晚会。此举的目的是迷惑人。晚会于11时结束。半夜在波拿巴的办公室召开会议，参加者有波拿巴、莫尔尼、佩尔西尼、圣-阿尔诺、莫帕和总统副官德·贝维尔中尉。会议决定立即分三方同时行动，即占领立法议会所在地波旁宫、进行逮捕、把准备好的公告宣言送交国家印刷厂印刷。

占领波旁宫是一项很重要的任务。按法律规定，情况危急时保卫波旁宫的指挥官有权命令部下坚守。当时守卫波旁宫的是厄斯皮拉斯上校指挥的第42步兵团。如果他们奋起反抗，政变便有夭折的危险。凌晨3时，佩尔西尼到厄斯皮拉斯处，许之以高官厚禄，委任他为总统副官，并擢升准将，薪俸3万法郎，当场给他1万法郎银行支票，将他收买过来。清晨5时，厄斯皮拉斯集合士兵，命令紧闭议会大门，逮捕了议会总务官勒夫洛和巴兹。波旁宫转入政变者手中。

巴黎警察总监莫帕负责逮捕事宜。他动用了800名士兵，分头进行。计划逮捕78人，其中议员16人。在这16人中，有6名军人，如尚加尔涅、卡芬雅克、拉莫里西埃等；3名奥尔良派人士：梯也尔、罗热等；7

名山岳党人，如拉格朗热等。被捕者的罪名是"参加了威胁国家安全的阴谋"。逮捕行动未遇到大的反抗，所有被捕者被投入莫扎等监狱。

总统副官德·贝维尔负责印刷公告和宣言。半夜，他派遣一连宪兵到国家印刷厂去。为了不让工人了解公告和宣言的内容，便把底稿撕成小条分给几个工人同时排版，每个工人的身旁有两名荷枪实弹的宪兵。凌晨3时，公告和宣言皆已印刷齐全。德·贝维尔向工人们宣读了宣言和公告，工人们都表示拥护。

12月2日清晨，巴黎各街头张贴了公告、告人民书和告军队书。

公告的主要内容是：解散立法议会；宣布巴黎戒严；废除1850年5月31日法律，恢复普选权；12月14~21日召集选民会议，就是否同意路易-拿破仑·波拿巴的权力问题举行公民表决。

波拿巴的告人民书包含三个主要内容。第一，他指责议会是阴谋的巢穴，政权的不稳定和议会在国家生活中占据重要地位是骚动和混乱的原因，议会损害了法国的安宁，所以要解散它。第二，波拿巴扬言，他的义务是维护共和国和挽救国家，击败议会中保王派妄图推翻共和国的诡计，他提请人民在他和议会之间做出裁决。第三，他认为，当前伟大的使命是满足人民的合法要求，保卫人民，再建第一执政（拿破仑一世）创建的制度，即行政首脑任期10年，部长们只对执行权负责；成立国务会议和立法团，等等。他提出，如果人民信任他，就应该授予他完成这个伟大使命的手段。概括成一句话，就是反对议会，授予他专制全权。

波拿巴在告军队书中，大肆夸奖军队是民族的精华，标榜他自己是人民主权的合法代表人，以往他和军队荣辱与共。长期以来，在他们之间存在的障碍妨碍了他为军队造福，妨碍了军队向他表达深情厚谊。如今议会不复存在，障碍已经消除，因此，他要求军队："或者你们授予我保证你们繁荣的手段，或者你们另选他人来代替我。"波拿巴这份公告的目的是拉拢军队来支持他。

首先看到这些布告的是清晨去上班的巴黎工人。他们普遍的反应是无动于衷，他们绝不会起来去保卫仇视他们的立法议会。国民自卫军在政变中保持中立。大部分资产阶级分子、官吏和军官支持和拥护政变。一部分主张共和的人把政变看成推翻了议会的保王派多数，保卫了共和国。一部分右翼势力支持政变是从反对社会革命的角度出发的，如教权主义者的首领蒙塔朗贝尔在《宇宙报》上写道："投票反对路易－拿破仑等于证明社会革命正确，而社会革命是当今政府的唯一可能的继承人。反对波拿巴就等于是号召用红色专政来代替亲王的专政，近3年来，亲王专政为秩序和天主教事业立下了无与伦比的功绩。"

四　巴黎和外省的反抗

在巴黎，反对波拿巴政变的主要有两股势力，一股是未遭逮捕的秩序党议员，另一股是资产阶级共和派。

12月2日上午10时，主要是秩序党的议员，约40人，闻讯后赶去议会。他们冲破军警的武力阻拦，进入会议厅。议会主席杜班甚为胆怯。他语无伦次地对议员们说："权力属于我们，这是无可争议的，但须知这班先生们有力量，因此我们除了解散之外，别无他事可做。"说罢，便逃之夭夭。当议员们正要通过罢免波拿巴总统职务的决议时，宪兵们赶来把他们驱散了。

秩序党中的一部分奥尔良派议员早晨在奥迪隆·巴罗家中集会。11时，200余名议员聚集在第十区区政府举行会议，一致通过决定：解除波拿巴的总统职务，国家最高法院立即开庭审判总统及其同谋者，全部行政权转归议会掌握，任命乌迪诺将军为巴黎正规军和国民自卫军的最高指挥。当他们在区政府前宣读这个决定时，群众报之以一片讥讽声，喊道："这是亨利五世！"① 群众了解，他们反对波拿巴的目的是复辟旧王朝。

马尼扬将军派军队前来驱散他们的集会，拘捕了不愿离开的议员。秩序党议员的反抗就此结束。这些议员坚守的一个信条是"要法律，不要革命"，他们既不想搞武装反抗，也不想和人民群众的反抗斗争发生任何联

---

① 1830年查理十世退位时，将王位让与其孙尚伯尔伯爵，称亨利五世，他是波旁王朝的最后一个王位僭望者。

系，他们反抗的目的也不是保卫共和国。

山岳派和左翼资产阶级共和派议员的行动比较坚决。他们召开过几次秘密会议，以雨果、欧仁·苏、茹尔·法夫尔等人的名义发出号召书，指责波拿巴是叛逆，违反了宪法，号召人民起来在共和派议员的带领下，履行自己的义务。而后，他们又成立了抵抗政变委员会，成员有舍尔谢、博丹、德·夫洛等人。该委员会草拟了一些法令，其中之一是要求召开选民会议，委任一个主权的议会。

12月2日晚，上述两派议员在著名的革命民主主义者库尔内家中开会，决定进行武装反抗。

12月3日11时，以博丹、库尔内为首，一群共和派的议员走遍圣-安东郊区，高呼"宪法万岁！""共和国万岁！"，号召人们拿起武器，建筑街垒。他们在科特街和圣-玛尔加丽特街建起街垒。但街垒筑得不好，当镇压的士兵开来时，不少群众认为无法抵抗便想离开。博丹力劝他们留下保卫街垒。有一人回答道："我们不会为了你们每天得25个法郎①而让自己置身于枪林弹雨之下。"博丹被激怒了，对他说："请您看看人们如何为了25法郎而死去。"说罢，返回街垒后面。军队向他射击，博丹头部中3颗子弹身亡。

参加巴黎武装反抗的还有一小部分工人。他们的带头人是行会中央委员会中的工人领袖。到12月4日中午，塞纳河右岸布满街垒，保卫街垒的主要是工人，共有1000~1200人。

波拿巴及其同谋者担心首都的反抗继续下去，有可能引起全民起义。必须采取有效措施予以镇压。莫尔尼和马尼扬制订了一个狡诈的计划：决定于3日夜将军队撤回军营，待反抗的人们全都出动进入街垒后，再调动军队出击，这样就可以进行决定性的打击。12月4日中午2时，马尼扬决定出兵。军队包围了街垒。到下午5时，军队将起义镇压下去。据《总汇通报》报道，因反抗政变而丧生的有380人，约为二月革命时死亡人数的两倍。按英国《泰晤士报》的说法，死亡人数达2000人。从警察局的名

---

① 议会开会期间每个议员每日可得25法郎。

单来看，牺牲者主要是工人和小商人。

总的说来，巴黎工人对这次武装反抗是消极的。政变时，巴黎工人手中没有武器，没有自己的组织和报刊，工人群众借以进行斗争的一切手段都被剥夺了。12月3日当山岳党议员号召工人举行武装起义时，工人们回答道："1848年6月已经把我们的武装全部解除了，现在郊区找不到一件武器。"路易－拿破仑·波拿巴采取的笼络手段也迷惑了一部分工人。有的工人认为，已经给我们普选权了，我们还能做什么呢？恩格斯在分析法国无产者消极的真正原因时指出："因为路易－拿破仑所有从别人那里抢去的东西，都不是从工人阶级那里"抢去的，"这并不是说，路易－拿破仑甘心于不掠夺工人阶级，不从工人阶级那里抢去他所想要的一切"。问题是"在法国工人阶级身上已经没有什么可抢的了"。[1]

外省武装反抗的范围比巴黎广泛，在共和主义和社会主义思想宣传基础好的省份，都有武装发动。在阿利埃、歇尔、涅夫勒、热尔、洛特－加龙、下阿尔卑斯、罗纳河口、德龙等20个省爆发了武装起义。参加起义的主要是手工业者、工人、农民和小商人，领导者是小市镇的镇长、教师、新闻记者等。起义的目的是保卫共和国，与山岳党的倾向和要求基本一致。波拿巴派军队残酷镇压，32个省处于戒严状态，到处进行搜捕，被捕者达2.6万人。到12月中旬，全国各省的反抗基本被平定了。

12月21日举行公民表决。根据1851年12月2日的一项法令，提交公民表决的全文是："法国人民愿意保持路易－拿破仑·波拿巴的权力并授予他必要的权力以便在12月2日公告提议的基础上制定一部宪法。"波拿巴提出要公开投票，群众坚决反对，后仍改为秘密投票。但在外省的一些地方，投票实际是公开的。投票结果：7439216票赞成，646737票反对，赞成票超过反对票10倍。在军队中赞成票是318469票，反对票是42487票，赞成票超过反对票6倍多。政变获得正式承认。

路易－拿破仑·波拿巴举行政变，从表面上看来是立法权和行政权之间的斗争，从本质上说是二月革命以来法兰西国家内阶级斗争的必然结

---

① 《马克思恩格斯选集》第1卷，人民出版社，1972，第705页。

果。4 年来各个阶级之间的公开战争使这些阶级筋疲力尽，削弱了每个阶级的战斗力，此后只能以和平的、合法的方式继续这一斗争。资产阶级，不论是金融贵族或工商业资产阶级十分厌烦议会和总统之间的纠纷，渴望秩序。1849 年和 1850 年工商业处于繁荣阶段，工商业资产阶级担心斗争破坏繁荣。1851 年发生了商业危机，纺织品出口减少，纺纱厂生产缩减，部分工厂甚至停工。4~5 月，工厂相继倒闭，工商业资产阶级认为，不景气和危机乃是议会和行政权力之间的斗争引起的。加之政府机构、报刊恫吓资产阶级，说 1852 年总统选举中，如果社会主义各派胜利了，将会带来掠夺、暴力恐怖和无政府状态。这使得资产阶级产生了一种信念，必须用强大的政权力量来防止这种情况。

波拿巴了解资产阶级的期望，因而巡游全国，到处发表演说，阐述自己振兴经济的主张，以博得他们的支持。当他巡游到瑟堡时说："我每到一处，人们都要求开凿运河、铺设铁路、开辟街道，要求发展农工商业。这是很自然的。但是，只有当我从你们那里获得必要的手段时，才能达到期待的结果，而这些手段又完全依赖于你们与政府的合作和支持它反对威胁它的前途的危险。"资产阶级认为，总统能够保障秩序，立法议会无力谋求资产阶级的共同利益，所以资产阶级都支持波拿巴。

大多数农民支持波拿巴，主要原因是二月革命后，对农民税收加重，他们的生活日趋恶化。1851 年经济不景气，对农产品的需求减少。价格下跌，农民的抵押债务增长，破产增多，使得大多数农民固守旧传统，认为拿破仑一世皇帝在位时，他们丰衣足食，如今能解救他们摆脱困境的只有皇帝的侄儿。因此，大多数农民都是总统的拥护者。

政变一年之后，1852 年 12 月 2 日宣布恢复帝制，建立了第二帝国。1848 年二月革命建立起来的共和制被颠覆了。

[孙娴，中国社会科学院世界历史研究所研究员]

（本文始发于《外国历史大事集》，近代部分，第二分册，重庆出版社，1985）

论希特勒纳粹党上台前的经济思想

邸　文

根据对大量新史料进行分析和研究，笔者认为民社党（全名为民族社会主义工人党，简称纳粹党）上台之前已经形成了一种经济思想，即在垄断资本主义高度发展的基础上，加强国家对经济的干预和控制，为独裁统治和战争政策服务。深入地对这一问题进行探讨，有助于理解民社党上台之后推行的经济政策和第三帝国经济体制的形成问题。

民社党上台之前经济思想理论的形成，大致经历了两个阶段。

一　经济思想初具雏形

1920~1930 年，戈特弗里德·弗德尔、施特拉瑟兄弟和阿道夫·希特勒，对民社党经济思想的初步形成起了重要的作用。

弗德尔（1883~1941 年），1920 年 1 月加入民社党，是民社党建立和发展时期一位极为重要的经济理论家。他在慕尼黑大学学习期间，萌发了对法学和金融政治学的兴趣。1917 年之后，对"利息奴役制"进行研究。1919 年发表《粉碎金钱利息奴役制宣言》，1920 年初与安东·德雷克斯勒和希特勒共同起草了民社党的《25 点纲领》，1923 年发表《反对金融寡头的斗争》和《民族与社会基础之上的德意志国家》，1927 年发表《民社党纲领及其世界观的基本思想》等著作，对"创造性的"工业资本和"食利性的金融资本"加以区别，提出"粉碎利息奴役制"，提倡国家货币权威及金融权威，要求对银行实行国有化、取消利息，对民社党的经济思想和经济理论的提出作出了重要贡献。

格雷戈尔·施特拉瑟（1892~1934 年）和奥托·施特拉瑟（1897~1974 年），是民社党内小资产阶级激进派的领导人。前者具有组织才能，后者是位思想理论家。奥托·施特拉瑟一战后曾在慕尼黑大学学习法律和经济学。1925 年 9 月起草民社党内激进派革新民社主义的纲领草案，提出了民社党尚未充分陈述的经济要求，明确实行经济改革，对《25 点纲领》进行补充。1925 年 11 月提出以该纲领取代《25 点纲领》，遭到希特勒的否决。1925 年之后，特别是在 1930 年，坚决反对希特勒亲善大金融垄断资本的政策，同年被清除出党。1932 年 12 月 8 日，格雷戈尔·施特拉瑟被迫离党。

希特勒（1889~1945 年），1921 年 7 月排斥原党领导人安东·德雷克斯勒，当选为党主席，此后在党内极力贯彻独裁路线。希特勒在 1925~1926 年发表的《我的奋斗》、1928 年口授的《第二本书》以及公开发表的言论中，对经济问题很少论及。但是在党的内部"工作文件"和流传下来的可靠谈话中，则对经济问题进行了阐述。可能出于策略考虑，他在准备夺权过程中，顾及同金融垄断资本集团结盟与争取中等阶层群众，故而对公开自己的经济观点持慎重态度。

1920~1930 年，民社党未曾正式公布过一个经济方案。但是，如果对民社党的《25 点纲领》、弗德尔和施特拉瑟兄弟的经济思想以及希特勒的有关秘密言论进行深入分析和研究，就会发现民社党对其经济思想进行了零散表述，在此时期已初步形成了一种由国家干预经济的思想。归纳起来，主要有如下内容。

（一）国家干预经济的等级结构模式构想

党的《25 点纲领》"要求建立一个强大的中央集权帝国……（和）建立等级和职业议会，执行由帝国颁布的法律总纲"。这一条是希特勒补充的。[1]

---

① 莱因哈德·库恩尔：《德国法西斯资料与文献》（Reinhard Kühnl, Der deutsche Faschismus in Quellen und Dokumenten），帕尔鲁根施泰因出版社，1979，第 106 页。

这种关于国家政治制度模式的设想，也同样适于国家经济制度的模式。希特勒后来说道："工业和商业应避其不健康的领导角色，纳入一种民族需要和经济均等的普遍范围之列。"[1]

（二）维护私有制，由国家控制经济

《25 点纲领》和《革新民社主义纲领（草案）》中关于工业、农业和商业经济改革的条文，要求在维护财产私有制的基础之上，由国家权威控制经济，加强中小资产者要求同大资产者均衡财富和同大资本竞争的能力。1925 年奥托·施特拉瑟公开声明，"加强国家权力，通过国家调节解决社会和经济问题"。[2] 希特勒后来从其上台执政、建立独裁统治和进行侵略战争的总目标出发，明确声明，在经济问题上，民社党绝对不废除"经济私有制"，"并不废除从事劳动和谋取财富……"同时表明，由国家权威控制经济。他说，民社党原则上"反对自由主义"，不赞成"自由贸易"和企业主的自由主动精神与竞争原则，不赞成市场经济调控的自由价格和工资原则。但是，"问题在于我们如何安排和满足这些自然欲望，并涉及由国家和公众对私人利润和私人主动性限制的界限……。国家应该根据特定的时间和状况的需要，进行变动，对这两个方面进行限制……"[3] 他进一步强调说，"民族经济……不是一个强大国家的缔造者，恰恰相反，强大的民族国家能够单独保护经济和使它自由地存在和发展"。经济是"次要的"，必须无条件地隶属于"政治优先"。经济是"一个民族肌体和种族生存中一种必要的仆从"。[4]

（三）经济（农业）自给自足，为夺取生存空间奠定物质基础

希特勒在《25 点纲领》中补充了关于夺取生存空间的要求。除去强

---

[1] 阿·希特勒：《我的奋斗》（A. Hitler, Mein Kampf），1930，第 151 页往下。

[2] 约阿希姆·佩措尔德：《希特勒法西斯主义的煽动》（Joachim Petzold, Die demagogie des Hitlerfaschismus），柏林科学出版社，1982，第 269 页。

[3] 哈·劳施宁：《与希特勒的谈话》（H. Rauschning, Gespräche mit Hitler），纽约，1940，第 176 页。

[4] H. A. 特纳：《希特勒与工业家的秘密谈话小册子》（H. A. Turner：Hitlers Secret Pamphlet for Industrialists），见《现代史杂志》1968 年第 40 期，第 362 页。

调外交和权力政治既定目标之外，也强调（农业）经济的自给自足。他说，对于经济政策来说，"攫取新的土地，移植多余的民族人口，具有许多好处……。一种牢固的中、小等级农民的基础，仍是各时代抵制如同我们当今社会病症的最好保障。同时，这也是一种民族在一种经济内部循环中找到日常面包的一种唯一解决办法"。在这种经济中，德国人民"从本土上滋养自己"，通过自给自足，独立于世界市场，治愈"无限有害的工业化"。"德国避开一切世界工业和世界贸易政策尝试，代之以集中一切力量，旨在为它的人民在下一世纪获得一块立足的生存空间，开辟出一条生存之路。"[1]

（四）国家决定货币流通数量并筹集资金，投资公共设备项目

1924 年弗德尔提出，必须创建一种"建设和经济银行"，发行汇票，使闲置的生产因素发挥作用。他建议，通过发行"国家证券……从国家自己的绝对权威出发，为公共项目投资筹集资金"。并要求由国家决定流通资金数额，摆脱黄金储备，符合经济循环的要求。[2]

这里应该指出，在 1920～1930 年民社党产生和发展阶段，党的性质经历了一个从小资产阶级右翼政党向资产阶级反动政党的转变。党内围绕着对《25 点纲领》有关经济条文的解释，展开了以施特拉瑟兄弟为首的小资产阶级激进派和以希特勒为首的主流派的斗争。[3] 希特勒私下与金融垄断

---

[1] G. L. 魏恩伯格主编《希特勒的第二本书》[G. L. Weinberg（Hrsg.），Hitlers Zweites Buch]，斯图加特，1961，第 163 页。

[2] 戈·弗德尔：《反对金融寡头的斗争》（G. Feder，Kampf gegen die Hochfinanz），慕尼黑，1934，第 90 页。

[3] 《25 点纲领》中的经济条文是弗德尔和德雷克斯勒起草的，要求从维护中小资产阶级的利益出发，国家应该对经济进行干预。其中第 11 点："取消不劳而获的收入，打碎利息奴役制"；第 12 点："取缔和没收一切靠战争发财的非法所得"；第 13 点："我们要求对所有（到目前为止）已经组合起来的企业（托拉斯）实行国有化"；第 14 点："我们要求建立和维护一个健康的中产阶级，要求立即将大百货公司充公，廉价租赁给小工商者，要求在国家和各邦区收购货物时特别照顾一切小工商者"；第 17 点："我们要求实现一种适合我国需要的土地改革；要求制定一项为了公益而无代价地没收土地的法令，要求废除地租，要求制止一切土地投机倒把"；第 18 点："要求对卖国贼、高利贷者、投机商处以死刑"。（转下页注）

资本代表人物聚会时，或者对有关的经济条文进行了修改，或者做出了有利于他们的解释。尽管民社党的经济主张在公开声明和秘密表述方面含混不清，缺乏理论基础，但是从总的方面看应该承认，民社党经济思想的核心——国家干预经济的思想已初步形成。

二　国家干预经济理论的形成

1930 年 9 月，民社党在帝国国会选举中取得了出人意料的胜利，一跃而为国会第二大党。希特勒为做好夺取政权的准备，1931 年初下令在民社党全国领导机构设立了"第二组织部"，下设经济学科部和经济政策部，指令研究有关经济理论，探讨初步形成的民社党经济思想，重新解释党的有关经济条文和政策，制定民社党上台之后实施的经济政策。

希特勒任命著名的经济学家迪特利希·克拉格斯主持经济学科部的工作。克拉格斯吸收了党内外的一些学者从事经济理论的研究。

希特勒任命前总参谋部军官、企业家奥托·维尔海尔姆·瓦格纳博士主持经济政策部的工作。瓦格纳曾于 1923～1924 年在卡尔斯鲁厄商业学校和维尔茨堡大学举办经济讲座。该部的研究人员都是受过良好大学教育的经济学家。其中，负责工业研究的领导人冯·鲁克博士在此之前曾在弗利克康采恩工作。负责财贸研究的领导人考尔德曼是维尔纳·冯·西门子的一位孙婿，曾在西门子—舒克特国外分公司工作。瓦格纳还建立了各种经济领域"评议和研究协会"，邀请著名的经济学家和学者参加。其中，基

（接上页）冯契的《论王守仁的"致良知"说》，载《华东师范大学学报》1984 年第 4 期；1925 年 9 月，奥托·施特拉瑟公布革新民族社会主义纲领。在农业方面规定，土地形式属于民族财产，变全部农民地产为不能出售的"世袭采邑"，限制私有财产，进行土地改革，重新分配土地，成立合作社。工业方面规定，努力使大企业国有化，将无生存能力的企业转交民众共同体监督。工人应参与企业行政管理和财产占有。……工商企业方面除赞成《25 点纲领》中第 16 点"要求将大百货公司充公"之外，还倡议建立中世纪行会模式的强制手工业者协会和工厂联合会，保护工商企业不受大资本企业竞争威胁。对于较小的企业，工人、国家和行政区无权提出占有要求。见莱因哈德·库恩尔《德国法西斯资料与文献》，第 106～107 页；约阿希姆·佩措尔德：《希特勒法西斯主义的煽动》，第 239～240 页。

尔大学教授简斯·杰森和德意志银行总裁冯·施陶斯和伊格—法本公司的菲舍尔博士是"社会经济问题研究协会"和"世界经济研究协会"成员。该部还支配一个联络网，由负责各经济区、后来发挥作用的 11 名代表和 44 名"大区经济报告人"组成。

在瓦格纳和克拉格斯的主持之下，上述两个经济研究机构的研究人员，对各种经济理论进行了研究，对民社党的经济思想观点的科学理论基础进行了探讨，并从哲学和经济学方面，对民社党的经济观点、经济等级结构和从中引出的经济制度进行了阐述，制定了几份相当重要的经济政策纲领文件，其中有 1931 年 3 月 5 日的《民社党经济政策基本观点和目标草案》，[①] 1932 年公布的《民社党经济纲领》，1932 年 5 月公布的《民社党经济紧急纲领》和 1932 年秋天公布的《民社党经济建设纲领》。民社党此时已使其经济思想条理化、系统化和理论化，以经济纲领和经济文件的形式，明确地提出了由国家干预经济的军事统制经济理论，勾画出第三帝国经济体制的模式和即将推行的经济政策。

民社党详细地阐述和明确地宣布了下述经济理论观点。

（1）民社党将推行中央集权统治下的国家统制经济制度。"国民经济应听命于国家的治理艺术"，"国家应通过对国民经济的监督和领导，确保其民族共同思想及其统治"。

（2）重申"扩大生存空间"，是解决国民经济危机的必由之路。突出强调以自给自足为方针、农业独立于世界市场经济之外的显著地位。

（3）重申赞成"健康竞争"的资本主义私有制和利润刺激的观点，声明企业中的企业主权威和"领袖—仆从关系"，宣布以法律形式对企业主获取和运用所有财产的自由创造精神进行限制。

（4）声明国家将对投资、物资和工资进行监督，实施民族劳动法令，设立劳动委托人制度。

---

① 希特勒当时正在寻求加强同经济界和工业集团的政治联系，因此该文件并未公开发表。时隔 40 多年之后，1974 年才被一位学者在柏林文献中心发现。见德国柏林文献中心，经济政策部第 0.212 号文献（Berliner Docoment Center, 0.212 Wirtschaftspohtische Abteilung）。

民社党还公布了上台后将推行的具体经济政策，在当时引起了轰动。

（一）提供就业措施

提出减少失业的最紧迫问题，是利用废弃的生产资料，通过实行一种宏伟的公共工程纲领，活跃国内市场。具体措施：建议改良土壤，修筑道路和运河，大力兴建工人住宅区。为这些措施筹资的方法是，"创造性地汲取贷款"，以 20% 的款项进行补偿。其主要款额通过节约失业金和可望出现的经济高涨及提高税收加以补偿。

（二）"普遍性经济措施"

（1）在外贸方面，重申自给自足的"贸易政策方针"，鼓励出口和限制进口，大力筹集外汇等，确立了双边贸易的基本思想。提出国家应"通过自产产品，最广泛地满足德意志人民的需求。其他需要的额外特殊原料，应优先从准备向德国购置工业品而同意德国减少原料进口的友好欧洲国家进口"。同时，要求国家通过一种出口奖金和进口增税制，最大限度地筹集外汇，建议选择马克贬值。

（2）在银行和贷款政策方面，宣布"国家有权对银行进行监督和干涉。作为国家干预银行制度的预备措施，银行负有向国家汇报的义务……"要求国家对物资进行监督，"准许采取建造工业生产的新设施"。

（3）在农业方面，建议大力恢复农业生产。提出推行"世传农庄"法，由国家管理和监督全国范围之内的各农业部门，建立各种农业市场"协议会"，对同类产品和生产者进行管理。①

民社党上台之后，以这种经济理论为指导，将国家对经济的干预与

---

① 奥·瓦格纳：《民社党的经济纲领》（O. Wagner, Das Wirtschaftsprogramm der NSDAP），慕尼黑埃厄尔，1932，第 92 页；格·施特拉瑟：《工作和面包。1932 年 5 月 10 日国会演说》（G. Strasser, Arbeit und Brot, Reichstagsrede vom 10. Mai 1932），慕尼黑，1932；民社党全国组织部第四部（经济部）编《民社党的经济紧急纲领》[Wirtschaftliches Sofortprogramm der NSDAP, ausgearbeitet von der Hauptabteilung Ⅳ（Wirtschaft）der Reichsorganisationsleitung der NSDAP]，慕尼黑，1932，第 8 页；民社党全国组织部第四部（经济部）编《民社党的经济建设纲领》，见弗德尔《金融寡头》，第 371～382 页。

"经济自治管理"相结合，激发资本的竞争和利润刺激精神，在消除失业，改组经济和工业、农业、商业、贸易及金融诸领域，实施了许多与之相似的政策，逐渐建立起国家垄断军事统制经济体制，为"扩大生存空间"和对外侵略战争服务。

民社党的经济思想和经济理论，时而公开时而保密，[1] 因此，这使人们对于这个问题的分析和认识变得困难和复杂化。民社党上台之前，正式公布的经济文件实属罕见。1920 年公布的《25 点纲领》，其中有关经济条文模棱两可，几乎与后来执行的经济政策毫无关系，因此，经常被作为说明民社党上台之前无经济理论的例证。然而，人们忽略了一个重要的事实，纲领中提出的建立中央集权经济模式和对外夺取"生存空间"的思想，对党的经济思想和经济理论的形成产生了深远的影响。1931～1932年，民社党提出的经济计划和纲领，有的并未公开发表（《民社党经济政策基本观点和目标草案》），有的发表数周后旋即收回（《民社党经济紧急纲领》），有的公开发表时则回避重大争论问题（《民社党经济建设纲领》）。希特勒从争取金融垄断资本集团上台执政的策略考虑，认为不宜公开民社党关于国家干预经济的理论和政策，以免引起金融垄断资本的疑惑或反对。希特勒在各种场合与企业和金融界代表人物接触时，极力强调亲善他们的主张和政策。因此，从表面看，人们不易觉察民社党上台之前经济理论存在的真相。

三　民社党经济理论的渊源

民社党的经济理论，来源于 19 世纪至 20 世纪初期德国民族国家经济传统理论中不同时期经济流派的思想。

德国的民族国家经济传统理论产生于德国特殊的社会政治环境。19 世纪，德国走上工业化道路较之英、法等国为迟。这种迟到的工业化，使德

---

[1]　埃·卡里茨：《毫无掩饰。1931 年希特勒—布雷廷的秘密谈话》（E. Calic, ohne Maske, Hitler - Breiting Geheimgesprache 1931），法兰克福，1968，第 37 页。

国在同英、法等世界强国的激烈竞争中处于不利地位。同时 1848 年以来，德国的自由主义是一种贫血和短命的产物。德国资产阶级力量软弱，不仅在实现其重要的政治目标——民族统一事业中失败，而且在德国经济发展中也似乎没有表现出显著的成就。恰恰相反，德国经济的高涨是在政治上"保守"和"反动"的专制国家和国家权威的统治之下开始的。

由于这种特殊的社会和政治状况的发展，19 世纪中叶德国产生了一种适应工业化起步较晚和发展迅猛的经济理论，即德国民族国家传统经济理论。该理论对西方资产阶级经典国民经济学忽视"国家问题"或"国家力量"持批判态度，指责它剥夺了国家承担的社会义务，强调国家在经济中的权威和极有组织的国家观念，主张国家干预经济生活，对自由放任主义持保留态度，旨在使国家机器进一步服从于资产阶级的利益。[①]

该学说的创建人及其重要代表人物是亚当·米勒、弗里德里希·里斯特和威廉·罗雪尔。他们的主要理论观点如下：①经济活动的第一目标，不是偿付个人需要，而是加强国家和人民的权力，促进完成其社会和政治任务。②由此产生的国家权力和任务是指令性计划经济过程，限制经济的自由主动性，以利于国家单独阐述的"公益"。③国家权力包括考虑建立无限全权、支付手段、摆脱储藏金属量或外贸政策。④倾向于在一个大陆"大经济区"之内实行自给自足政策，至少通过向东欧和东南欧进行经济扩张，确保大经济区的存在。⑤针对工业化和与此相关的"城市化"后果，突出农业，宣扬农村生活田园化。[②]

在这种经济理论指导之下，德意志帝国统一之前，德意志诸邦国，特别是最大的邦国普鲁士，要求国家直接对建立经济基础设施（如交通、电力和煤气以及采矿等）和发展贸易施加主动权。德国公共和国家化经济部门的威信和国家对经济的直接影响，远比英、美、法等国家明显。在德国，自由贸易经济观念尚未形成气候。在德国自由资本主义发展时期，特

---

① 亚·米勒：《国家艺术的因素》（A. Müller, *Elemente der Staatskunst*），莱比锡，1931，第 159 页。

② 阿·巴尔凯：《民社主义经济制度》（A. Barkai, *Das Wirtschaftssystem des Nationalsozialismus*），法兰克福弗舍尔，1988，第 72~86 页。

别是在其发展的全盛阶段，德国经济结构中呈见出一种鲜明的特征，"出现了一种与所谓经典—自由主义经济模式颇为不同……带有国家和资本协会控制"的明显混合经济制度。这为19世纪末至20世纪初自由资本主义向垄断资本主义以及随即向国家垄断资本主义过渡，为后来德国向第一次世界大战中战争经济和最后向第三帝国国家垄断资本主义军事统制经济制度过渡奠定了基础。

19世纪末至20世纪初，在德国工业化迅猛发展的同时，德国社会阶级矛盾急剧激化，工人运动迅猛发展。在这种情况下，在德国民族国家传统经济理论中，出现了一种"保守革命经济学派"，主张国家加强对经济的干预和监督，以疏通社会矛盾，预防日益强大的工人运动，维护资本主义统治。奥特玛尔·施番根据中世纪行会制度，拒绝议会民主制，提出一种普救学说等级制度，作为一种未来等级国家的模式。奥斯瓦尔德·施澎格勒提出"普鲁士社会主义"，认为普鲁士官吏国家管理公共经济的榜样证明，没有私人利润刺激能够进行经营，要求对经济普遍实行国有化，不是通过剥夺财产，而是通过立法进行。维尔纳·桑巴特针对经济和工业社会技术进步产生的矛盾和大城市无产者无家可归的现象，认为"城市化"损失浪漫化，对农村生活理想化，要求将德国"重新农业化"与自给自足结合起来，[①] 实行"德意志社会主义"。这些保守派经济思想家的"社会主义"，甚至于最极端的"国家化"，原则上主张以生产资料私有制和私人利润刺激为基础，对企业主的主动性和市场经济价格—工资规定进行某种程度的限制。

第一次世界大战之后，由于世界资本主义经济危机的爆发和发展，在许多国家出现了变革正统经济和货币理论的思想，主张国家干预、调节经济。同样，在德国民族国家经济传统理论中，出现了改革者集团。他们不仅经常引证德国人克纳普和本迪科森的理论，而且经常引用美国人汉森·萨缪尔森和伊尔温·弗舍尔、英国人约翰·凯恩斯和维廉·贝弗里奇的理

① 奥·施澎格勒：《普鲁士精神与社会主义》（O. Spengler, *Preu Bentum und Sozialismus*），慕尼黑，1920，第97页；威·桑巴特：《德意志社会主义》（W. Sambar, *Deutscher Sozialismus*），柏林，1934，第292页。

论，试图协助国家战胜失业。这些努力，特别在 1931～1933 年巴本和施莱歇尔政府的提供就业计划中得到体现。德国改革者重要代表人物海恩里希·德莱格尔 1930 年撰写《通过有效的汲取贷款提供就业》的论文，强调有效提供就业的唯一途径是扩大贷款，兴建巨大工程。例如，兴建工人居住区，改良土壤和修筑道路。德国改革者最重要的政论家弗里德兰德·普雷希特尔于 1926 年发表《慢性劳动危机》，1931 年又发表《经济转变》等论著。他认为，面对世界贸易普遍危机和美国工业的发展，德国不能通过出口战胜危机，而应通过自给自足政策，应该持续性地改变德国国民经济结构。兴建农业巨大工程，不应单纯为提供就业，而应为德国重新农业化奠定基础，德国应再次成为"农业国家"。提供就业实际项目除改良土壤和兴修水利之外，也应包括修筑高速公路和建立代用品工业。他特别谈到用制造煤炭液化合成动力燃料制造方法取代进口原料问题，建议国家通过长期借款进行筹资。他拒绝承认"缺乏资本"是经济危机普遍流行的观点。1931 年明确提出，"德国缺少领袖集团"精神因素。如果有这种精神因素，"生产潜力可以转换为生产，失业可以转化为富裕"。关于货币理论，主张通过部分修正正统货币政策，以赤字方式资助提高公共设施的开支。强调国家必须放弃有害的通货紧缩政策，必须放弃国内外借款这种并不现实的计划，取而代之的应是承兑"借款总额"，通过额外汲取货币和货款方式，创造对生产和存货的支配权。[①]

民社党的经济理论和经济纲领，第三帝国推行的经济政策，在许多方面与德国民族国家传统经济理论惊人的相似。弗德尔、希特勒、施特拉瑟兄弟、民社党的经济理论家和第三帝国的经济部长们，主要通过下述方式了解和掌握了这种理论。首先，与时代相关的正在发生预兆的"思想"和理论，在当时大量存在的众多报刊和小册子中传播。这对他们肯定产生了

[①] 阿·巴尔凯：《民社主义经济制度》，第 57～58 页。第三帝国建立之后，改革者们的全部金融和财政手段远比在其他任何资本主义国家都较早和较为有效地运用和推行，这里应该明确说明的是，许多改革者认为自己的经济建议只是一种有限的经济措施的"导火线"。在经济起飞之后，还能重返自由市场经济的轨道。只是在民社党人手中改革者们的这种经济理论才成为一种为"政治优先"服务的指令性经济和财政技术指南。

重大影响。同时应该承认，他们中的一些人，如弗德尔和施特拉瑟兄弟以及一些民社党的经济理论家，曾经"充分地阅读过"当时出版的亚当·米勒和里斯特、施莫勒、莫厄伦多夫等人的著作，并在民社党的出版物中经常引用。另外，民社党人与德国改革者们频繁接触，从中了解了德国历史上民族国家传统经济理论流派的各种观点和改革者们的主张。其中，几位重要的改革者代表人物起了斡旋作用。哈·德莱格尔在他的论文《通过有效的汲取贷款提供就业》发表之前，曾与格·施特拉瑟和弗德尔等人进行过多次长谈。在民社党起草紧急纲领之前，他曾将这一论文的手稿交给民社党经济政策机构传阅。《民社党经济紧急纲领》与德莱格尔的论文有许多内容完全一致。该论文也成为《民社党经济建设纲领》中的重要注释文件。弗·普雷希特尔的论文曾多次由民社党的出版社出版。民社党人正是通过上述途径，领悟了德国民族国家经济理论，并将其中的国家对经济的权威和控制、金融和财政手段等思想以及许多经济措施，归纳吸收，为己所用，逐步形成了民社党上台之前的经济理论。由此可见，德国经济思想理论中民族国家传统经济理论，对于民社党上台之前经济理论的形成产生了直接的影响。

综上所述，民社党上台之前已经形成了自己的经济理论，并对该党上台前后提出的许多经济政策和措施具有重大的指导意义。由此可见，第三帝国成立初期实施的经济政策，绝非一种即兴之作或"临时产物"，也不能完全归功于沙赫特的"金融奇才"，而应归结于民社党符合资本主义发展趋势的国家干预经济的资产阶级现代经济理论。这种理论在第三帝国并未像在美、英、法等国那样，将国家对经济的干预引向扩大消费生产和资本主义经济的全面发展，而是全面地导向了军事战备重工业的发展和战争的深渊。

[邸文，中国社会科学院世界历史研究所研究员]

（本文始发于《世界历史》1995 年第 4 期）

试论瑞典的"充分就业"

张晓华

内容提要 强调和基本实现"充分就业"是瑞典不同于其他福利国家的一个鲜明特征。为了实现和维持"充分就业",瑞典政府对劳动力市场实施较多的国家干预和调节,使失业率维持在一个较低的水平,经济和社会得到稳步发展。"充分就业"成为瑞典福利制度得以实施的基础,同时又是公民分享福利的一种方法。

关键词 就业 国家干预 瑞典

人是生产力中最重要和最活跃的因素,它与生产资料一起构成社会经济发展必不可少的基本条件。因此,就业对个人来说是生存的一种必要手段,对社会来说,则是一种机制和发展的动因。笔者在对瑞典历史的研究中发现,强调和基本实现充分就业①,是瑞典不同于其他福利国家的一个鲜明特征。在西方国家失业率居高不下的时候,瑞典为什么能够长期保持较低的失业率?这是引起人们兴趣和关注的一个经久不衰的问题。关于这一问题的研究,可以说硕果累累,但争论声也从未间断。国外的研究更多地从经济学和社会学角度对这一问题进行分析、比较,从历史学的视角进行专门考察的研究成果则为数不多。瑞典社会研究所瓦尔特·科皮教授是

---

① 充分就业 "Full Employment" 在《瑞典工人运动战后纲领》中解释为 "Employment for all",是"人人有工作"的意思,有"完全就业"之意。瑞典社会学家 J. 帕尔梅对"充分就业"一词的释义为"凡有工作能力、愿意工作的人都能就业"。笔者认同这一说法,这里所说的"完全就业"就是通常所说的"充分就业"。

研究这一问题的权威,其所著《福利资本主义中的工人阶级》[1] 以及发表的一系列文章,既从社会学的视角,又从多学科的交叉研究来探讨这一问题,为我们从历史学视角考察充分就业问题提供了更多的思考。国内专门研究这一问题的专著当数沈全水先生撰写的《失业的出路——瑞典再就业的考察》[2],该书主要是从经济学的视角对这一问题进行阐述,由于考察的是 20 世纪 70 年代至 90 年代的经济政策,从中也勾画出了一个粗线条的历史发展脉络。本文拟从历史学的视角,对 20 世纪 30 年代至 50 年代的瑞典"充分就业"问题作一初步探讨,以求教于方家。

一

19 世纪上半叶,瑞典还是一个以农业为主的国家,1870 年时城市人口只占全国人口的 13%。[3] 19 世纪 70 年代瑞典经济开始起飞,并在短短几十年的时间里跃居世界发达国家行列,成为西方资本主义国家中工业化起步较晚,但发展极快的国家。在 1870 年至 1980 年的 110 年里,瑞典国内生产总值按人均计算每年的实际增长率(排除通货膨胀因素)为 2.5%[4],增长速度之快,持续时间之长,实属罕见。

实现工业化必须具备人、资源、资本积累、生产规模化、专业化和科技进步等基本条件。其中人是最为重要的一个条件,没有人不行,人口增长太快也不行——资源耗尽,阻碍经济发展。19 世纪中叶,瑞典发生饥荒,农村无产者队伍迅速膨胀,当时瑞典尚没有大规模的工业来吸纳过剩的农村人口,于是历史上一次声势浩大的移民潮出现了。1840~1910 年,全国约有 1/4 人口移居国外。发生在瑞典经济起飞前后的人口大量外迁,

---

[1] 瓦尔特·科皮:《福利资本主义中的工人阶级》(Walter Korpi, *The Working Class in Welfare, Capitalism: Work, Unions and Politics in Sweden*),伦敦,1978。

[2] 沈全水:《失业的出路》,中国发展出版社,2000。

[3] G. A. 蒙哥马利:《瑞典现代工业的起源》(G. A. Montgomery, *The Rise of Modern Industry in Sweden*),伦敦,1939,第 182 页。

[4] 埃克隆德:《现代市场经济理论与实践》,刘国来译,北京经济学院出版社,1995,第 296 页。

避免了农村人口涌向城市造成失业大军激增的现象，减轻了这一时期政府的压力。但是，在经济持续发展的年代，伴随着市场经济出现的失业并没有因为经济的高速发展而自然消失，反而更加顽强地表现着资本主义市场经济的这一必然现象。

失业是市场经济的产物，它不但给失业者造成严重的经济问题，使其失去生存的手段，而且给社会带来直接的经济负担；当失业率达到一定水平，就会存在失业一直保持在较高水平的危险，就会成为阻碍经济发展、影响社会秩序的重要因素。"在 20 和 30 年代早期，失业人数之多打破纪录。"[①] 20 世纪初，工会会员失业者占会员总数的 1/3。由于失业和其他劳资纠纷而引发的工人罢工在瑞典屡见不鲜，罢工次数位列北欧五国之首，1917 年甚至出现了"近于革命的形势"。[②] 第一次世界大战初期，瑞典通过向德国出口钢铁和食品等战争物资而获利。但英国出面干预使瑞典的海上运输受阻，加上天灾造成农业歉收，瑞典出现了严重的粮食危机。失业工人为了活命，举行反饥饿游行。奉命前去镇压的士兵也因"填不饱肚子"而与工人站在一起。社会民主党左翼及一些团体，在俄国革命的影响下喊出了"建立工、兵苏维埃"的口号。第一次世界大战后，瑞典经济一度出现高度繁荣，当由通货膨胀和存货、投机造成的虚假繁荣的泡影破灭后，生产下降了 25%，失业率高达 30%。就在被称为瑞典发展的"黄金时期"的整个 20 年代，失业率也一直保持在 5%~10% 的水平。[③]

1929 年至 1933 年资本主义世界爆发了席卷全球的经济危机，瑞典被卷入的时间虽然稍晚，但也未能幸免。1930 年至 1931 年瑞典经济开始感到经济危机浪潮的冲击，到 1932 年经济大堤便被冲垮：出口急剧下降，产品积压，一大批企业倒闭；失业率上升到 25% 左右。[④] 1931 年失业人数比 1930 年增加 180%，达到 8.9 万人；到 1932 年冬，几乎又增加一倍，达

---

① 斯·哈登纽斯：《二十世纪的瑞典政治》，戴汉笠、许力译，求实出版社，1990，第 20 页。
② 斯·科布利科主编《瑞典：从贫穷到富裕的发展，1750—1970》（Steven Koblik, ed., *Sweden's Development From Poverty to Affluence*, 1750–1970），明尼苏达大学，1975，第 229~253 页。
③ 埃克隆德：《现代市场经济理论与实践》，第 293 页。
④ 埃克隆德：《现代市场经济理论与实践》，第 294 页。

16.1 万人。1931 年至 1935 年平均每 100 个工作岗位，就有 441 个工人竞争，创瑞典历史最高纪录。[①]

经济形势恶化带来政治秩序混乱，罢工浪潮迭起。失业工人举行"反饥饿游行"；在业工人也因食不果腹，罢工抗议资本家削减他们的薪饷。"失业和工业界连续的动乱曾经是 20 和 30 年代早期瑞典劳动市场的特点。"[②] 1931 年发生在木材工业基地奥达伦地区的罢工是最突出的一例。

木材工业是瑞典外贸出口的重要支柱之一。工厂主以经济萧条、木材销售下降为由，削减工人工资，减少工作日，并且增加工人居住的工房的租金。工人举行罢工反抗，工厂主则以闭厂停工相威胁，劳资双方剑拔弩张。1931 年马尔玛纸浆厂的工人封锁工厂后，工厂主从外地招聘非工会会员的工人，企图破坏罢工。5 月 12 日被雇佣来的外地工人和纸浆厂的工人发生冲突。格兰宁厄（Graninge）公司的硫酸盐厂和亚硫酸盐厂的工人举行罢工声援纸浆厂工友。这两个厂的工厂主效仿纸浆厂厂主的做法，又引起外来工人与本地声援工人的冲突。对抗情绪愈演愈烈，罢工风潮很快席卷整个奥达伦地区。地方政府怕事情闹大，派军队前来镇压。5 月 14 日罢工工人集会，其中四五千名工人自工厂所在地向市政府进发，举行示威游行。在市政府严阵以待的军队无法驱散游行队伍，便向手无寸铁的工人开枪，当场打死 5 人，打伤 5 人，酿成瑞典历史上著名的惨案。全国各地工人闻讯立即组织声援，谴责工厂主和地方政府的野蛮行径。5 月 21 日为 5 名被枪杀者下葬时，斯德哥尔摩所有工厂停工 5 分钟，向死难者致哀。左翼党派及其社会舆论纷纷口诛笔伐，声讨杀害工人的元凶。

埃克曼政府千夫所指，摇摇欲坠。1932 年 3 月，名噪一时的"火柴大王"、大金融家克鲁格自杀。随后披露出的埃克曼政府接受克鲁格贿赂丑闻更加剧了政府的政治危机，埃克曼被迫辞职。瑞典社会民主党抓住这一历史契机，以解决当前危机为目标，在竞选中抛弃了以往提出的一些过激的政策和口号，代之以能有效地帮助贫苦大众的政策，许诺与大规模失业

---

① 克努特·萨缪尔松：《从大国到福利国家》（Kurt Samulsson, *From Great Power to Welfare State*），伦敦，1968，第 233～234 页。

② 斯·哈登纽斯：《二十世纪的瑞典政治》，戴汉笠、许力译，求实出版社，1990，第 32 页。

进行坚决的斗争，在是年大选中一跃成为议会第一大党，在世界经济危机袭入瑞典的危急关头执掌政权，开始了连续执政44年的历史。这为日后瑞典"充分就业"目标的确立和"充分就业"政策的基本实现奠定了基础。

二

要研究瑞典的"充分就业"问题，就不能不讲斯德哥尔摩经济学派，正是斯德哥尔摩经济学派的国家干预思想为瑞典"充分就业"目标的确立和基本实现提供了理论基础。

受命于危难之际的社民党，深知失业是一颗重磅定时炸弹，不排除便不能恢复正常的秩序。社民党不希望1917年的历史一幕重演，要将瑞典纳入民主社会主义的发展道路，必须解决最容易引发暴力冲突的失业问题。更何况社民党是在工人运动的支持下成为执政党的，解决失业问题不但是使瑞典摆脱经济危机的一个急迫问题，而且是关系到社民党统治地位稳固与否的关键问题。因此，社民党将解决失业问题作为其上台后的当务之急，立即向议会提出了洋洋万言的"反危机措施"提案。

"反危机措施"提案的核心思想是通过国家干预，实行稳定的政策，使经济摆脱萧条，从而降低失业率。而国家干预思想在瑞典的最早倡导者应追寻到斯德哥尔摩经济学派。

为了解决20世纪20年代的失业问题，自由党政府曾在1927年成立了"失业委员会"，由其负责对失业高峰的起因和解决办法进行专门的考察。委员会成员包括各党派的代表，并聘请一批著名学者、教授参加工作。该委员会一直工作到1935年。

当时，在经济学界占主导地位的仍是传统的自由市场观点，认为社会经济通过自由确立价格能够自然地实现均衡，使总供给与总需求持平。"失业委员会"成员中的相当一部分人持这一观点，认为造成失业的原因是工资过高，导致了劳动市场"供给过剩"。工资升高，雇主就无意雇佣更多的人，结果便是失业。根据这种观点，自由的市场机制能够纠正这个问题，他们开出的药方是：减少工资。而一批深受克努特·威克塞尔的货币理论影响的年轻经济学家却提出了不同的看法。

克努特·威克塞尔（1851～1926 年），瑞典著名经济学家，他从边际效用论和一般均衡论出发，通过对利息率和价格的运动的研究，提出了"货币均衡论"，希冀给经济的周期波动一个"理论说明"。"他主张资本主义制度一般而言是有效率的，但是其收入分配存在着缺陷。他不反对资本主义生产制度，认为公平的收入分配应当而且能够通过合适的政府政策，在资本主义制度范围内实现。他把经济波动的原因主要归因于货币因素，并且认为可以通过政府的干预来保障经济稳定。"[①] 威克塞尔的理论从分析货币、利息入手，研究对国民经济进行宏观管理，实际是一种国家干预理论的早期萌芽。

年轻的经济学家们通过讨论经济萧条的性质，认为扩大公共开支、运用财政政策和货币政策来调节经济可以保证就业和经济增长。持这种观点的人后来被称为"斯德哥尔摩学派"，他们中的一些人先后参加了"失业委员会"的工作，如艾立克·林达尔、贡纳尔·缪尔达尔、巴蒂尔·俄林等人。

经济学家巴格教授利用供求价格概念分析非周期性失业原因，指出劳动供求价格发生矛盾，一般是由于劳动供求规模以及经济结构发生了变化。经济学家，后任自由党主席的巴蒂尔·俄林也不同意将"稳定价格"作为金融政策的标准，而提出以"最小程度的失业"为标准。他主张以公共投资和公共劳动抵制失业，将开发公共工程项目作为反周期性经济危机的手段。林达尔和塞弗林也主张大搞公共项目，特别是建筑工程。林达尔认为扩大公共工程也有利于消灭非周期性危机造成的失业，办法是政府用赤字预算支付公共工程费用。换言之，周期性和非周期性危机造成的失业皆可采用扩大消费而消灭之。

社民党议员，后来成为政府财政大臣的维格福斯是委员会的一名重要成员。他强调价格（工资）是由市场决定的，不是由工人决定的，失业工

---

① 裴小革：《瑞典学派经济学》，经济日报出版社，2008，第 184 页。关于克努特·威克塞尔的经济理论，参阅威克塞尔著《国民经济学讲义》，上海译文出版社，1983；裴小革著《瑞典学派经济学》，第 32～58 页。

人不能为获得一份工作而提出低于市场价格的工资标准。维格福斯研究通货膨胀与失业的关系后指出："经济危机期间，出了问题的正是自动价格机制，降低价格不能刺激需求的增加，恰恰相反，价格下降后，人们相信价格还会继续再降，更要观望等待，因而需求进一步萎缩，这又导致价格进一步下降。供方情况亦然，也会估计价格会再下降，因而减少产量，造成失业人数增多，工人工资下降。这反过来又迫使价格下降。"[①] 维格福斯认为，失业发生在经济周期向下发展的起点，削减工资不能减少失业。削减工资只会影响人们的期望，导致投资减少，从而使已在下降的周期更加恶化。他以一个政治家的眼光分析形势，也得出了"公共投资和由公共部门组织的劳动能够增强购买力，有助于缩小经济危机的规模"[②] 的结论。

在经过充分的研究、论证后，失业委员会的多数成员同意他们的观点，认为对于产品过剩或有效需求不足造成的失业，解决的途径是刺激需求而不是降低工资；主张通过扩大公共工程和修改税收制度来解决失业问题，将消极地给予失业救济方式变为向失业者提供生产性的、由政府管理的工程项目的积极方式；并强调举办的公共工程项目应是普通项目，付以当时平均工资。

20世纪30年代是斯德哥尔摩学派发展的鼎盛时期，林达尔、缪尔达尔、伦德堡、俄林等人不仅承袭了威克塞尔理论体系中的主要特色，而且在总量分析和动态分析方面发挥和补充了威克塞尔理论体系。他们坚持用宏观经济调节办法来平抑经济周期波动，用均等化分配制度与资本主义生产制度相结合。在他们参与的失业委员会的《最近报告书》中强调通过国家调节来消除失业。[③]

正是这种以扩大总需求来解决整个社会经济的生产能力和就业问题的理论，为社民党的"反危机措施"提供了理论依据。在财政大臣维格福斯

---

① 埃斯基尔·瓦登舍：《失业委员会及斯德哥尔摩学派》（Eskil Wadensjo, "The Committee on Unemployment and the Stockholm School"），L. 约恩翁格主编《再访斯德哥尔摩经济学派》（L. Jonung, *The Stockholm School of Economics Revisited*），剑桥，1991，第113页。

② 埃克隆德：《现代市场经济理论与实践》，第121页。

③ 黄范章：《瑞典"福利国家"的实践与理论》，上海人民出版社，1987，第147~153页。

的主持下，斯德哥尔摩学派的理论被运用到社民党政府摆脱经济危机的实践中，形成了"反危机措施"提案。

提案认为对整个社会经济的生产能力和就业起决定作用的是社会的总需求，克服当前这些问题的最好办法是实行国家干预，推行一项旨在消除失业的经济政策，国家可以利用的手段是影响社会的总需求。提案主张采取积极的财政政策，通过调节政府开支、税收和货币供给量来调节社会总需求，以达到"充分就业"。具体来说，就是扩大公共工程，并付给参加人员以相同于劳动力市场价格的工资；向反失业措施和国家各类应急工程提供资助；向各地方的住宅建设和市政工程提供贷款；对私人企业提供贷款或补贴。"这一新思想在 1933 年的预算草案中首次得到体现，贡纳尔·缪尔达尔在草案的一个附件中介绍了这一新的'反循环'财政政策的理论依据。由此，瑞典便成为世界上第一个走上积极的稳定政策道路的国家。"[1]

据统计，1934~1935 年平均每年约有 6 万人在特别为失业者安排的项目中工作。[2] 特别是 30 年代中期以后，预算草案的财政政策发挥了作用，调整了劳动市场政策，失业率下降到 5%~10%[3]，失业率下降了，罢工也随之减少了。

时期	平均每年罢工次数	时期	平均每年罢工次数
1890~1894	33	1920~1924	323
1895~1899	70	1925~1929	202
1900~1904	138	1930~1934	168
1905~1909	235	1935~1939	69
1910~1914	103	1940~1944	92
1915~1919	306	1945~1949	77

从上表可以看出，1900 年至 1934 年是瑞典历史上发生劳资冲突最集中的时期，1933 年和 1934 年损失了 300 多万个工作日[4]，但自 30 年代中

---

① 埃克隆德：《现代市场经济理论与实践》，第 121 页。
② 沈全水：《失业的出路》，第 27 页。
③ 埃克隆德：《现代市场经济理论与实践》，第 295 页。
④ 裴小革：《瑞典学派经济学》，第 188 页。

期后工人罢工的次数呈下降趋势。[①]

原先罢工层出不穷、动荡不安的劳动力市场，日益安宁下来。1938 年瑞典总工会和雇主协会签订了劳资谈判总协定，规定了双方如何通过和平的方式达成工资协议。一个有利于工业发展的"和平"局面开始出现。

社民党政府在扩大公共投资、兴建公共工程的同时，从预算中拨出巨款，支持私有企业渡过危机和消除危机的后果，提高农产品的价格并对农业进行补贴。一些新的私人企业出现了，加剧了竞争；农场主和农业资本家的利益得到照顾，刺激了生产的积极性。所有这一切都给瑞典经济的振兴和发展带来了活力，生产很快得到了恢复，经济、政治和社会秩序渐趋稳定，人们对政府的信心日渐增强。正如汉森在 1933 年制定预算草案时所说："用（政府借贷）这样的措施，将不仅能够为失业大军提供工作，而且能够结束经济停滞，开拓复苏和经济重建之路。"[②]

三

随着瑞典经济发展对劳动力需求的不断变化，理论上的进一步探讨和具体的对策研究使政府对就业问题更加重视。如果说，"充分就业"在 20 世纪 30 年代是被政府作为解决经济危机的一个具体措施提出来的，那么到了 40 年代，"充分就业"就作为国家经济政策的一个主要目标被提上议程，并成为日后国家稳定发展的政治、经济目标。

1944 年 12 月，二战将近结束时，社民党会同瑞典总工会、妇女联合会等组织制定了《瑞典工人运动战后纲领》（简称《27 条》）。这原是一项由战时经济向和平时期过渡的计划，首要任务是"消灭过渡期间出现大规模失业和工业危机"，但同时也是一个全面建设瑞典福利国家的指导性文

---

① 瓦尔特·科皮、迈克尔·沙莱夫：《资本主义社会的罢工、工业关系和阶级冲突》（Walter Korpi and Michael Shalev, Strikes, "Industrial Relations and Class Conflicting Capitalist Societies"），《英国社会学杂志》（*The British Journal of Sociology*）第 30 卷第 2 期，1979 年 6 月号。

② B. 杨格涅斯：《瑞典劳动力市场政策的方法》，瑞典研究所，1985，第 10~11 页。转引自沈全水《失业的出路》，第 27 页。

件。1945 年社民党政府正式颁布了这一纲领,其中第一条就是"充分就业":"人人有工作——这是我们经济政策的主要目标。为此,我们的金融制度、国家财政、价格和工资政策、私营和公营企业,必须联合起来,为充分就业提供劳动力和物质条件。"[1]

《瑞典工人运动战后纲领》的释文强调"'充分就业'不能仅从字面理解,不是说每人全年每天都就业……我们必须做的是将不可避免的失业因素缩小到最低限度,不能容忍 20 年代和 30 年代大规模失业情况重演"。

瑞典在二战中虽然宣布为中立国,但是对外贸易受到封锁的限制。为了适应战时国内外形势的变化以及国家安全的需要,瑞典政治、经济也转入战时体制,全国 1/3 的劳动力或服兵役,或从事军工生产。瑞典的军事工业,尤其是航空工业就是在二战期间得到大力发展的,瑞典空军因此一跃而列苏、德、美、英之后的世界第 5 位。战争结束,大批军人要复员,军工企业要转产,工人要重新安置。而且在经济危机前生育高峰期出生的、自 1938 年以来新增加的 8.4 万劳动人口,也需要工作,更给转入和平时期的就业形势带来极大的压力,处理不好就要出乱子。

从 1929 年至 1933 年的经济危机中,政府已感到失业对社会民主造成的威胁,失业已不仅仅是经济问题,而且是政治问题;而瑞典成功渡过世界性经济危机的经验又告诉他们,只有解决失业问题,才能保持稳定的"工业和平",保持经济发展的局面。正如《瑞典工人运动战后纲领》所说:"旧经济制度是造成一次又一次经济危机、失业和生产损失的根源,已证明不能解决我们今天面临的问题……贫困和失业常常导致生产下降,生产下降又带来更深层次的贫穷和失业……我们战后经济政策的第一个目标就是从战争到和平体制的过渡中,防止出现大规模失业和工业危机。"[2]"我们最终的目标是:平均就业水平高于 30 年代后期的繁荣时期(当时的失业率约 10%)。"[3]

---

[1] 《瑞典工人运动战后纲领》(*The Postwar Programme of Swedish Labour: Summary in 27 Points and Comment*),瑞典总工会,1944,第 6 页。
[2] 《瑞典工人运动战后纲领》,第 3 页。
[3] 《瑞典工人运动战后纲领》,第 42 页。

　　"充分就业"作为"经济政策的主要目标"的提出，不只是基于社民党政府对战后形势的分析，更重要的是瑞典社民党及其理论家们把就业视为社会公民权的重要部分，是个人取得自由和独立的基础。正如社民党前主席卡尔松所说："首先，工作的权利。这是一项基本人权，必须在所有层次上为之斗争，这既是为了个人，又是为了全社会。"① 在他们看来公民权是福利国家的灵魂，舍去就业权，公民权则无从谈起。因此"就业是福利国家的核心"②，"充分就业是分享福利的一种方法"③，是减少贫困的最有效途径之一。

　　在上述思想的指导下，由缪尔达尔担任主席的战后经济计划委员会（也称缪尔达尔委员会），把"充分就业"定为委员会的第一目标，要将失业率控制在2%以内。该委员会认为政府应在经济中发挥比战前更积极的作用，除部分地通过公共部门的扩大来解决就业问题外，更重要的是通过一些能够有效地影响私人部门的措施，刺激私人投资从而提高就业率。1948年政府成立了"国家劳动力市场委员会"，作为处理失业问题的权威机构，主要职责是统一领导分布在全国各地的就业服务处和监督失业保险金的发放（失业保险金乃政府拨款，加上一部分工会会费，由工会控制的失业保险基金会实施）。

　　战后初期，未遭受战争严重破坏的瑞典经济迅速适应了和平环境，并得到充分的发展，战时动员起来的公共资源（主要是新的征税形式，以及若干新的行政机构）都可用于和平时期非军事建设。欧洲的"重建"为瑞典机器制造业、木材和铁矿加工业的振兴及出口提供了极为有利的条件。一度受限制的国内需求也获得了发展的机会。在这几方面因素的促进下，瑞典出现了历史上发展的第二个"黄金时期"。从1946年至1950年，国

① 《英瓦尔·卡尔松在社会党国际第18次代表大会上的欢迎词（1989年）》，转引自吴雄丞、张中云主编《社会党和民主社会主义人权观》，四川人民出版社，1993，第30页。
② 斯万·E. 乌尔松：《瑞典的社会政策和福利国家》（Sven E. Olsson, *Social Policy and Welfare State in Sweden*），隆德大学，1990，第17页。
③ 帕尔梅：《就业与福利》，转引自张晓华等《瑞典首相帕尔梅》，四川人民出版社，1997，第276页。

民生产总值以年增长率4.5%的速度上升。[1] 在1950年至1960年10年中，国民生产总值按人均计算每年的实际增长率达到3.5%。[2] 在"创纪录的年代"（1960~1965年）达到顶峰，国民生产总值年平均增长率为5.3%，劳动生产率每年上升5.6%。[3] 这时的主要问题已不是失业，而是地区间、产业间的发展不平衡，从乡村流动到城市的人口已不能满足工业所需的劳动力，造成劳动力紧张和短缺。为解决劳动力短缺，"劳动力市场委员会"将工作重点放在动员妇女走出家门参加工作和从国外引进劳务人员上。

数年后，瑞典的失业率降低了，但是通货膨胀率却有所上升。如何既保证充分就业，又解决通货膨胀问题，瑞典总工会著名的经济学家约斯塔·莱恩和鲁道夫·梅德纳尔指出，经济周期运转规律和国际经济形势变化难免要造成失业，政府应采取"积极的劳动力市场政策"，建立相应的机制，以具备消化4%失业率的能力。1951年，被人们称为"莱恩-梅德纳尔模式"的反失业和通货膨胀的战略正式提出。他们主张政府要推行一项抑制通货膨胀的财政紧缩政策。为抵制由此而产生的失业倾向，可以对遭受打击的行业和地区采取有选择的和有针对性的措施。同时执行同工同酬的"统一的工资政策"，以有益于生产效益高的企业发展，使没有盈利的企业及早被淘汰，加快经济变革。实现这一战略的条件是劳动力能够顺利转向新的劳动任务。也就是说，一旦紧缩趋向于造成失业，就采取选择性的措施以扩大就业。同时，为促使劳动者向发展顺利的企业转移创造条件，即帮助那些在工业结构调整过程中受到影响的企业职工找到工作。正是在此思想基础上"积极的劳动力市场政策"应运而生并日趋完善。

所谓"积极的劳动力市场政策"就是："用在'消极'做法（即支付失业保险金和提前退休的养老金）上的开支大大低于用在'积极'项目上的开支。所谓积极项目我们是指在劳动力需求太低时，搞一些以促进需求为目的的职业创造项目，从而实现充分就业；或以改进供给为目的，调整各产业部门之间，各地区之间劳动力需求结构出现的差距。一切促进供需

① 斯·哈登纽斯：《二十世纪的瑞典政治》，第48页。
② 斯·哈登纽斯：《二十世纪的瑞典政治》，第62页。
③ 埃克隆德：《现代市场经济理论与实践》，第121页。

平衡的信息服务和就业服务处有效地工作也是这个政策的一部分。"①

20世纪50年代，瑞典经济结构已经开始发生变化，对经济领域的结构性调整将是必要的。随着这种调整，产业部门之间、地区之间劳动力供需失衡的矛盾必将加大。机械化程度的提高和生产方式、管理方式的改进，从事农业劳动的人数要减少一半，林业部门也要减员2/5。农业和林业主要集中在北部和中部地区，这些地区将出现劳动力过剩。而南部城市以工业为主，经济持续发展，对劳动力的需求增加。生产方式的合理化及小企业的被兼并又将造成一定的失业。政府不能再简单地采取30年代全面增加就业的办法。当失业不是由有效需求不足引起的，而是由劳动力供给在结构、地理位置和技艺上不适合劳动力需求而形成的，政府的责任就是提供就业信息，重新培训工人，鼓励劳动力流动。预见到产业结构的不合理、工业布局的不合理，要求劳动力的流动就是不可避免的了。劳动力市场上的供方应具有岗位流动的意识和工种变换的适应能力。要鼓励流动，就要加强工作，组织培训，安排就业。

政府采纳了经济学家的意见，将对付经济萧条的一些措施和现实问题结合起来，提出了"积极的劳动力市场政策"，以对付由于产业结构调整、经济周期规律所产生的失业，责成"国家劳动力市场委员会"执行。

在这一时期，国家干预的方式和侧重点与30年代"反危机措施"时已有很大的不同，其主要方式有以下几点。

（1）创造就业。就是扩大就业容量，扩大对劳动力的需求，这是实现充分就业的重要途径。而进行公共工程建设历来是创造就业机会的重要手段，政府以最大雇主的身份直接进入市场，以不低于市场价格的工资付给劳动者报酬，给失业者以临时性工作，解决因周期性经济危机造成的失业。除前面讲到的修筑公路、植树造林、铺设电气化铁路等公共工程外，房屋建设也一直是公共工程中的一个重要项目。二战爆发前夕，住房建设停止，城市居民中的50%仍住在带有厨房的一居室里。战后，为了改

---

① 约斯塔·莱恩：《瑞典积极的劳动力市场政策：回顾与展望》（Gosta Rehn，"Swedish Active Labor Market Policy：Retrospect and Prospect"），《工业关系》（*Industrial Relations*）第24卷，1985年第1期。

变城市居民的居住现状，政府通过贷款和补贴的方式资助房屋的建造。1947 年通过新的法律，要求住房建造必须符合当地的规划。同年又成立"全国住房委员会"，负责房屋的分配和管理工作。60 年代制订的"一百万套住房计划"更是一个明显的例证。这些以工代赈的工程一般是先前已计划的工程或原有工程的扩张，如早在 1938 年，国会就批准建立许多工程的储备名单，以便政府在就业形势恶化时可以迅速采取措施创造就业机会。1944～1949 年，政府干预的重点是为维持充分就业而刺激私人投资。

（2）扩大公共部门。这是创造就业的另一有效方式。战后，经济的迅速发展为公共部门的扩大和一系列社会改革提供了可能：新的交通体系和供电、供气设施的建立，人们对社会保险部门和公共服务项目的需求，教育、娱乐等文化活动的开展，家庭护理、康复工作的特殊需求等，都需要国家和市政部门为这些项目筹措资金和负责建设、管理，公共部门的扩大立刻成为当务之急。1913 年政府公共开支仅为国内生产总值（GDP）的10%，1950 年增加到 23%，占同期的社会开支从不到国内生产总值的4% 增加到 10% 以上。仅以就业服务处为例，工作人员与求职者人数的比例是比较高的。工作人员包括咨询人员、心理测试人员、指导人员、计算机登记人员等。公共部门的扩大为就业提供了无数的岗位。60 年代制造业从业人员减少了 1/4，服务性行业从业人员从占总劳动力的 27%增加到 33%。

（3）提供就业服务。就业服务处的有效工作是"积极的劳动力市场政策"的核心，其主要任务是"采取迅速行动平衡劳动力市场的供求关系，尽可能满足求职者愿望，为其物色与其能力相匹配的工作"。全国 390 所就业服务处掌握全国劳动力市场的情况，向求职者提供信息，向用人单位介绍求职者的简历和特长。110 所残疾人就业服务处，为残疾人和经过特殊培训方能就业的人服务。就业服务处理论上掌握全国工矿企业、事业单位需要招工的情况，20 世纪 50～60 年代 15% 的劳动空位是借助就业服务处来实现招聘的，由于当时正处于就业高峰时期，找工作不是很困难。

（4）进行职业培训。职业培训是"国家劳动力市场委员会"的第二个工作重点，服务对象主要是失业工人、残疾人和年龄偏大就业较困难的人。失业的一个相当普遍的原因是劳动者原有的知识和技能已不能适应新的需要。对失业者进行再就业训练，能有效提高他们的就业能力，帮助他们跨越所面临的就业障碍。同时根据市场要求进行培训，使失业人员能够尽快地适应劳动力市场的变化。50 年代培训的对象主要是刚刚转入工业化生产的农民。在经济上升时期，对熟练工种和技师的需要扩大了对特殊技术项目的培训。随着社会福利水平的不断提高，人们在提高生活质量方面有了新的要求，一些新的服务项目的创立和设施的出现，对服务人员和护理人员的需求增加，培训的项目就要随之增添新的业务。这样培训项目就由过去的主要是制造业的基本技术（如车、钳、铣、刨等），逐渐向第三产业所需要的职业技术发展，如文秘、职员、护理人员等职业的计算机操作、档案管理、美容、保健等方面的知识和技术；参加培训的人数随着经济形势的变化而逐年增加。由于培训以市场需求为中心，其项目和重点随劳动力市场的需求而变化，改善了劳动力的素质，大部分受训者能够在 6个月内找到工作。

（5）设立投资基金、政府向将要倒闭的企业订货、提供庇护性就业、向一些在国际市场竞争中需要提供补贴和资助的企业给予帮助等。这些都是政府为实现充分就业采取的具体措施，直接或间接地扩大了劳动力市场对劳动力的需求，影响了整个社会就业量。例如，在利润丰厚的年头，企业可以将年利润的 40% 免税存入一个基金。当经济出现波动的时候，各个政府机构就可以根据具体情况决定是否放开和什么时候放开对这些基金的控制，使这些企业在经济状况不好的时候也能保持一定的生产能力和就业水平。自 1955 年起，各种投资基金就成了稳定经济波动、减少由于季节的和结构的原因而引起的失业的一种特殊措施。

从"反危机措施"的提出到"积极的劳动力市场政策"的实施，可以看出，在将"充分就业"从一个具体的政策措施演变为国家的经济、社会政策和目标，并且实现这一目标的过程中，瑞典政府所采取的每一个步骤，都是按照经济发展规律，结合瑞典的历史传统、具体国情和现实需要，在实践中逐步认识、实践和总结出来的。斯德哥尔摩经济学派的形成和发展与瑞典市场经济的形成和发展有着密切联系，为瑞典的"充分就业"提供了主要的理论根据。在这种以生产资料私有为基础的私人占有为主导地位的经济体制中，为了保持经济的持续发展，就要实行"充分就业"，也只有经济的不断发展，才能实现"充分就业"，所以"充分就业"被放在一切政策的优先位置。为了实现和保证"充分就业"，瑞典政府对经济实行国家干预，这种调节和干预是在市场调节的基础上的一种补充调节，不是代替市场的作用，而是针对不同的时期、不同的问题、不同的需求，帮助市场顺利地进行调节，以达到持续、稳定发展的目的。这样"充分就业"就成为瑞典福利制度得以实施的基础，同时也成为公民分享福利的一种方法。

[张晓华，中国社会科学院世界历史研究所编审]

（本文始发于《世界历史》2008 年第 5 期）

神学与科学

——近代西方科学的产生

张椿年

近代科学革命不仅引导人们从信仰走向理性，推动了人类的思想解放，而且导致西方社会制度、生活方式的变革，对近代文明社会的产生起了奠基作用。本文只是对神学与科学的关系和近代科学的产生作一初步的探讨。

一　近代科学产生的历史背景

近代科学是经过与神学的长期斗争后产生的。古希腊时哲学与科学都从事宇宙间普遍性问题的探索，所以两者的概念并没有严格的区分，科学包含在哲学这个术语之中。欧洲中世纪时，科学还没有从哲学中脱离出来，两者都从属于神学。神学为研究上帝之学，神学中有很多学派，但共同的一点是都把上帝的启示和《圣经》作为各自的理论出发点。在西欧中世纪时，基督教的修道院和主教管区的附属学校是研究神学的中心，所以神学也被称为经院哲学。对于神学的至高地位，中世纪神学大师托马斯·阿奎那（1225～1274 年）做了这样的解释："其他科学的确实性都来源于人的理性的本性之光，这是会犯错误的；而神学的确实性则来源于上帝的光照，这是不会犯错误的。"[1] 托马斯承认理性，不否定哲学的作用，但是

---

① 北京大学哲学系外国哲学史教研室编译《西方哲学原著选读》上卷，商务印书馆，2004，第 260 页。

他把哲学的作用限于说明神学。他说:"神学可能凭借哲学来发挥,但不是非要它不可,而是借它来把自己的义理讲得更清楚些。因为神学的原理不是从其他科学来的,而是凭启示直接从上帝来的。所以,它不是把其他科学作为它的上级长官而依赖,而是把它们看成它的下级和奴仆来使用。"① 总之,在中世纪神学高于哲学,信仰高于理性。神学之所以能居于统治的地位是因为它符合封建统治阶级的需要。在神学的统治下,哲学与科学不可能结出灿烂的花朵。

神学是一种世界观,它是在一定的历史阶段上的产物,那么,当历史条件发生变化时,神学与哲学、与科学的关系也必然随之而变。在欧洲文艺复兴时,这个变化终于发生。恩格斯说:"现代的自然研究,和整个近代史一样,是从这样一个伟大的时代算起,这个时代,我们德国人由于当时我们所遭遇的民族不幸而称之为宗教改革,法国人称之为文艺复兴,而意大利人则称之为五百年代。"② 文艺复兴标志着欧洲从封建社会向近代社会的过渡。在 14 世纪初,意大利首先迎来了文艺复兴,然后在 15 世纪末,法国、德国、尼德兰、西班牙、英国等国家,也先后发生。文艺复兴时究竟发生了哪些有利于近代科学产生的重大变化呢?最深刻的一个变化是资本主义生产方式的产生和人们对理性的渴求。15 世纪末 16 世纪初,西欧各国先后在一些主要工业部门中,对手工业的操作技术和劳动工具进行了根本的改造,分散在家庭中劳动的,具有资本主义性质的工场手工业迅速发展起来,为市场生产的商品大量增加,商人们奔走四方,见多识广,理性的观念日益增强。对于这个问题,在这里可把意大利作为例子,作进一步的说明,因为它是欧洲文艺复兴的摇篮,首先吹起理性的春风。据记载,在 1336~1338 年,意大利佛罗伦萨的毛织业作坊有 200 多座,这些作坊有明确的分工,仅加工半成品的呢绒就有 25 个工序,在全城 9 万居民中,有 3 万余人从事毛纺织业工作。因为生产力的提高,社会财富大量增加,庄严的教堂、华丽的住宅一座座拔地而起,充分地显示了人的力量,

---

① 北京大学哲学系外国哲学史教研室编译《西方哲学原著选读》上卷,第 261 页。

② 《马克思恩格斯选集》第 4 卷,人民出版社,1995,第 260~261 页。

然而神学阐述的一个重要命题是，人犯有原罪，所以是卑贱的；财富是罪恶之源。《圣经》中说，财主进天国比骆驼穿过针眼还难。因此，作为市民代表的商人要求一种新的伦理观来肯定他们的社会地位。文艺复兴时期的人文主义者宣扬人是尘世的上帝，财富是国家繁荣昌盛的基础，反映了他们的要求。人文主义者对近代科学的产生并无直接的影响，然而他们对禁欲主义的批判却促进了理性的发展。

理性崇尚知识，反对超自然的信仰，科学需要理性为它开辟前进的道路。意大利文艺复兴时，理性的伸张首先表现在对禁欲主义的批判和对自然的重视上。

教会历来宣传只有守贫禁欲才能更好地接近上帝。在宗教史上，不少教士为断绝一切欲念，住进山洞，栖于沙漠和荒野。在漠视个人生活，向往来世的思想支配下，尘世一切美好的东西都变成丑恶的，自然美景只不过是魔鬼的化身。意大利文艺复兴史研究的奠基者布克哈特（1818～1897年）说："在中世纪，人类意识的两方面——内心自省和外界观察都一样——一直是在一层共同的纱幕之下，处于睡眠或者半醒状态。这层纱幕是由信仰、幻想和幼稚的偏见织成的，透过它向外看，世界和历史都罩上了一层奇怪的色彩。"[①] 经济落后、生活贫困是禁欲主义产生的根源。在文艺复兴时期，新的生产方式的产生和生产力的提高，就必然削弱禁欲主义的根基。生活于这个时期的富商们通晓世俗事务，重视现世。意大利商人法兰西斯科·达蒂尼给他的妻子的信中说，他的事业"主要指望人，不是指望上帝"。许多人文主义者起来批判禁欲主义和来世主义。曾担任那不勒斯王国阿拉贡王朝阿方索五世（1442～1458年在位）秘书的乔凡尼·庞达诺（1426～1503年）态度鲜明地宣称现世生活比起来世生活，对人生更为重要。他在自己的作品《哈隆》（Charon，渡神）中借赫尔墨斯（希腊神话中伴送死人灵魂到阴间去的引导者）之口说："对于预定和命运的议论已经足够了，那些称自己为哲学家的人最好不要把这样的问题

---

① 〔瑞士〕雅各布·布克哈特：《意大利文艺复兴时期的文化》，商务印书馆，1979，第125页。

引入大学的讨论。他们还是准备一下，使自己能够坚毅地忍受变幻无常的命运为好，不要白白地浪费时间，不要把精力集中在对这些问题的思考上。有谁会比不愿完成人类义务的人更蠢呢？有谁会比不重视自己的职责，却想去看清来世——属于神掌握的事——的人更无理智呢？"① 人只有回到现世的生活中来，才能揭去纱幕，看清世界，发觉自然之美，才会有风景画的诞生；才会激发人们对自然现象的兴趣，促使人们去探索大自然的奥秘。意大利人文主义的奠基者彼得拉克（1304~1374年）喜好欣赏湖光山色，一次，在他攀登今天位于法国阿维尼翁附近的朋托克山的顶峰后，给一位主教的信中说道："今天我攀登了这个地方的最高山峰……我唯一的动机是期望了解这样的崇山峻岭对人们有什么贡献。"② 彼得拉克的信说明在文艺复兴时期，山、泉、湖沼、树木、森林开始不再被看成为恶魔所造。正如布克哈特所说，文艺复兴发现了世界。人如果都不敢接近自然，还谈什么自然科学呢？回归现世，重视自然是近代自然科学产生的思想前提。

意大利文艺复兴时期理性的进步还表现在对知识的起源有了新的认识。在中世纪，上帝的启示和《圣经》被认为是知识的唯一来源和判断是非的标准，而人文主义者却倡导学习古典著作。但丁以极其崇敬的态度赞美古罗马桂冠诗人维吉尔（公元前70~前19年）："你是众诗人的火把，一切的光荣归于你！我已经长久地学习过，爱好过，研究过你的著作。你是我的老师，是我的模范。"③ 在这里，但丁有意无意地把古典著作看成和《圣经》一样，也是知识的来源。达·芬奇重视经验，他认为，"经验是一切可靠知识的母亲，那些不是从经验里产生、也不受经验检定的学问，那些无论在开头、中间或末尾都不通过任何感官的学问，是虚妄无实、充满谬误的"。④ 虽然但丁、达·芬奇对知识的起源还不能从哲学的高度来论证，但是对一切知识来源于《圣经》的观点提出了挑战。

---

① 《十五世纪意大利人文主义者论教会和宗教》，苏联科学院出版社，1963，第277页。
② 《世界中世纪史译文集》，中国人民大学出版社，1988，第470页。
③ 但丁：《神曲·地狱篇》，人民文学出版社，1983，第4页。
④ 北京大学哲学系外国哲学史教研室编译《西方哲学原著选读》上卷，第309页。

文艺复兴时的另一个有利于科学产生的变化是古希腊的科学遗产的传播。在古希腊出现了许多才智超群的科学家，如毕达哥拉斯（公元前584？～前497年），他发现了一个直角三角形两直角边的平方和等于其斜边平方的定理，第一次提出作为一个圆球的地球概念，第一次提出宇宙同样是个球体。又如欧几里得（公元前330？～前275年），他的《几何原本》被使用了两千多年。阿基米德（公元前287？～前212年）在一次洗澡时发现了浮力定理：浸在流体中的物体受到向上作用的浮力，其大小等于被物体排开的流体的重量。还有托勒密（公元90～168？年）的《至大论》作为天文学的权威著作流传百世。① 对古希腊做出过重大贡献的科学家，我们可以列举很多，但是上述几个例子已可说明，近代科学是在吸取前人优秀遗产的基础上产生的。意大利文艺复兴时期，随着古典著作的普及，古希腊、古罗马时代的自然科学著作也得到传播。意大利成为学习古典知识的宝库。1496年，哥白尼（1473～1543年）从他的祖国波兰来到意大利。在波洛尼亚大学学习期间，他深受该校教授、天文学家德·诺瓦拉（1454～1543年）的影响。诺瓦拉是当时意大利毕达哥拉斯学派的领袖。哥白尼毕生也充满毕达哥拉斯的思想。他与诺瓦拉深入地研讨了托勒密的学说。托勒密设定地球是静止的，行星是围绕地球运行的。这个观点符合《圣经》天动地不动的教导②，所以中世纪的神学家们普遍支持托勒密的天体理论。哥白尼从托勒密的著作中学到了许多有益的东西，但是他经过多年的观察与计算，却得出了与托勒密相反的结论。于1543年发表了《天体运行论》，提出了日心说，"从此自然研究便开始从神学中解放出来"。③

恩格斯说："在中世纪的黑夜之后，科学以意想不到的力量一下子重新兴起，并且以神奇的速度生长起来，那么，我们要再次把这个奇迹归功于生产。"④ 但是注重事实，注重实践，反对超自然主义的神秘观，则对科

---

① 参见吴国盛《科学的历程》，北京大学出版社，2006，第68～98页。
② 《圣经·约书亚记》，第10章第12～13节。
③ 《马克思恩格斯选集》第4卷，人民出版社，1995，第263页。
④ 《马克思恩格斯选集》第4卷，人民出版社，1995，第280页。

学起了催生的作用。意大利是最早产生资本主义萌芽、最早冲破禁欲主义牢笼、最早激发理性、最早发现世界、最早普及古典科学知识的国家，也因此成为近代科学的发祥地。

二 教会对科学的迫害与哲学革命

哥白尼的学说违背了《圣经》的教义。他的划时代著作是在他的一位朋友的帮助下在纽伦堡出版的。这位朋友为了不冒犯当地的路德教派，在哥白尼的书中加进了自己的一篇短序，声明这全部学说仅仅是一种计算工具，并不背离《圣经》。[①] 虽然如此，1616 年，天主教会仍把哥白尼的著作列为禁书。

罗马天主教反对一切违背上帝启示和《圣经》权威的学说。15 世纪末叶，西班牙、法国、英格兰完成了民族统一大业，建立了强大的王权。意大利成了法国、西班牙与神圣罗马帝国逐鹿的舞台。经过长达 65 年的意大利战争（1494～1559 年），西班牙成了意大利的主宰。西班牙是一个信奉天主教的国家。在西班牙的支持下，罗马教廷采取一切手段加强思想控制，为此，恢复了宗教裁判所的活动。正当此时，布鲁诺（1548～1600年）与伽利略（1564～1642 年）不仅公开起来捍卫哥白尼的学说，而且把后者的理论大大地向前推进了一步。布鲁诺是意大利一位才华出众的学者，又是一位不畏教会权力的英勇战士。他认为宇宙是无限的，存在许许多多的世界，否定了太阳作为一个特定的中心的观点。罗马教廷认为布鲁诺有异教之嫌，1592 年宗教裁判所将其囚禁起来。但是他拒绝悔改，在1600 年被绑在火刑柱上活活烧死。伽利略出身于意大利的比萨，他一生重视实践，反对经院哲学，很早就成了哥白尼学说的信徒。他用自制的望远镜观察天体，发现月球也和地球一样有山谷。1632 年伽利略发表了他的重要著作《关于托勒密和哥白尼两大世界体系的对话》，此书轰动了整个社会，却给他带来了灾难。1633 年，伽利略到罗马接受宗教法庭的审判，在

---

① 〔英〕亚·沃尔夫:《十六、十七世纪科学、技术和哲学史》，商务印书馆，1985，第 18 页。

严刑的威逼下，被迫宣誓放弃自己的观点："我跪在尊敬的西班牙宗教法庭庭长面前。我抚摸着《福音书》保证，我相信并将始终相信教会所承认的和教导的东西都是真理。我奉神圣的宗教法庭之令，不再相信也不再传授地球运动而太阳静止的虚妄理论，因为这违反《圣经》。"[1]

自伽利略之后，近代科学发展的中心就转移到英国等地去了。哥白尼开启的天文学革命最终是由其他国家的科学家完成的。首先应该提到的是丹麦天文学家第谷·布拉赫（1546～1601年），他借助精密仪器测定了1000个星位，对天文学的发展起了重要作用。第谷的合作者德国天文学家开普勒（1571～1630年）利用第谷的观察资料，发现行星运动的三定律。最后伟大的牛顿（1642～1727年）发现了万有引力定律，把宇宙看成既互相影响，又互相联系的大的统一体。

天主教不能容忍科学这个异端，当时的新教在对待科学的态度上也和天主教一样残暴。1517年，在马丁·路德（1483～1564年）的倡导下，在德国、在全欧洲掀起了一场轰轰烈烈的宗教改革运动。其结果，出现了脱离罗马教廷的三大新教——路德宗、加尔文宗、安立甘宗（英国国教）。新教与天主教在教义教规和宗教仪式方面虽然有所不同，但都唯《圣经》是从。西班牙的神学家、医学家迈克尔·塞尔维特（1511～1553年）因指责圣父、圣灵、圣子三位一体学说的谬误，同时又因论述了血液循环的理论，被加尔文烧死在日内瓦。

为什么在人类的科学史上会出现这样的悲剧呢？我们不能简单地停止在对宗教法庭的专横和加尔文的宗教狂热的谴责上，必须看到，在16～17世纪之交时，神学的统治虽然已受到理性的动摇，但仍是整个社会的世界观。为了生存，科学必须有适合自己的哲学、适合自己的宇宙观，必须重新思考知识的起源、上帝的作用和它存在的方式，以取代占统治地位的经院哲学，也就是说要进行一场哲学革命。当时这场革命是从理性主义和经验主义两个对立的，而又互相补充的方向同时进行的。我们先从理性主义说起。

---

[1] 〔英〕亚·沃尔夫：《十六、十七世纪科学、技术和哲学史》，第44页。

勒内·笛卡儿（1596～1650年）是第一位唯理主义哲学家。笛卡儿出生于法国的一个贵族家庭，曾在一所耶稣会学校接受教育，在那里打下了扎实的数学基础，青年时代他参加军队，退役后集中精力从事数学和哲学研究，最后确立了解析几何。在哲学方面，笛卡儿肯定经验的作用。他说："我一向当作最真实可靠的东西加以接受的一切事物，都或者是由感官得知的，或者是通过感官得知的。"[1] 然而，笛卡儿认为从经验进行推理易犯错误。为获得真理，他认为必须破除旧有的意见。他给自己规定的方法原则之一是：绝不接受那些没有被明确地认识其为真的东西。笛卡儿认为有一件事是无法怀疑的，那就是我思想，因为思想就意味存在着一个思想者，由此他得出"我思想，所以我存在"这条原理。笛卡儿说：在这个命题里面，"并没有任何别的东西使我确信我说的是真理，而只是我非常清楚地见到：必须存在，才能思想；于是我就断定：凡是我们十分明白、十分清楚地设想到的东西，都是真的。我可以把这条规则当作一般的规则"[2]。笛卡儿把这条原则作为检验真理的标准，从一个最清楚、最明晰的思想出发，演绎出整个知识体系。他认为错误就是把意志扩张到人们不了解的东西上去了。笛卡儿不否认观念有来自外界的，但同时肯定有一些观念来自天赋。他曾努力论证上帝的存在，但又遭人诬陷为无神论者。法国启蒙思想家伏尔泰（1694～1778年）十分崇敬笛卡儿，说他的哲学"给盲人恢复了光明"[3]。笛卡儿的哲学思想对后来的学者产生了重要的影响，斯宾诺莎即其中之一。

巴鲁赫·斯宾诺莎（1632～1677年）出生于荷兰一个富有的犹太人家庭。他钦佩笛卡儿，他也认为，要获得完全确实的知识，必须从清晰的、无可怀疑的观念出发。不同的是，笛卡儿把上帝与自然截然分开，斯宾诺莎把上帝等同于自然。他说："自然的效能与力量就是上帝的效能与力量，自然的法则规律就是上帝的指令。"[4] 换言之，上帝的指令就是自然法则，

---

[1] 北京大学哲学系外国哲学史教研室编译《西方哲学原著选读》上卷，第366页。
[2] 北京大学哲学系外国哲学史教研室编译《西方哲学原著选读》上卷，第369页。
[3] 〔法〕伏尔泰：《哲学通信》，上海人民出版社，1961，第59、62页。
[4] 〔荷兰〕斯宾诺莎：《神学政治论》，商务印书馆，1982，第91页。

这样不仅否定了上帝是自然界的创造者，而且改变了上帝的存在形式，上帝并不超乎万有，而是有形的物质世界。斯宾诺莎认为自然界事物的定义必须求之于自然界的功能。用恩格斯的话说：从斯宾诺莎一直到伟大的法国唯物主义者都坚持从世界本身来说明世界。①

斯宾诺莎是第一个对《圣经》进行批判的人。他认为《圣经》的主要内容是些故事和启示，是一些人对非常的自然现象的叙述。人类对这些启示无能理解，至于奇迹，是一件不能用自然的原因来解释，不能确指其与何种自然界的运行有关的事。斯宾诺莎提出："据《圣经》的历史以研究《圣经》的时候，凡我们没有十分看清的，就不能认为是很可信的《圣经》的话。"②

斯宾诺莎在年轻时就表现出热爱自由的思想，据说，他可能对人说过上帝也许是有形体的话，这件事引起了犹太教会的惊恐。1656 年 7 月 27 日斯宾诺莎被犹太教会按照希伯来仪式的程序开除了教籍。"在宣读开除教籍的决定时，一支大号角不时发出哀鸣般的悠长的声音，仪式开始时点燃的所有蜡烛被一支接一支地吹灭了——以象征被开除者精神生命的泯灭，随后全体与会者便置身于一片黑暗中。"③ 犹太教会的长老们没有想到，革出教门非但没有使斯宾诺莎倒下，反而更激励他写出了《伦理学》《神学政治论》等不朽著作，斯宾诺莎的哲学进一步扫除了神学对科学的精神束缚。

在唯理主义思潮兴起的时候，英国经验主义的哲学家早就在构建自己的哲学体系了。弗朗西斯·培根（1561～1626 年）是英国经验主义的始祖。他出身于贵族家庭，担任过大法官。培根生活于英国的资本主义经济有了重大发展的时代。地理大发现后，英国开始成为海上商路的中心。自 1588 年 8 月击败西班牙无敌舰队后，英国成了海上强国，到 16 世纪末，伦敦已成为世界贸易最重要的都市，英国社会发生了深刻的变化，思想十分活跃，正是在这个历史时期，诞生了伟大的作家莎士比亚（1564～1616 年）。培根与莎士比亚是同时代人。

---

① 《马克思恩格斯选集》第 4 卷，人民出版社，1995，第 266 页。
② 斯宾诺莎：《神学政治论》，商务印书馆，1982，第 109 页。
③ 〔美〕威尔·杜兰特：《哲学简史》，中国友谊出版公司，2005，第 102 页。

培根认为知识不是来源于上帝的启示，而是来自人的感觉，他重视实践。他有一个想法，肉体保存在雪里不会腐烂，于是他找来一只鸡，在鸡肚子里面塞满雪，他在做这次试验时受了寒，离开了人世。

培根认为他那个时代的知识状况并不繁荣昌盛，也没有重大的进展。必须给人类的理智开辟一条与以往完全不同的道路。这条道路是，首先要清除占据人们理智的种种假象和错误概念，让头脑充分解放出来，充当正确性的认识工具。为了获得真正的知识，培根认为必须采取正确的原则。一是要坚持人的知识来源于对自然的观察和实验的原则。他说："人，既然是自然的仆役和解释者，他所能做的和了解的，就是他在事实上或思想上对自然过程所观察到的那么多，也只有那么多；除此以外，他什么都不知道，也什么都不能做。"① 他的第二个原则是：通过实验得来的材料还须消化和梳理，要将实验与理性结合起来。他认为真正的哲学工作应像蜜蜂一样，"从花园和田野里面的花采集材料，但是用他自己的一种力量来改变和消化这种材料"②。在培根看来，人的认识到此还没有终结，因为科学的任务是发现自然的规律、确立公理，所以他提出了归纳法，它的形式是："用适当的拒绝和排斥的办法来分析自然，然后，在得到足够数目的消极例证之后，再根据积极例证来做出结论。"③

培根之后，托马斯·霍布斯（1588~1679年）进一步发展了经验主义哲学。在年轻时，他当过培根的秘书。在认识论方面，他认为感觉是一切思想的源泉，感觉是由外界物体对我们的眼、耳及其他器官实施压力的结果。但是，霍布斯认为人们获得的关于现象的原因或产生的知识，要加以真实的推理，只有通过正确推理认识到的一切，才不会是错误的。霍布斯反对不可思议的关于神的学说，坚决把神学从哲学中排除出去。他说："哲学排除一切凭神的灵感或启示得来的知识，排除一切并非由理性引导给我们，而是在一刹那间凭神的恩惠、也可以说凭某种超自然的

---

① 北京大学哲学系外国哲学史教研室编译《西方哲学原著选读》上卷，第345页。
② 北京大学哲学系外国哲学史教研室编译《西方哲学原著选读》上卷，第358页。
③ 北京大学哲学系外国哲学史教研室编译《西方哲学原著选读》上卷，第361页。

感觉获得的知识。"①

霍布斯不仅是一位杰出的哲学家，还是一位卓越的政治学家。他在其巨著《利维坦》（*Leviathan*，圣经神话中统治海洋的巨兽）中，论述了国家的起源。他说，人类进入国家之前，处于自然状态，在这种状态中，人们为了求利和其他一些原因，生活在战争状态之下，这种战争是每一个人对每个人的战争。② 人们为了过上和平安定的生活订立契约："把大家所有的权力和力量付托给某一个人或一个能通过多数的意见把大家的意志化为一个意志的多人组成的集体。这就等于是说，指定一个人或一个由多人组成的集体来代表他们人格……像这样统一在一个人格之中的一群人就称为国家。"③ 霍布斯的国家学说完全否定了上帝创造国家和君权神授的理论。

在霍布斯生活的年代，英国的一批哲学家提出了自然神论。所谓自然神论，承认上帝是宇宙的创造者，但是宇宙被创造出来以后，就按照自己的规律运动。爱德华·赫伯特勋爵（1583～1648年）被称为"英国自然神论之父"，他在其《论真理，因为它区别于启示、可能性、或然性以及谬误》一书的增订版中，批判圣经崇拜，谴责永不犯错的教会观念，认为所有的宗教应当得到历史的考察。④ 洛克、牛顿以及伏尔泰和卢梭等人的宇宙观都是自然神论。

约翰·洛克（1623～1704年）是英国资产阶级革命时期最杰出的政治思想家和哲学家，曾在牛津大学学习自然科学和医学。洛克在哲学上是经验主义者。他在《人类理智论》一书中，把人的心灵比作一张白纸，印在上面的知识是从哪里得来的呢？他回答道："是从经验得来的。我们的全部知识是建立在经验上面的；知识归根到底都是导源于经验的。"⑤ 洛克的经验论是他关于人类天生平等的政治学说的哲学基础，既然知识来自经

---

① 北京大学哲学系外国哲学史教研室编译《西方哲学原著选读》上卷，第386页。
② 参见〔英〕霍布斯《利维坦》，商务印书馆，1995，第94页。
③ 〔英〕霍布斯：《利维坦》，第131～132页。
④ 参见〔美〕科林·布朗《基督教与西方思想》，北京大学出版社，2005，第173页。
⑤ 北京大学哲学系外国哲学史教研室编译《西方哲学原著选读》上卷，第450页。

验，就不存在天赋的观念，不存在一部分人先天地优越于另一部分人。

洛克在他的《政府论》中批判了"君权神授"的理论。洛克认为，人在未有政府之前，处于自然状态，享有自由平等和财产的天赋权利。人们为了保护这些权利不受侵犯，订立契约、成立政府，把行政权交给它，以保护人们的自由、平等和财产的权利。如果政府违背了契约，人们不仅有权反抗，而且有权摆脱暴政。洛克反对君主有无限的权力，主张把国家权力划分为立法权、行政权和对外权三种。洛克的政治学说在历史上产生了深刻的影响。

洛克在《政府论》中提出的人人都是天生自由、平等和独立的理论与他在《容忍书》中提出的"宗教自由"的思想是相通的。洛克反对当时的一种流行观点：臣民应服从君主的信仰。他认为："君王们在握有权力方面确实是生来就优于他人的，但在自然本性方面也同别人一样。统治权力和统治艺术并不表示他必然同时还掌握有关其他事物的确切知识，更不要说关于纯正的宗教的知识，否则，又何以解释世界上的君主们在宗教问题上存有如此巨大的分歧呢？"[1] 洛克提出必须严格区分公民政府与教会的不同职责，正确规定二者之间的界限。洛克认为，国家是由人们组成的一个社会，目的是维护公民们的生命、自由、财产等利益，官长的全部权力仅限于此，它不能、也不应以任何方式扩及灵魂拯救的事。关于教会，它是一个自由的、自愿结合的团体，每个人可以自由地进入，也可以自由地退出，任何人都无权因为他人属于另一教会或另一宗教，无论他是基督徒还是异教徒，对他们使用暴力和予以伤害。

1688 年光荣革命后，英国社会都希望有一个在政治和宗教等方面比较自由和民主的环境，洛克的《政府论》和《论宗教宽容》等著作就为这些要求作了理论上的论证。

经过哲学革命，以及科学本身的威力，经院哲学已奄奄一息，神学与科学、信仰与理性的地位开始倒转过来。法国大革命前夕，在伟大的启蒙思想家那里，"一切都必须在理性的法庭面前为自己的存在作辩护或者放

---

① 〔英〕洛克：《论宗教宽容》，商务印书馆，1996，第 20 页。

弃存在的权利。思维着的知性成了衡量一切的唯一尺度。那时，如黑格尔所说的，是世界用头立地的时代"①。就在这样一个理性的时代，列为禁书的哥白尼的著作于 1775 年被宣布解禁。

三 政教分离与信仰自由

科学与哲学，两者相互影响、相互推动，不仅影响人们世界观的改变，也将引起社会制度的变革，先进的社会制度又是科学发展的必要条件。

英国继意大利之后成为近代科学一个重要的发源地与它逐步实行宗教宽容分不开。政教分开与信仰自由是资产阶级民主的一个组成部分，也是科学进步的保障。英国自 16 世纪 30 年代实行宗教改革后，国王亨利八世（1507~1547 年在位）成为教会的最高首脑，英国教会成了真正的国教，成了国家的一个部门。在宗教改革前，英国教会的大主教、主教、修道院院长和僧团首领的任命、教义教规的解释权，均属于罗马教廷。此外，英国的教会每年还必须向罗马教廷上交相当于教会收入十分之一的什一税。宗教改革后，各种教职由国王指定，什一税上交国王。

英国的宗教改革是建立民族国家的必要措施，但改革的道路异常曲折。1534 年，议会规定全国成年男子均须宣誓，承认国王为教会的最高首脑，否认教皇为最高的精神领袖。拒绝者，如杰出的人文主义者托马斯·莫尔（1478~1535 年）、罗切斯特主教费希尔（1459~1535 年）以及一些修道院长均被处死。亨利信奉的是没有教皇的天主教。以后，当宗教改革者要求进一步清除天主教的影响时，他以异端罪把其得力助手、推行宗教改革的重要人物托马斯·克伦威尔（1485？~1540 年）送上了断头台。然而，宗教改革深入发展的趋势已不可阻挡，在亨利八世的儿子爱德华六世（1547~1553 年在位）执政的 6 年中，为满足乡绅和资产阶级的要求，议会颁布了一系列改革措施，如废除残留的圣像崇拜、用

---

① 《马克思恩格斯选集》第 3 卷，人民出版社，1995，第 355~356 页。

英语举行圣礼、教士均可结婚、接受因信得救的宗教观。爱德华死后，亨利八世的女儿玛丽一世（1553～1558 年在位）继位。玛丽笃信天主教。她一上台，通过议会废除了爱德华六世时通过的一系列改革法案，恢复圣礼，并以异端罪烧死 300 多名改革派人士，使英国教会重新归属罗马天主教。

教会的归属问题涉及国家的主权，圣礼之争有关信徒们能否从烦琐的宗教仪式中解脱出来而获得心灵的自由。当亨利八世的另一女儿伊丽莎白一世（1558～1603 年）登上王位后，因面临着罗马天主教的威胁，她必须依靠信仰新教的资产阶级，所以又恢复了爱德华六世时的改革法案，把所有拒绝服从改革法案的主教全部撤职。伊丽莎白女王的改革比以往的改革又前进了一步。一是规定除了违背《圣经》和《信经》外，不得任意定人犯有异端罪，规定的解释权属于国王法院。这个规定实际上削弱了教会迫害那些在教规教义上有不同观点的宗教徒的权力。同时也在一定程度上限制了国王任意地干涉人们的宗教生活。二是 1559 年 4 月议会通过的"国王为教会最高统治者法案"，虽规定了国王为教会的最高首脑，但同时又声明国王对教会的最高统治权是由议会授予的。也就是说，国王只是教会的最高管理者，没有制定、更改教规教义和宗教仪式的权力。这个法案明显地限制了国王对教会的影响。① 至此，最终确立了英国国教会的组织和教规教义，英国的宗教改革也画上了一个句号。

在伊丽莎白时代，英国在信仰自由方面向前迈进了一大步。然而，随着英国资本主义的发展，在英国国教会内部产生出一个新的宗派，人们称之为"清教"。清教徒主张按加尔文教义进一步清除国教会内部的天主教残余，如废除主教制、实施教会民主、减少宗教节日、实行简朴的宗教仪式。清教徒的宗教理念反映了英国资产阶级和乡绅们建立廉洁教会的要求。17 世纪 60 年代，在英国议会 400 多名下院议员中，清教徒占 100 名左右。国教徒和清教徒常为教会改革进行激烈争论，伊丽莎白女王曾将少数要求改组国教会的激进的议员关进伦敦塔。由于清教的理念符合资本主

---

① 郭方：《英国近代国家的形成》，商务印书馆，2006，第 140 页。

义发展的需要，它赢得了越来越多的人的支持，终于在资产阶级革命中，成为资产阶级反对封建王权的一面大旗。内战期间无论是国教还是清教都发生了分化，结果是教派林立。在克伦威尔（1599～1658年）共和国时代，因国教会的组织已经松散，不再强迫每人参加它的宗教活动，每个教区都可自由地做礼拜和举行宗教仪式。王政复辟时期，虽然议会做出了奉行国教的礼拜仪式的规定，却已无力推行信仰划一。光荣革命后，议会从英国的现实出发，颁布了"宽容法"，允许清教徒等非国教徒有自己的教堂，进行自己的礼拜仪式和布道活动。虽然这个法案仍把天主教徒和无神论者排除在外，但是在法律上承认了信仰自由，也就是说，国王已不能决定国人的信仰，政教合一的体制也就被打破。这在当时绝大多数欧洲国家还是远远不能做到的事。就在英国施行"宽容法"的前后几年中，法国对不愿改宗的胡格诺教徒（法国信奉加尔文教的教徒——作者）进行镇压，仅三年之内就有近五万户胡格诺教徒离开法国，他们把技术、手工业和财富带往异邦。伦敦的一个郊区住满了法国的丝绸工人，还有一些法国移民将制造晶质玻璃器皿的精湛工艺带到伦敦。而留在国内的胡格诺教徒中，凡不愿临终接受天主教圣事的人，他们的遗体被放在柳条筐里扔到垃圾场。[①] 对胡格诺教徒的迫害不仅造成法国工业的衰败，而且埋下了社会不稳定的祸根。

因为英国逐步实行宗教宽容，宗教环境比较宽松，所以敢于吸收那些虽然宗教观不同却具真知灼见的思想家。1642年，当斯宾诺莎处于困境时，英国皇家学会首任秘书亨利·奥尔登伯格（1615～1677年）致信于他："杰出的先生，来吧，打消惊扰我们时代庸人的一切疑惧；为无知和愚昧而作出牺牲的时间已经够长了；让我们扬起真知之帆，比所有前人都更深入地去探索大自然的真谛。"[②] 在世界近代史上之所以能产生牛顿这样的天才，固然与前人和同时代人的科学贡献分不开，也与当时英国有比较宽松的宗教政策有关。从宗教观来说，伽利略比牛顿要正统得多，他认为

---

① 〔法〕伏尔泰：《路易十四时代》，商务印书馆，1997，第535～537页。
② 〔英〕亚·沃尔夫：《十六、十七世纪科学技术和哲学史》，插页。

《圣经》和自然的作者都是上帝,《圣经》的真理和自然的真理是可能调和起来的。① 牛顿则是一个自然神论者,他在其《自然哲学的数学原理》中,把上帝描绘为"万有之中最完美的机械师"。意思是,宇宙是一架机器,当上帝制造完这架机器后,机器就自己运行了。牛顿反对把上帝的启示引入哲学。但是他和伽利略的命运却判若云泥。牛顿当过议员,连任数届皇家学会主席,被授予爵位,死后安葬在威斯敏斯特教堂,受到世人的崇敬。

哥白尼和伽利略生活于封建社会向资本主义社会过渡的时代,牛顿生活于英国的资本主义制度已经确立的时代,从哥白尼到牛顿这一历史时期中,科学和哲学已分离开来,科学本身的门类也日益细化。罗伯特·波义耳(1627~1691年),英国皇家学会最早的会员之一,使化学脱离炼金术,提出以他命名的波义耳定律:气体的体积与压力成反比。罗伯特·胡克(1635~1703年),波义耳的助手,以后也成了皇家学会的会员,在物理学方面,提出了弹性定律:固体的形变与它所受的力或负载成正比。当科学在不同领域取得进展的时候,显微镜、望远镜、温度计、气压计、抽气计、摆钟及各种航海仪器先后问世。自17世纪中叶起,许多科学社团,如意大利的西芒托学院于1657年、英国的皇家学会于1662年、法国的法兰西科学院于1666年、柏林学院于1700年也相继建立。这些科学社团对促进科学发展和传播科学知识做出了巨大的贡献。② 牛顿总结了科学发展的成就,在天文学、力学、数学、光学等众多领域都做出了杰出的贡献。牛顿是时代的产儿,在他的时代,近代科学确立了自己的牢固地位。

[张椿年,中国社会科学院世界历史研究所研究员,中国社会科学院荣誉学部委员]

(本文始发于《中国社会科学院学术咨询委员会学术集刊(2007年第3辑)》,社会科学文献出版社,2007)

---

① 〔挪〕G. 希尔贝克和 N. 伊耶:《西方哲学史》,上海译文出版社,2004,第193页。
② 〔英〕亚·沃尔夫:《十六、十七世纪科学、技术和哲学史》,第54~135页。

论戴高乐的历史地位

周剑卿

在风云激荡的年代里，往往英雄辈出。他们像黑夜中掠过的流星，以自己短暂的光芒照亮了历史的瞬间。第二次世界大战中涌现出的戴高乐便是其中之一。他两次戏剧性地上台，又两次戏剧性地下台，在法国和世界历史上留下了颇有特色的一页。

戴高乐的影响远远超出了国界和时间的局限。他继承了法国悠久的爱国主义传统，在现代条件下赋予了新的内容。他奉行的反对霸权、维护民族独立的政策，对第二世界具有重要的典型意义。戴高乐虽已离开人世，但他维护民族独立的思想和主张并未死亡。可以说，当前西欧独立倾向的发展在某种程度上正是戴高乐民族独立政策的继续和发扬。因此，研究戴高乐不仅有助于了解法国的历史和现状，对理解"多极世界"的发展趋势也有现实意义，对在国际反霸斗争中如何正确看待和联合第二世界，也可以从中得到启发和借鉴。

一

1980 年是戴高乐逝世十周年，又是他诞生九十周年，同时也是他发出具有历史意义的"六一八"抗德号召四十周年。在法国和其他一些国家纷纷举行纪念活动，发表纪念文章；前往瞻仰他的旧居、墓地和诞生地的人们络绎不绝。法国国内外有关戴高乐的各种作品，据戴高乐研究所的统计已达千种，其数量之多，仅次于对拿破仑和圣女贞德的研究。在法国历史上，一位政治家如此吸引人们的注意殊不多见。

戴高乐自 1940 年登上历史舞台以来，几十年中波涛起伏；对他的评价褒贬不一，毁誉兼有。

1940 年戴高乐发表"六一八"抗德号召，从一个鲜为人知的低级将领、普通阁员一跃登上历史舞台后，有人尊他为"世界伟人""法兰西的象征"，有人斥之为"冒险家""野心家""独裁者""英国代理人"等。随着第二次世界大战的胜利进行，戴高乐的活动渐为人知，很多人认为他恢复了法国的荣誉，维护了法国的独立和主权，称他为"爱国者""民族英雄"，有的甚至把他捧为法国的"解放者""救世主"。

对于戴高乐 1958 年 5 月至 1969 年 4 月再度执政，有人认为是"地地道道的政变""兴登堡事件重演"，把他比作"拿破仑第三"，斥之为"个人独裁""法西斯头子""反动政治家"。另外，又有人把他捧为"超阶级超党派的救世主""解放者""二十世纪历史的创造者"等。戴高乐身后，较多的人肯定了他的功绩。例如，过去反对过他的社会党领袖、1981 年当选的总统密特朗公开表示："必须承认戴高乐名垂史册。"[1] 对戴高乐持反对态度的激进党领袖、前总理孟戴斯－弗朗斯也肯定他在大战时期"作用不同寻常，历史上无可比拟"，并赞扬他承认阿尔及利亚、同中国建交等积极方面。法国著名经济学家阿莱教授虽不同意戴高乐对阿尔及利亚的政策，但认为他在经济方面功绩斐然，如改革工业、根本改变法国经济方针等。[2]

我国对戴高乐也有过不同评价。在戴高乐再度执政初期，认为他搞个人独裁。随着他的内外政策逐渐为我国人民所了解，对其评价也有所变化。戴高乐逝世时，毛泽东同志在唁电中高度评价他为"反法西斯侵略和维持法兰西民族独立的不屈战士"。近年来论述戴高乐生平的若干文章肯定他是"资产阶级的杰出政治家"，还赞扬了他同我国建立外交关系和传统友谊的功绩。

---

[1] 《世界报》（*Le Monde*），巴黎，1978 年 11 月 12～13 日，第 7 版。
[2] 作者 1980 年访法时同上述人士的谈话。

戴高乐属于大资产阶级。出于阶级本性，有反共反人民的消极一面，但总起来说不失为反法西斯侵略、维护民族独立的民族英雄。他是法国资产阶级出类拔萃的政治家，右翼革新派的杰出代表，可以说是继拿破仑之后法国最伟大的执政者。

二

1940 年春，在纳粹德国大举侵犯法国的危急时刻，法国军界可以说猛将如云，可他们却主张停战求和。当时雷诺政府中的副总理贝当元帅本是第一次世界大战的宿将，曾以指挥凡尔登一役扭转败局而威震一时，此时却成了向希特勒乞降的千古罪人。总司令魏刚将军原是福煦元帅的参谋长，素以足智多谋著称，此时却认为一切抵抗都是徒劳的，"不出二个星期，英国的脖子就会像小鸡一样地被扭住"[1]，力主停战求和。就政界而言，也算得谋臣如雨了。雷诺、赫里欧、芒代尔等，平时都颇有抱负，声望卓著，然而在这关键时刻，身为总理的雷诺竟然辞职不干，推卸了反法西斯侵略的重任；而力排众议、坚持抗战的却是才当了十天国防部副国务秘书、临时性准将衔的戴高乐。他在雷诺政府已经辞职，贝当即将组阁并要求停战的紧急关头，于 6 月 17 日出走伦敦。翌日，在英国广播电台发出号召："法国之战并未决定这场大战的结果。这是一场世界大战。"他坚信未来"将带来胜利，世界的命运还有待决定"。最后庄严宣告："无论发生什么情况，法兰西抵抗的火焰绝不应该熄灭，也绝不会熄灭。"戴高乐的号召，在法国处于绝望的时刻，表达了千百万法兰西儿女的心声，为法国无所适从的爱国人士指出了一条继续抗德的道路。

戴高乐之所以具有这样的战略眼光并非偶然。他虽是军人，却受过良好的历史学、文学教育。早在 20 世纪 30 年代，他就为争取在法国建立机械化部队著书立说，四处奔走。他竭力反对消极防御战略，却遭到法国保

---

[1] 保罗·雷诺：《法国拯救了欧洲》（Paul. Reynaud, *La France a Sauve l'Europe*），英格兰，1951，第 304 页。

守军界的冷遇。在 1936 年 3 月希特勒出兵莱茵区的翌日，他在给友人奥比坦的信中便认为应该"迅猛而突然地采取行动"，"必须组织自己力量以便能在同样条件下反击侵略者"，痛惜法国"不具备这样的手段"。[①] 他认为，如果法国出面阻遏对于希特勒和德国都将带来毁灭性后果。他态度鲜明地反对慕尼黑协定，认为这是"投降"和"屈辱"，痛恨"许多傻瓜竟至为慕尼黑投降事件喝彩"。[②] 他恨不能以其坦克，越过齐格菲防线，决不把盟国捷克的边疆拱手让与希特勒。他预见到绥靖政策必然助长希特勒得寸进尺的野心，战争不可避免。

戴高乐在大战中的最大业绩在于创建了后来成为临时政府的自由法国运动。他在筹建自由法国运动中干了三件大事。

第一，1940 年 7 月底，戴高乐组建的第一个师只有七千人，到 1942 年 6 月已发展成七万人的陆、海、空部队。人数虽少，但从一开始他就坚持以一个独立国家的部队而不是作为英国的外籍军团积极参与对德作战。

第二，戴高乐大力争取法属殖民地归附自由法国运动。通过政治争取、组织政变和军事进攻等手段，到 1940 年底，有抗击德国法西斯要求的法国属地如乍得、喀麦隆、刚果、乌班吉沙立（即现在的中非共和国）、加蓬等以及法属赤道非洲的大片领土和资源均归属自由法国运动，随后又扩及太平洋地区的新赫布里斯群岛、塔希提和新喀里多尼亚。由于获得了广大殖民地的支持，自由法国运动有了强大的基地和人力、财力的重要来源，得以在战争结束前提前还清了战争初期英国垫付的经费，增强了自身的独立性并造成了政治声势。

第三，戴高乐还在政治上加紧分化瓦解维希政权，争取各界知名人士参加自由法国运动，于 1941 年 9 月正式组成法兰西民族委员会作为其权力机构。在国破山河碎的形势下，自由法国运动成为法兰西坚贞不屈的象征，国内外公认的法国抗战中心，形成了有广泛代表性的政府雏形。

在从自由法国运动到建成事实上的临时政府的过程中，戴高乐团结了

① 奥比坦：《戴高乐上校》（3. Auburtin, *Le Colonel de Gaulle*），法国，1965，第 49 页。

② 戴高乐：《战争回忆录》第一卷，世界知识出版社，1981，第 23 页。

国内外爱国抗德力量，与盟国一起对法西斯德国作战，维护了法国主权，为确保法国战后地位打下了扎实基础。没有自由法国运动，就不会有法国战后主权国和战胜国的地位。这是戴高乐的一个伟大功勋。

1942 年 1 月，戴高乐把投奔他的前省长让·穆兰作为他的代表空投回国。穆兰历尽千辛万苦，终于实现了南方和北方抵抗运动组织的统一，并于 1943 年 5 月成立了以穆兰为主席的全国抵抗运动委员会。戴高乐接受了全国抵抗运动委员会的纲领，被法国国内抵抗运动拥戴为唯一的领袖。后来戴高乐把自由法国更名为战斗法国。抵抗运动在政治上、军事上、组织上的统一，壮大了法国的抗德声势，对整个抗德全局起了有利的作用。

在大战临近胜利的时刻，法国战后前途问题突出地提上日程。1944 年春，在盟军登陆法国本土前夕，美英尤其是美国策划在法国实行对意大利所实行的军事占领制度，建立盟国军政府，也就是说把法国当作被德国占领的国家看待，完全无视自由法国及法兰西民族解放委员会的存在。戴高乐领导国内外抵抗运动同美国进行了坚决的斗争。他要“作为一个自由的唯一的和有全权的政权的首脑回到法国”[1]。为此，戴高乐采取了一系列重大措施。在盟军登陆法国诺曼底前三天，法兰西民族解放委员会正式称为法兰西共和国临时政府，并争取了英美之外若干盟国的承认。同时，戴高乐一再声明反对盟国军事占领，要求盟军尊重法国主权；不同意其他政府存在。盟军登陆诺曼底后，强制发行法国货币，宣布在法国建立军政府。戴高乐对此坚决抵制并明确声明决不能同意这种局面。

戴高乐的第二项重要措施是争取法国勒克莱尔部队参加解放巴黎的战役，同时组织法国五十万内地军配合盟军作战，尽量争取依靠法国自己的力量解放国土。内地军的巨大威力也打乱了美国建立军政府的计划，但最终迫使美国放弃这一方案的决定性因素则是 1944 年 8 月 19 日巴黎人民解放自己首都的伟大主动行动。巴黎解放以后，以戴高乐为首的法兰西临时政府终于获得了承认，法国保住了独立主权。

时势造英雄。戴高乐之所以取得成功，在于他适应了形势发展的需

---

[1]　戴高乐：《战争回忆录》第二卷，第 252 页。

要。"每一个社会时代都需要有自己的伟大人物,如果没有这样的人物,它就要创造出这样的人物来。"① 从国内条件来说,大战前法国政府追随英国,奉行绥靖政策,对德妥协,反苏反共,对德国法西斯侵犯未作足够准备,致使法西斯德国猝然占领巴黎和法国大半国土。在这法兰西民族利益与垄断资产阶级利益一致的时刻,戴高乐的登场不仅体现了法国的爱国主义传统,而且获得了统治集团中抗德派的支持。他与 20 世纪 30 年代历届政府倒行逆施毫无干系,是一个"没有污点"的收拾残局的合适人选。在法国解放前夕,以法共为首的人民力量空前壮大,原先支持贝当的部分力量转而支持戴高乐,使他成为统治阶级心目中唯一能对付人民的"抗衡力量"。加之,法国共产党在大战初期,在第三国际和斯大林影响下没有区别第二次世界大战与第一次世界大战的不同特点,在法国面临民族存亡的紧急关头没有及时认识到保卫民族独立的战争在一定条件下不但是许可的而且是必需的、革命的,从而在相当一段时期内放弃了对反法西斯战争的领导,以致保卫民族独立的旗帜落到戴高乐手里。这是戴高乐得以成功的又一重要原因。

从国际条件说,当时唯一抵抗德国法西斯的英国,在丘吉尔领导下,从英国自身利益以及抗德全局出发给予自由法国一定的支持,也是一个重要因素。苏联的支持以及大战后期美国鉴于法共力量壮大,在多次阻挠戴高乐当权失败之后,出于"两害相权取其轻"的考虑,也终于承认了戴高乐。

此外,戴高乐本人主观指导比较正确也是成功的一个条件。作为军人,他敢于公开对抗已经投降的贝当政府,为维护法兰西的"正统性"而别树一帜,因而被缺席判处死刑。作为自由法国领袖,在必须依赖英国和美国物质支援的情况下,敢于坚持法国的独立和主权,同美国(在某些问题上也同英国)进行针锋相对的斗争。

总之,第二次世界大战期间,戴高乐坚持抗德,反对投降,恢复了法国的尊严,维护了法国的主权和独立,在国内外赢得了崇高的声誉,为他

---

① 《马克思恩格斯选集》第 1 卷,人民出版社,1972,第 450 页。

以后东山再起打下了深厚的基础。

当然，在第二次世界大战的整个过程中，戴高乐所起的作用是有限的。自由法国运动从全局来看，政治上道义上的影响比军事上的影响更大。此外，戴高乐作为资产阶级抗德派的代表人物，有其消极的一面。这主要表现在他在反法西斯侵略的同时，念念不忘防共反共，千方百计限制进步力量的发展。鉴于法共在抵抗运动中举足轻重的地位，戴高乐对法共夺权的可能性始终存有戒心。他在回忆录中露骨地说：法共的"力量是不可忽视的。可是他们只能作为整体的一部分来活动，而且直截了当地说，必须受我的控制"；"决不能让他们占上风，越过我或夺取领导权"。①

巴黎武装起义的领导力量是以法共党员为主席的巴黎起义委员会和以法共党员为司令的法国内地军。戴高乐获悉后，除力促盟军迅速配合行动外，立即派出特别代表赶往巴黎控制局面，处心积虑地要剥夺法共领导权和解除法共武装，以彻底排除法共掌权的任何可能性。他在巴黎解放翌日进入巴黎时拒绝径赴市政厅，以免产生起义委员会向他授权的印象，并且当下便撇开起义组织自行安排盛大阅兵典礼，甚至借盟军两个师助威。他在巴黎得手以后，第一项重大措施便是取消抵抗运动组织，并整编抵抗运动部队。他拒绝法共要求，坚持拆散原来编制，将其分别编入正规军，接着又整编内地军。戴高乐把抵抗运动保存下来的最后一支武装——法共领导下的爱国民警队看成对他统治的一大威胁，于 10 月 31 日下令解散，没收武器。尽管他出于策略考虑在法国历史上第一次吸收共产党人参加政府，但政权的阶级性质丝毫未变。广大人民浴血斗争的果实终于完全落入大资产阶级手中。戴高乐一心要恢复"法国的伟大"，认为 1940 年法国惨败的政治原因是政党议会制所造成的软弱无能，他力求制定一部加强总统权力、不受政党制约的新宪法。这一方案遭到各政党普遍反对。激进党等主张恢复两院议会制的第三共和国宪法，法共等主张建立拥有最高权力的单一议会。这两个方案的共同点都是由议会掌握大权，政府受议会制约。结果，立宪议会一致决议：建议取消共和国总统全部权力，政府必须服从

---

① 戴高乐：《战争回忆录》第一卷，第 226 页。

议会。这项决定与戴高乐的主张背道而驰。1946 年 1 月，戴高乐只得辞职。实质上，戴高乐当时提出强化资产阶级统治的体制改革方案，不符合战后初期的民主进步潮流，亦为传统政党所不容。但更为深刻的原因则是法国大资产阶级急需换马。战后法国满目疮痍，百废待兴。国民经济严重破坏，人民生活十分困难，必需品仍然实行配给制度，甚至低于德国占领时的水平。戴高乐在经济上一筹莫展，而当时大资产阶级面临的最紧迫问题就是恢复经济。只有恢复和加强自己的经济实力，才能对付日益壮大的人民力量，维系法兰西殖民帝国，从而稳住自己的统治地位。在大资产阶级看来要迅速恢复经济就得接受美援，接受马歇尔计划，就需要在外交上采取亲美的政策。戴高乐显然不再是合适的人选。正是在这种历史背景下，戴高乐不得不辞职，归隐科隆贝故居。

三

1958 年 5 月，当法国陷入由阿尔及利亚殖民战争触发的严重政治危机，濒临内战边缘的紧急时刻，隐退 12 年的戴高乐东山再起，作为资产阶级右翼革新家大显身手。他在再度执政的 11 年期间，实现了两项重大革新，一是改革政治体制，创建第五共和国；二是实行"非殖民化"政策，结束了法兰西殖民帝国。

导致戴高乐再度执政的是五一三事件。1958 年 5 月 13 日下午，正当国民议会开始辩论授权弗林姆兰组阁时，阿尔及尔十万人游行示威，成立救国委员会，并向共和国总统发电："要求在巴黎成立一个救国政府，唯有这样的政府才能把阿尔及利亚作为本土的不可分割的领土保持下来。"翌日凌晨，救国委员会主席、伞兵司令马絮公开呼吁戴高乐打破沉默出面组织救国政府。

五一三事件暴露了法国统治集团内部在阿尔及利亚问题上的尖锐矛盾，同时也激化了由于连年殖民战争特别是自 1954 年以来旷日持久的阿尔及利亚殖民战争而日益加深的政治危机。从 1954 年 11 月到 1958 年 4 月，法国六届内阁先后在阿尔及利亚问题上倒台。特别是 4 月 16 日盖伊阿内阁垮台开始的延续 28 天之久的内阁危机，使政治气氛更趋紧张，政局极端混乱。5 月 8 日被召请组阁的人民共和党领袖弗林姆兰主张采取以实力求和平的阿尔及利亚政策，即首先加强军事镇压，然后以实力地位选择"最有利的时机"开始谈判停火，从而取得"肯定法国的胜利"的和平。阿尔及利亚殖民集团和法国驻阿尔及利亚军队中的极端殖民主义分子则主张"法国的阿尔及利亚"，强烈反对任何和谈的设想，把弗林姆兰的政策斥之为"放弃政策"。因此，议会讨论授权弗林姆兰组阁便成为五一三事件的导火线。消息传来，议会群情激愤，为顶住压力，勉强通过弗林姆兰组阁。政府危机并未真正解决，而巴黎与阿尔及尔之间关系更加紧张。整个法国处在军事政变的威胁之下。伞兵随时准备在巴黎登陆，法国濒临一场内战的边缘。

对在科隆贝等待多年的戴高乐来说，这是一个难逢的机会。事实上，五一三事件是一场经过长期精心策划，有着多种政治势力包括戴高乐分子在内参与的针对第四共和国的军事政变。除殖民主义分子外，另一部分人则是戴高乐于 1947 年建立、尔后解散的法兰西人民联盟的旧部。他们在阿尔及利亚的人数不多但能量很大，有意利用政府困境促成戴高乐上台。五一三事件前后，他们竭力把事件导向戴高乐上台的方向。戴高乐虽未直接参与其事，但绝不是像他在回忆录中所表白的那样"丝毫没有关联"。他是与闻其事的。在事件中起重要作用的德尔贝克从 1957 年 12 月到 1958 年 5 月往返巴黎与阿尔及尔之间达 27 次之多。戴高乐向他表示："担负起我的责任一直是我的习惯。"这无异向德尔贝克交底。五一三事件时，另一戴派要员、曾长期任过驻阿总督的苏斯戴尔秘密前往阿尔及尔进行拥戴活动。实际上，戴高乐面对这极为复杂微妙的形势，早已做好准备。他施展种种政治手腕，争取舆论，排除阻力，争取合法上台。5 月 15 日，当萨朗在戴高乐分子鼓动下在阿尔及尔喊出"戴高乐万岁"的口号之后四小时，戴高乐打破多年沉默，向报界散发声明："我已做好了执掌共和国权力的准备。"这声明在舆论中激起强烈反应，打响了重新上台的第一炮。5 月 19 日戴高乐举行记者招待会，着眼于安定人心，争取多数政党支持，表白自己无意"破坏公共自由"，"破坏共和制度"。其中最具戏剧性的是 5 月

26 日深夜他同弗林姆兰的秘密会谈以及翌日的声明。他在新的公开声明中宣布："我已开始了为建立一个能够确保国家统一和独立的共和政府所必需的正规程序。"5 月 29 日，戈蒂总统向议会两院发出咨文，宣布已向戴高乐发出呼吁。如果这一最后尝试失败他将辞去总统职务。这是 1946 年以来共和国总统对全国政治大事进行积极干预的仅有的一次。戴高乐上台的最后障碍排除了。6 月 1 日国民议会以 329 票对 224 票通过授权戴高乐组阁。6 月 2～3 日授予修改宪法的权力和在阿尔及利亚的特别权力。至此戴高乐便作为第四共和国的末任总理，东山再起了。

戴高乐是在法国垄断统治集团的统治摇摇欲坠的形势下，凭借他在第二次世界大战期间的政治威望，作为统治集团一张解救危局的王牌再次上台的。他的上台不仅排除了军事政变的直接危险，避免了一场迫在眉睫的内战，更重要的是他掌握了政权，有了实现革新主张的手段与可能。

戴高乐上台的第一件大事便是建立一个强有力的政权。他上台伊始，就埋葬了第四共和国，制定了第五共和国宪法，把法国从一个典型的资产阶级议会制国家改变为半总统制国家，大大削弱了议会权力，降低总理和内阁的作用，大权集中于总统。总统有权直接任免总理，解散议会，宣布"紧急状态"，完全撇开议会行使"非常权力"。1958 年 9 月 28 日公民投票通过宪法草案。1959 年 1 月 8 日戴高乐正式就任第五共和国第一任总统。1962 年修改宪法，规定总统由普选产生，进一步加强了总统权威。戴高乐在实践中更进一步超出了宪法的范围，总统的权力更大。

从第三共和国（1870～1940 年）到第四共和国（1946～1958 年），在资产阶级议会制下，法国议会由名目繁多的政党组成，没有任何一个政党能单独掌握议会多数。政府往往由几个政见不同、利益各异的政党临时拼凑而成，因而政府更迭频繁，政局长期动荡。仅从戴高乐下台到再次上台的 12 年间就换了 25 届内阁。这种局面越来越同法国垄断资产阶级的政治、经济利益和要求不相适应。随着资本集中程度的不断提高，法国垄断资本迫切需要一个强有力的政权，以稳定其统治地位，推行连续性的内外政策以增强经济实力，对付风起云涌的民族解放运动以提高法国的国际地位。因而，改革政治体制已成为客观需要。戴高乐建立新的政治体制，强化资产阶级专政，正是顺应了这种形势发展的需要。

同时，戴高乐的改革还有其特殊条件。当时法国陷于内外交困的境地，已经无法按照原有方式统治下去，各老牌政党束手无策，最后不得不给戴高乐让路。

1959 年 1 月正式付诸实施的第五共和国体制是法国现代史上一个重大转折。第五共和国成立以来，从戴高乐、蓬皮杜到吉斯卡尔·德斯坦，二十多年来政局相对稳定，扭转了长期以来政府更迭频繁、软弱无力的局面，改变了法国孱弱的形象。第五共和国政治体制对法国政治生活的震动很大，引起法国政治力量的大分化和政治格局的深刻变化。法国历史上长期存在的为数众多的形形色色的党派向左右两极集结、分化，形成今日两大派四大党的基本格局。与此同时，资本主义社会上层建筑的革新和调整，反过来又对经济基础产生了促进作用。垄断资本和国家政权进一步密切结合，加强了国家对经济的直接干预，充分利用 20 世纪 60 年代资本主义"高速发展"的有利形势，迅速推进了工农业发展，使法国成为世界经济大国之一。

必须强调指出，戴高乐革新的实质是要在新的历史条件下加强资产阶级专政。它虽在一定程度上符合生产力发展的要求，暂时缓和了某些矛盾，使政局相对稳定，但并没有，也不可能解决资本主义固有的矛盾，反而不可避免地加强了本已高度集中的官僚行政机构权力。总统权力过大，独断专行，引起统治集团内部新的矛盾和冲突，也进一步限制了资产阶级民主；加之戴高乐加速资本集中的经济措施使垄断兼并达到空前规模，如私人资产达十亿法郎的在 1960 年只有一家，到 1966 年增为十家，1970 年增为二十七家。企业和耕田的合并加速了中间阶层、手工业者、小商人和农民的破产，引起广大人民的严重不满，加剧了政治和社会矛盾，导致戴高乐下台的 1968 年 5 月风暴便是有力的例证。

戴高乐的第二项重大革新是结束了旷日持久的阿尔及利亚战争，承认阿尔及利亚独立并实现了整个法兰西殖民帝国的"非殖民化"。阿尔及利亚问题的解决再清楚不过地表明了戴高乐作为资产阶级右翼革新家的战略眼光和政治现实主义以及过人的胆略和魄力。在处理这个棘手问题过程中，戴高乐在统治集团内部遇到了空前顽强的抵抗，险些丢了性命。他却不畏艰难险阻断然结束殖民战争，使法国甩掉了沉重的包袱，大大改善了国际处境，并得以把主要力量转向他孜孜以求的维护民族独立、恢复大国地位的事业。同时，阿尔及利亚人民的胜利进一步鼓舞了为争取民族解放而斗争的人民的士气，对全世界民族解放运动发展产生了有利的影响。

解决阿尔及利亚问题的阻力之大有三方面的原因。首先，一百多年来阿尔及利亚一直被视为法国本土的延伸，划为法国的三个省。1000万人口中有150万是法裔居民，与法国本土有着密切联系。除经济上巨大殖民利益外，阿尔及利亚有着法国其他殖民地无法相比的特殊战略地位。1956年在撒哈拉发现储量丰富的石油和天然气，其石油蕴藏量占全世界总储藏量的1/6，足以弥补法国能源之不足，而使法国垄断资本集团特别是石油集团垂涎三尺。所以，在尽力保住法国殖民利益这点上，统治集团各派甚至在一部分受殖民主义思想影响较严重的法国人中间都是比较一致的。因此，改变行之多年的老殖民主义政策绝非易事。

其次，在于殖民集团的绝望挣扎和抵抗。随着阿尔及利亚人民越战越强，法国在殖民战争的泥潭中越陷越深，统治集团内部严重分裂。以利益主要在本土和西欧的垄断资本集团以及新兴石油资本集团为代表的一派急切希望通过某种政治解决早日结束战争，这不仅有利于开采撒哈拉石油和天然气，更主要的是腾出手来集中力量扩张经济实力以便在刚刚成立的西欧共同市场中捞取好处。以利益主要在阿尔及利亚的庄园主殖民集团为代表的一派则坚持不惜任何代价保住"法国的阿尔及利亚"，保持老殖民主义的直接统治。他们策动了五一三暴乱拥戴戴高乐这样一个"强有力人物"上台本是指望他能推行他们的政策，加强军事镇压，巩固直接殖民统治。然而戴高乐政府，从其组成来看，主要代表法国本土垄断资本集团，首先是金融资本和石油资本。政府成员大都与各大财团有密切联系，其中最直接、最突出的代表就是戴高乐的得力助手蓬皮杜。他本人便是洛希尔银行总经理，而洛希尔财团就是阿尔及利亚石油资本的重要参与者。戴高乐不赞成阿尔及利亚同法国成为一体的"一体化政策"，打算改变旧的殖民方式，尽可能维持法国利益。他最初的解决方案是先自治、自理，经过若干年（五年、十年或更长）再独立。他的这些主张也符合他们的要求，得到其大力支持。戴高乐对阿尔及利亚的自决政策逐步明朗化后，原先拥戴其上台的殖民集团从失望到绝望，转而疯狂反对直至欲置之死地而后快。1960年1月在戴高乐撤换了公开对抗自决政策的阿尔及尔军团司令马絮之后，阿尔及尔爆发了公开反对戴高乐的街垒事件。对戴高乐最为严重的一次挑战是后来于1961年4月爆发的四将军叛乱事件。这是地地道道的军事政变。参加叛乱的夏尔、儒奥、萨朗、泽勒都是军队中有巨大影响、社会上有广泛联系的人物。从1961年9月到1962年8月，极端殖民主义分子又先后四次行刺戴高乐未遂。但这一切都不能动摇戴高乐解决阿尔及利亚问题的既定方针。

最后一个阻力在于戴高乐本人原先所持的殖民主义立场。这也是阿尔及利亚战争在戴高乐上台之后仍然持续四年之久才结束的重要原因。戴高乐原是一个竭力维护殖民帝国利益的帝国派人物。他心目中的法国是从法国的"敦刻尔克到（阿尔及利亚的）塔曼拉塞特"的法国。难能可贵之处在于，他能从全局的战略利益着眼，从政治现实主义出发，使自己逐步适应客观形势的需要，转变为"非殖民化"的倡导人。他曾多次向其亲密助手流露过自己出于无奈的痛苦心情。他在回忆录中也承认"对于一个像我这样年龄和像我这样教育出身，成为由我自己倡导的这样一项变革事业的主持人，这确实是残酷的"。[1]

戴高乐上台时面临法兰西殖民帝国全面崩溃的形势。1958年宪法把法兰西联邦改为法兰西共同体。各领地享有内部自治，而外交、国防、财经大权仍操诸法国手中。实质上是以某种局部的有限让步继续维持法兰西殖民帝国。风起云涌的民族解放运动很快冲破了戴高乐设置的樊篱。20世纪60年代起，非洲前法属殖民地纷纷宣告独立，共同体名存实亡，并没有收到戴高乐预期的效果。戴高乐不得不步步退让，同意殖民地先后独立。到1960年底，除吉布提外，法属非洲殖民地全部独立。戴高乐以"合作"政策代替老殖民政策，同新独立国家签订一系列"合作"协定，在新条件和

---

[1] 戴高乐：《希望回忆录》第1卷，人民出版社，1973，第37页。

新形势下保持控制和剥削，设法运用军事、经济、政治等手段继续保持传统的势力和利益，防止美国取代与苏联渗透，其实质为力求以新殖民主义形式尽可能保全尚能保全的利益，政治上争取主动地位，改善同第三世界国家的关系，以维护和扩大法国在第三世界的影响。"合作"政策为蓬皮杜、德斯坦所沿袭并加以发展。

四

戴高乐的平生志愿和主导思想就是恢复法国多少世纪以来的大国地位，其外交政策的核心就是维护民族独立，力争大国地位。

戴高乐在他的回忆录开首写下了这样一段话，是他毕生言行的主线："我对法国一向有一种看法。这是从感情和理智两方面产生出来的。感情的那一面使我把法国幻想得像童话中的公主或壁画上的圣母一样献身给一个崇高而卓越的使命。……但我理智的一面又使我确信，除非站在最前列，否则法国就不能成为法国；唯有丰功伟业才能约束法国人民天性中的涣散。……总之，法国如果不伟大，就不成其为法国。"[①] 戴高乐萦念于怀的是法国光辉胜利的过去，是法国成为欧洲统治大国时期所起的首要作用和道义上的巨大影响。他因袭了法国历史传统中强烈的民族主义，十分强调法兰西民族利益。这是其政治观点的最明显特征，也是他的一个主要思想——独立自主政策的思想基础。

早在 1945 年 2 月雅尔塔会议时，戴高乐这一思想表现为对美、苏等大国主宰世界的做法强烈不满。1947 年，他对马歇尔计划附加政治条件表示强烈反对，当时就看出是一种干涉，为之感到耻辱，指责当时的法国政府已成美国的附庸。1952 年起，他强烈反对欧洲防务集团条约，一再指出这对法国来说是自己放弃权益的协定，直到这计划被议会否决为止。

1958 年再度执政时，戴高乐这一思想表现为全面抗美。他压倒一切的目标是全力以赴谋求恢复法国的大国地位。戴高乐的独立外交政策突出表

---

① 戴高乐：《战争回忆录》第一卷，第 1 页。

现为反霸抗美，在政治、军事、经济等各个领域对美国霸主地位提出严重挑战。

首先表现在对北约的态度。戴高乐上台不久，便要求改组北大西洋公约组织，提出组成美、英、法三国"指导机构"，从而让法国分享领导权的建议。遭到美、英拒绝后，他于1959年3月宣布从北约撤出法国地中海舰队。6月，拒绝美国在法国储存核弹头和在法国建立中程导弹基地。1953年6月又撤回大西洋舰队。1966年2月戴高乐宣布法国退出北大西洋公约军事一体化组织，撤除美国在法国的驻军和基地。

独立防务特别是建立独立核力量是戴高乐争取大国地位政策的重要基础。他毫不讳言，没有独立核力量，法国"将不再是一个欧洲的强国，不再是一个主权国家，而只是一个被一体化了的卫星国"①。戴高乐上台后加速了制造核武器的步伐。1961年法国的第一颗原子装置试验成功。1963年拒绝美国提出的旨在取消法国独立核力量的所谓北约"多边核力量"计划；坚决抵制美苏炮制的"部分禁止核试验条约"，表示"如果同意世界上两个特权国家永远垄断这种（核）力量，这将使世界上又建立起新的霸权，而像我们这样的一个国家对此是决不会同意的"②。戴高乐排除内外种种阻力，坚定不渝地走建立独立核力量的道路。60年代，社会党和法共曾强烈反对戴高乐建立独立核力量。进入70年代，法共和社会党相继改变立场。戴高乐这一决策已为法国各派政治力量所接受。密特朗新政权已表示不仅将保持并且将继续加强独立核力量。

西欧联合是戴高乐外交政策的重要环节。他主张"欧洲人的欧洲"，反对"大西洋的欧洲"；主张"各个国家的欧洲"，反对"超国家的欧洲"，都同美国设想的西欧联合模式公然对立，都是强烈反对美国控制的。他毅然抛弃法德宿怨，实现法德和解，作为西欧联合的核心，借以推进以法国为盟主、抗衡美苏的六国"小欧洲"。他把英国视为美国的"特洛伊木马"，先后两次断然否决英国参加共同市场，以防共同市场融化在美国

---

① 国际关系研究所编译《戴高乐言论集》，世界知识出版社，1964，第205页。
② 国际关系研究所编译《戴高乐言论集》，第460页。

设计的"大西洋共同体"之中。现在，西欧联合继续沿着各主权国家间加强政治经济直至防务合作的方向发展，力求成为"多极世界"中独立的一极。这正是戴高乐设计的格局的继续和发展，证明戴高乐的基本主张占了上风。

戴高乐自主外交另一突出表现就是不顾美国压力，于1964年初正式承认中华人民共和国。早在1958年东山再起时他就考虑要同中国建交。他历来仰慕中国几千年的文明，认为中国建立了"非常独特、非常深奥的文明"。[①] 他认为新中国"进行了巨大的努力"，[②] "中国人口众多而又贫困，不可摧毁而又雄心勃勃，正在顽强地建设成为一个无比强大的国家"。[③] "在亚洲，如果没有中国的参加，任何协定、任何重要条约都是无效的。"[④] "中国本身的庞大，它的价值，它目前的需要和它将来的广阔前途使得它越来越受到全世界的关心和注意。"[⑤] 因此，戴高乐的结论是法国不能无视新中国的存在，应该"如实地承认世界"。[⑥] 他还认为中国在国际上是对苏美的明显的平衡力量。

中法建交对当时美国孤立、封锁我国的政策是一个沉重打击，对恢复和发展中法两国人民的传统友谊立下了历史功勋，对当时的反霸抗美斗争也是一个很大的推动。

此外，戴高乐还着重在经济方面的独立。他采取限制美国在法国关键工业部门投资、大力发展本国尖端技术和尖端工业的政策。他在全面抓工农业现代化改造的同时，打破法国历来的保护主义，加强国际竞争，削弱和摆脱美国的经济控制。戴高乐十分注重保护法郎的币值。在他任内法郎成为最坚挺的货币之一。他还坚决反对战后支配国际结算的金汇兑本位制，主张恢复金本位制，对美元的霸主地位提出挑战。

戴高乐奉行反美独立政策固然同他一贯的思想有关，但从根本上说，

① 上海人民出版社编译《阿登纳、戴高乐论中苏问题》，上海人民出版社，1973，第516页。
② 上海人民出版社编译《阿登纳、戴高乐论中苏问题》，第517页。
③ 上海人民出版社编译《阿登纳、戴高乐论中苏问题》，第487页。
④ 上海人民出版社编译《阿登纳、戴高乐论中苏问题》，第523页。
⑤ 上海人民出版社编译《阿登纳、戴高乐论中苏问题》，第520页。
⑥ 上海人民出版社编译《阿登纳、戴高乐论中苏问题》，第520页。

这绝不是他一个人的问题。在美帝国主义成为全世界人民主要敌人的时候，戴高乐抗美独立反映了时代的要求，是特定的国际形势的产物，因而获得了法国国内外的广泛支持，在第二世界以及第三世界所有受美国侵略、控制、干涉、欺负的国家有着巨大影响。当年戴高乐同美国分庭抗礼，在西欧可谓独树一帜。而今，抗美独立已非法国一家，要求同美国平起平坐，发挥西欧独立作用，已成为西欧国家的共同倾向，就充分说明这点。

戴高乐以抗美独立为特色的外交政策的产生又是同当时的国际形势和欧美力量对比的变化密切联系的。法国和其他主要西欧国家在第二次世界大战以后严重削弱，依赖美援过活。从 20 世纪 50 年代起，在第二次科技革命推动下，这些国家开始经历了经济增长较为迅速的"黄金时代"，羽毛渐丰，从而改变了战后初期那种不得不接受美国支配的处境。到了 60 年代，美国力量进一步衰落，西欧力量进一步相对加强。戴高乐执政期间（1958～1969 年），法国经济实力大大加强，国民生产总值年均增长 5.8%，高于西德，仅次于日本。欧美力量对比的变化，必然表现为西欧要求独立于美国倾向的发展。戴高乐不畏强暴，敢于向最强大的超级大国挑战所表现的胆略和勇气给人们留下强烈印象。如今戴高乐几乎成为第二世界反霸斗争的典型形象。他的民族独立思想成为西方国家维护民族独立的同义词。第二世界舆论盛行以"戴高乐主义""新戴高乐主义""半戴高乐主义"之类的字眼形容某些国家的反霸独立倾向，其影响之深可见一斑。

戴高乐在推行独立外交中也暴露了他的消极面，主要表现在对待苏联的问题上。他认为独立不可分割，西欧摆脱美国控制并不是为了落入苏联的控制；主张加强西方和法国防务，指出"对苏联可能进行的侵略应有所准备"，主张在东西方冲突中对苏采取强硬态度。但与此同时，他又大肆鼓吹并同苏搞"缓和、谅解和合作"。他的战略意图是借苏抗美并牵制西德。他提出"从大西洋到乌拉尔的欧洲"的构想则着眼于促进东欧各国以至苏联本身的"和平演变"，以加强法国和西欧的安全保障。但在 60 年代苏联超级大国崛起并与美国以欧洲为战略重点争霸世界的条件下，戴高乐沿袭战后初期搞法苏特殊关系的做法，在美苏之间玩平衡，扩大法国回旋余地，结果反而被搞"假缓和，真扩张"的苏联所利用。这些做法至今仍有消极作用。

戴高乐外交另一弱点是超越客观可能，雄心过大而国力不足。几个世纪以来，欧洲曾经是世界盟主。作为欧洲列强的法国长期是一个世界大国。但是战后西欧已不再是世界事务的中心，而是两霸争夺的重点。戴高乐恢复法国大国地位实际上充其量只能是中等国家中的佼佼者。戴高乐的独立倾向和法国在国际事务中的影响毕竟是有局限性的。对戴高乐来说，法国的伟大不仅仅是物质能力，而且是由于有精神目的而得到加强的力量。[①] 基于这种观点，戴高乐奉行的外交政策比它的实际力量所允许的走得更远[②]，脱离了实际。

五

1969 年戴高乐在他自己提出的公民投票失败后自动辞职，1970 年 11 月戴高乐逝世。他多年前立下遗嘱，嘱咐葬礼必须极简，只在小镇教堂墓地上立一简单墓碑，不要国葬，不要国会悼词，不要任何表彰，等等。逝世消息传出后，法国举国悲痛。下葬那天，四万多人自法国各地赶往科隆贝小镇送葬。同天巴黎五十多万人冒雨站立在凯旋门广场，向这位伟大的法兰西民族英雄表示深切哀悼。在法国历史上，伟大人物的结局往往是不幸的：韦森热托里克斯[③]是被处决的，圣女贞德是被烧死的，拿破仑是被放逐的。像戴高乐这样自动退场并受到群众如此沉痛哀悼，身后十余年仍受到隆重纪念的是颇为少见的。

导致戴高乐辞职的是 1969 年 4 月 27 日的两项关于社会改革提案的公民投票。一是地方改革，在经济计划上把权力下放到各省；二是参议院改革，吸收各经济、社会、文化界代表进入参议院，参与制定法律。投票结果，赞成票 10901753 票，占 47.58%，反对票 12007102 票，占 52.41%。28

---

① 基辛格：《白宫岁月》第一册，世界知识出版社，1980，第 141 页。

② 基辛格：《白宫岁月》第一册，第 142 页。

③ 韦森热托里克斯（公元前 72～前 46 年），高卢民族领袖。公元前 52 年领导起义，反对罗马人统治，失败被俘，后被恺撒绞死于狱中。

日凌晨发表了戴高乐宣布辞职的最后正式声明。公民投票的失败给戴高乐以致命的打击。翌年 11 月 9 日戴高乐在深深的悲痛和忧伤中心脏病猝发去世。

实际上，1968 年五月风暴时，戴高乐在政治上已经死亡了。戴高乐下台的直接原因虽是公民投票，这只是表面的、次要的因素。更深刻原因在于人民的不满，而五月风暴正是这种不满的集中爆发。他自己也很清楚："这次否决我的公民投票是 1968 年五月事件自然的结果。"① 他的政治生涯开始于 1940 年 5 月，实际上结束于 1968 年 5 月。

戴高乐之所以消失在五月风暴之中是有其深刻的社会背景的。随着第二次科技革命成果的广泛应用，发达资本主义国家的阶级构成发生了很大变化，突出表现在中间阶层的人数不断扩大。广大中间阶层成分复杂。他们同工人一样备受剥削、失业与通货膨胀之苦，然而又有其特殊利益和要求。他们中一部分要求民主改革，一部分依附统治阶级。他们的政治去向逐渐成为影响政局变化举足轻重的力量。戴高乐再次上台初期，法国处在极端殖民主义分子策动军事暴乱的威胁之下，全国笼罩着危机气氛，以解救危局为己任的戴高乐不仅得到垄断资本集团的有力支持，而且获得求稳怕乱的广大中间阶层以及部分劳动人民的支持。20 世纪 60 年代中期，随着危机气氛的消失，经济社会问题日趋突出，有利垄断资本的戴高乐的经济社会政策不仅向广大劳动人民开刀，也损害了中间阶层的利益，从而逐渐失去了他们的支持。戴高乐政权的社会基础逐步削弱。据经济合作与发展组织的专家计算，法国是西欧贫富相差悬殊最大的国家。1965 年 12 月总统选举第一轮戴高乐仅得有效选票的 43.97%（占全体选民的 36.98%），不得不进入第二轮选举取胜。戴高乐威信下降，统治基础削弱已露端倪。1968 年五月风暴则是人民不满情绪的更集中、更强烈的爆发，终于导致戴高乐引退，这绝不是偶然的。戴高乐之所以提出公民投票，不仅仅着眼于通过其改革方案，主要目的在于希望再度获得人民的信任。

随着广大人民不满的增长和戴高乐威信的下降，统治集团内部包括拥戴势力内部矛盾不断激化。在长时期里作为戴高乐得力助手的蓬皮杜同戴

① 莫里亚克：《戴高乐将军之死》，商务印书馆，1973，第 36 页。

高乐分道扬镳，甚至于 1969 年 1 月 17 日在罗马对记者发表声明，直截了当地说"我将成为总统候选人，这对任何人来说都不是秘密了"，公然准备取戴而代之。同戴派合作多年的吉斯卡尔·德斯坦派在决定戴高乐去留的公民投票前夕，公开表示要投反对票，对公民投票起了"致命的一击"的作用。但是无论蓬皮杜还是德斯坦，他们改变态度都不单纯是个人权力之争，更重要的是反映了新形势下大资产阶级换马的意图。戴高乐去职虽是自动，实出无奈。戴高乐已经完成自己的历史使命。法国大资产阶级需要新班子来处理严峻的经济社会问题，调整统治集团内部的关系，以稳住局势。蓬皮杜正是在这种形势下接替了戴高乐。

戴高乐一跃登上历史舞台后，在法国现代史上留下引人注目的业绩。他先后两次出现在法国历史危急关头，解救危机，化险为夷，并且以其一系列政策主张和重大改革，在法国政治生活中打下了深刻的烙印。特别是他再度执政的十一年间，收拾第四共和国遗留下来的烂摊子，改变法国内外交困的窘境，稳定政治局势，振兴财政经济，恢复和维护法兰西民族独立和尊严，大大提高了法国的国际地位。这是战后法国历史的转折点。戴高乐的作用和成就是突出的，影响是巨大的。戴高乐的悲剧在于他自认代表整个法兰西民族，超乎一切党派和阶级之上，尤其否认自己属于资产阶级。他想走一条介于社会主义与资本主义之间的第三条道路。事实上，他的一切作为从来没有也不可能超出资产阶级的范畴。戴高乐被"五月风暴"撵下台，正是他的悲剧所导致的结局。

尽管如此，戴高乐的一整套思想和政策主张在法国政治生活和法国人民中深深扎根，而且时至今日对法国政治生活仍在起着重大影响，今后这种影响还将持续下去。拿破仑以来，法国历史上哪个执政者有这样重大的作为，有这样深远的影响呢？唯戴高乐而已。

[周剑卿，中国社会科学院世界历史研究所研究员]

（本文始发于《世界历史》1982 年第 2 期）

"回归欧洲"与东扩

周荣耀

2004 年的春天，欧洲又一次被推向国际政治经济舞台的前沿。欧洲历史上一次大规模的整合，通过北大西洋公约组织和欧洲联盟几乎同时进行的东扩得以实现。这次整合，以"回归欧洲"（The Return to Europe）为念的东欧国家为主角，以和平的方式在两个属性不同的联盟机构中进行，它是两个联盟历次扩大中规模最大的一次，它引起了人们对欧洲历史的又一轮回溯和对欧洲现实的揣摩。

一　东欧和西欧同源不同流

北约的这次东扩，共接纳了七个新成员国，即保加利亚、罗马尼亚、斯洛伐克、斯洛文尼亚，以及爱沙尼亚、拉脱维亚、立陶宛等波罗的海三国。如果我们把波罗的海三国也看成东欧的延伸，那么北约扩大了七个东欧成员国（如果再加上 1999 年第四次扩大接纳的波兰、匈牙利和捷克就是十个东欧国家）。欧盟的这次东扩，共接纳了十个新成员国，即波兰、匈牙利、捷克、斯洛伐克、斯洛文尼亚、爱沙尼亚、拉脱维亚、立陶宛，以及塞浦路斯和马耳他。除去不算东欧的塞浦路斯和马耳他，也有八个东欧国家。如此众多的东欧国家几乎同时加入北约和欧盟，真像是还了 1989 年剧变之后东欧人"回归欧洲"的心愿。

东欧和西欧文明同源　欧洲，它北邻北冰洋，西濒大西洋，南傍地中海，东至乌拉尔山，约占世界陆地总面积的十五分之一。从地理上来讲，在上述范围之内，欧洲是一个整体。不管把它怎样划分成西欧、东欧、南欧、北欧（就像是亚洲分成东亚、西亚、中亚、南亚，非洲分成东非、西非、北非、南非一样），在这个范围之内的国家都属于欧洲，谈不上什么"回归"不"回归"。显然东欧人说的"回归欧洲"不是指地理归属。那么，东欧人的"欧洲情结"究竟在哪儿呢？我们从历史和文化的源头上去找找看。

"欧罗巴"这个地名来自希腊，它指的是面对亚洲文明和希腊文明还没有开发的一片大陆。在希腊神话中，"欧罗巴"与那位被宙斯诱骗的地中海东岸腓尼基王国的美丽公主同名。欧洲，正是因这位叫"欧罗巴"的公主到来而得名。欧洲向文明跃进的第一步出自希腊人。[1] 希腊人以其在哲学、数学和自然科学领域以及在城邦方面的成就，为欧洲文明奠定了基础。公元前900年，希腊人到处迁移，他们与中东更早的希伯来先进文化有了接触，并最终将这些文化传到欧洲。因此，今日的欧洲文明之源，实来自希腊文明和希伯来文明。

到公元前2世纪中叶，罗马人征服了马其顿人统治下的希腊，后来发展建立统一的罗马帝国。到公元1~2世纪，罗马帝国的鼎盛时期，版图西起西班牙、不列颠，东达幼发拉底河上游及今日亚美尼亚，北迄多瑙河与莱茵河，南至非洲北部。在这片辽阔的疆域里，罗马人在传播希腊文明的基础上，确立了罗马文明。尽管除去建筑和雕刻之外，罗马文明中的文化艺术和科学技术都不及希腊文明，但罗马文明对后来政治经济文化确实有一定影响。[2] 罗马为其所征服的欧洲部分不仅带来了希腊人始创的文明，也注入了自己的贡献。比如，《罗马法》不仅是迄今所知的第一部成文法，也是后世资本主义各种法规的基本精神来源。在它当时覆盖的欧洲范围内，罗马文明推进历史的作用是明显的。农业发达的地区有西班牙、高卢（今法国）和多瑙河流域，人们种植葡萄、橄榄和粮食。手工业在高卢和莱茵河一带比较发达。在达西亚（今罗马尼亚），采矿业和冶金业也兴盛

---

① 《不列颠百科全书》（中文版）第6卷，中国大百科全书出版社，1999，第158页。
② 《世界文明史》第1卷，商务印书馆，1995，第286、332页。

起来。城市的发展也很快，像今天英国的伦敦，法国的里昂，德国的科隆、特里尔，荷兰的马斯特里赫特，奥地利的维也纳，塞尔维亚的贝尔格莱德，当时这些城市的建设，都带有典型的希腊、罗马建筑风格。

也正是在罗马帝国最强盛的时期，后来在精神上统治了整个欧洲，乃至影响了世界的宗教——基督教开始兴盛起来。基督教起源于被罗马吞并的犹太人国家巴勒斯坦。基督教的教谕特别适合于贫贱的下层劳苦群众，他们从天国中看到了一种在尘世看不到的希望的信息。随着罗马帝国的政治经济状况不断恶化，信奉基督教的人越来越多。罗马皇帝君士坦丁于公元 313 年颁布《米兰敕令》，宣布承认基督教合法后，基督教很快成了帝国的官方宗教。到公元 4 世纪中期以后，基督教已扩展到帝国范围之外，在多瑙河畔的哥特人中扎下了根。进入中世纪，整个欧洲已属于基督教不同教派的控制之下。

"什么是'欧洲'？这个问题引发了许多争论，但多年来没有形成共识。欧洲北部、西部或南部的边界不存在争议，而东部边界则总是引发争论。"① 当然，欧洲的形成是一个漫长的历史过程。距今两千年前，人们头脑里还没有今天的"欧洲观念"，更谈不上"东欧"与"西欧"的区分。但是，通过回顾上述历史，通过对欧洲文明的追根溯源，不难得出一个结论：不管任何意义上的东欧和西欧，从整体上来说（意思是说有的国家除外），今天都属欧洲文明，其源头是希腊文明和罗马文明。

东欧西欧文明分流　其实，在欧洲这片土地上，真正隐含东欧和西欧这个历史文化概念的时代，还是要追溯到罗马帝国时期。因为罗马帝国最后分裂成西罗马帝国和东罗马帝国，两个罗马帝国不仅在地域和历史跨度上有明显的差异，而且使来自同一个源头的欧洲文明也产生了差异。更有意思的是，这些差异与我们今天面对的东欧和西欧有着相当的重叠之处。因此，探讨一下这段历史沿革，可能更有助于了解欧洲的分与合以及欧洲今天的重新整合。那么，罗马帝国分裂成东、西罗马帝国后，它使日后的

---

① 弗雷泽·卡梅伦：《大欧洲》（Fraser Cameron, *The Wider Europe*），http：//www. theepe. net/ 10 June 2003。

东西欧文明中产生了哪些差异呢？

第一，民族、国家的发展道路不同。罗马帝国是在武力征战的基础上维持统治的，长期战争使帝国在虚假繁荣中陷入内外交困。到公元3世纪后期，单一元首制已无法维持整个罗马帝国的统治，不得不实行分区管理，与此同时，帝国的重心也开始东移。公元4世纪末，罗马帝国正式分为两部分：西罗马帝国和东罗马帝国。[①] 在"蛮族"[②] 大规模入侵过程中，西罗马帝国于公元476年灭亡。东罗马帝国直到1453年才为奥斯曼土耳其人所灭。

西罗马帝国灭亡了，后来在这片土地上，公元7世纪末曾建有查理曼帝国。被称作"罗马人皇帝"的查理曼，凭借武力建成庞大帝国，将今日西欧、中欧大陆的绝大部分纳入管辖之内。帝国疆域西邻大西洋，东到易北河、多瑙河，北靠北海、波罗的海，南到地中海。但是，查理曼一死，帝国就分裂了。公元843年，《凡尔登条约》将帝国分成三部分，也就是今天法国、德国、意大利的雏形。10世纪，还是在这片土地上，德意志国王奥托一世创建"神圣罗马帝国"，它的疆域包括德意志、捷克、意大利，还到荷兰、瑞士一带，并常向东扩张，掠夺斯拉夫人的土地。神圣罗马帝国虽然名义上直到19世纪初才被拿破仑所灭，实际上从13世纪末起，帝国就分裂成众多割据的小国。不管查理曼帝国还是神圣罗马帝国，都未能维持一个统一的帝国，都没有实现恢复罗马帝国的美梦。被众多河流和山脉所分割的西欧地区，不仅不利于一个统一的帝国实施统治，反而更有利于使用某种语言的一个民族，沿着古希腊城邦体系的思路，依靠山水天然屏障建立自己的民族国家。正是在这种基础上，民族国家最早孕育于中世纪的西欧，形成于近代西欧。也正是在西欧，民族国家在资产阶级同封建贵族的多轮搏斗中成熟起来，逐渐演变成近代西方民主体制国家。

而在与西欧相望的、处于欧亚平原的东部欧洲，在西罗马帝国灭亡之后，仍然在东罗马帝国治下度过了一千年。拜占廷帝国虽然有过辉煌的历

---

① 东罗马帝国亦叫拜占廷帝国，因首都拜占廷而得名，中国史书上称为大秦。拜占廷即今日伊斯坦布尔。

② "蛮族"是古希腊和罗马人对当时北方民族的蔑称，主要指日耳曼人、哥特人等。

史，但东欧而后又沦落于奥斯曼帝国治下。与此同时，一个新兴起的沙俄帝国也开始参加对东欧地区各民族的奴役与掠夺。在这些野蛮、残忍的帝国的反复蹂躏之下，欧洲东部地区的各个民族大多数未能在压抑下得到张扬性的发展，它们没有能够像西欧地区的法兰西、盎格鲁－撒克逊、德意志和意大利等民族那样强盛起来，只能成为弱小的受压迫民族。因此，它们在此基础上组成的民族国家，也只能是难以成熟的弱小国家。

第二，社会经济发展西快东慢，物质文明水平差距拉大。民族和国家的发展，促进了西欧地区经济上的发展。西欧地区遍布河流，面向海洋，这种优越的自然地理条件有利于商业往来和形成经济中心，有助于培育西欧年轻的资产阶级海外扩张的特性。在以武力为后盾的政治经济扩张野心的不断刺激下，西欧的航海技术、军事技术又推动了整个科学技术的全面发展。世界近代史上的西欧列强正是这样兴盛起来的。与此相对应的是，东欧地区的内陆国家大部分长期处于异族帝国统治下，地理条件的差异和帝国的限制，使封闭、保守、落后成了它们的共同特点。当西欧资本主义兴盛的时候，东欧国家的经济却难以发展，长期处于落后的农耕时代。拿城市发展来说，早在15世纪末，西欧的巴黎、那不勒斯、米兰、威尼斯的居民就超过了十万，伦敦、科隆、安特卫普、里昂、里斯本的人口都在五万人左右；而在东欧，直到18世纪初，一些主要国家首都的人口才不过三至五万。[①] 进入近代以后，东西欧之间物质文明水平差距越拉越大。

第三，东西欧宗教文化的分野。西罗马帝国灭亡以后，为了争夺势力范围，原已分属东西两个教区的基督教世界互不相让，欧洲西部以"普世性"自许，称"公教"，即天主教（拉丁文明）为主，东部以"正宗"自居，称"正教"，即东正教（拜占廷文明）为主，竞相要取得东欧斯拉夫人的信仰。从8世纪到10世纪，今日东欧地区的捷克、波兰、匈牙利、克罗地亚和斯洛文尼亚等民族，接受了拉丁文明，归属了罗马天主教。到13~14世纪，波罗的海的爱沙尼亚人、拉脱维亚人和立陶宛人[②]也加入

---

① 〔英〕杰弗里·巴拉克勒夫主编《泰晤士世界历史地图集》，三联书店，1982，第144页。
② 1387年，为了继承波兰王位，立陶宛公国——欧洲最后一个不信教的国家皈依天主教。

了这个行列。但在这个时期里，拜占廷文明的东正教却打开了一个比其余欧洲地区合起来还要大的教区：公元 988 年，俄国大公接受洗礼皈依东正教。同时，塞尔维亚、保加利亚、黑山、马其顿和罗马尼亚也选择了东正教。① 另外，在奥斯曼帝国统治下，阿尔巴尼亚和波黑的部分斯拉夫人被迫放弃了基督教，转而信奉伊斯兰教。此时的基督教大分裂，与西欧中世纪的黑暗和拜占廷文明的兴盛直接有关。在当时的东正教信徒看来，西欧的日耳曼人、法兰克人、盎格鲁－撒克逊人简直就是粗鄙的野蛮人，是一群由腐败的主教所领导的文盲及暴乱的俗辈。1043 年，迈克尔以拒绝听命于罗马教皇为条件接任东正教君士坦丁堡教宗职务。1054 年罗马教皇利奥九世去世后，基督教正式分裂。

如果从宗教文化的分野来看，今天意义上的东欧和西欧，情况很不一样。在西欧，尽管到 16 世纪又经历了宗教改革，出现了"新教"与"旧教"之分，但以基督教教义和思想为主的文化属性没有太大差异，应当说，整个西欧还是一体的。但在东欧就不一样。不同的民族和国家，大致分属西欧天主教拉丁文明、东正教拜占廷文明、伊斯兰教文明等三种文明，这三者之间的区别就太大了。

从这段东西欧文明的历史回溯，可以得出一个简单的结论：东西欧文明同源不同流。如果同意这个结论，从地理概念和历史文化概念上讲，对于"回归欧洲"这个提法就不好随便地呼应了，因为其中有不少值得推敲的地方。从地理概念讲，本来就谈不上"回归"，因为没有人说东欧不属于欧洲。从历史文化概念讲，首先，逻辑上就不通。东西欧文明同属欧洲文明的两个支流，其源头都是希腊文明和罗马文明，如果笼统地说东欧"回归欧洲"，等于确认西欧文明才是欧洲文明的正统。其次，即使东欧"回归欧洲"，从宗教文化角度讲，也难以相信东欧的东正教徒和伊斯兰教徒能够"回归"西欧的基督教。最后，俄罗斯也应当属于欧洲文明的一部分，如果"回归欧洲"成立，不管是东欧还是西欧，都应当同意接纳俄罗斯"回归欧洲"，但是，它们谁也没有表现出这种热情。因此，"回归欧

---

① 威尔·杜兰：《世界文明史》第四卷《信仰的时代》，东方出版社，1999，第 750～751 页。

洲"的提出，有东西欧之间的历史情结问题，不过，这只是一部分，甚至不是主要部分。那么，应该怎样看待"回归欧洲"的真实含义呢？

二 "回归欧洲" 的真实含义

东欧与西欧的概念划分是历史的产物。在漫长的历史演变过程中，人们得出了东西欧的地理概念和历史文化概念。在谈到"回归欧洲"时，既然地理概念不是动因，历史文化概念也只是部分起作用，那就切忌忘记东西欧分界还有一个政治概念。这个政治概念是在第二次世界大战末期酝酿，在大战结束之后的东西方冷战中形成的。战争结束时，美国和苏联以它们各自的实际军事占领区为界，先是德国被分成东德和西德，接着欧洲就分成了东欧和西欧。在国际政治术语中，人们习惯于将欧洲西部的资本主义制度国家称为西欧，将东部社会主义制度的国家称为东欧，欧洲成了以美国为首的西方联盟与以苏联为首的东方联盟对抗的阵地。这就是东欧和西欧政治概念的来由。也正是这个政治概念上的东欧与西欧，成了"回归欧洲"的最直接动因。

首先是政治制度的选择 历史上，东欧地区长期就是各个帝国侵略、掠夺和控制的对象。在各个帝国长期的东西方争夺中，东欧地区要么成为向外扩张的跳板，要么成为防御进攻的牺牲品。第二次世界大战后又被强制性地纳入与美国对抗的苏联势力范围近半个世纪之久。东欧地区的民族性得不到张扬，人民生活得不到改善，民族自尊在压抑下受到伤害，国家主权受到削弱，毫无国际地位可言。为了摆脱苏联控制，东欧国家在战后几十年里有过多次尝试，直到1989年的政治剧变。[①]

1989年的东欧政治剧变，首先改变了东欧地区民族和国家的精神面貌和政治制度，随着两个德国的统一和苏联的解体，东西欧之间版图上存在几十年的政治分界线被彻底抹去了。其实，"回归欧洲"的呼声，最初只是东欧人对未来的向往和对过去的憎恨这两种感情的宣泄。在经过最初的

---

① 20世纪50年代的波兰、匈牙利事件，60年代的捷克事件，都应当是这种尝试。

几度近乎疯狂的宣泄之后，他们才对弗朗西斯·福山的"历史的终结"论作出理性的回应。福山强调，作为一个统治体系的自由民主的正统性，正在成为世界共识。自由民主可能形成"人类意识形态进步的终点"与"人类统治的最后形态"，构成"历史的终结"。①而欧洲正是西方自由民主的正统代表，是西方自由民主的发源地。既然自由民主制度是人类的最终社会形态，东欧人做出了政治上的选择，摒弃了苏联式的社会主义中央集权制，确立了欧洲的议会民主制；摒弃了社会主义的单一计划经济管理体制，选择了欧洲的市场经济管理体制。正是在这种政治背景下，"回归欧洲"成了推动东欧国家向西欧民主政治转型的有力口号。

然后是安全方面的考虑　东欧剧变后不久，原来维系苏联东欧集团的华沙条约组织和经互会就不存在了，历来只有依附于大国卵翼之下才有安全感的东欧弱小国家，好像一下子掉进了真空地带，四周茫茫，无所依托。来自两个方面的安全问题迫在眉睫。

一是东欧国家自身的安全问题。东欧地区历史上民族宗教问题复杂多变，多次战乱又遗留下许多边界领土争端。比如，罗马尼亚与匈牙利、捷克与斯洛伐克、阿尔巴尼亚与南斯拉夫之间的民族问题和领土问题，过去被东西方两大集团的对抗局势所掩盖，如今无所约束，民族宗教冲突像开闸洪水一样来势汹涌。特别是在巴尔干地区，民族宗教冲突不仅分解了南斯拉夫，还导致了战乱。东欧国家虽然也想通过谈判和缔约自己解决问题，但因为问题复杂，积重难返，不可能完全自己解决，又害怕问题激化难以收拾，因此寄希望于参加欧洲现存两大国际机构北约和欧盟，以求东欧的安全和稳定。

二是担心外来威胁。东欧历来是东西方大国争夺的"软腹"，特别是波兰，近代以来曾三次遭到瓜分。如今，德国和奥地利已在北约和欧盟的管束之下，尽管东欧人仍对统一后的德国心有余悸，但来自这方面的威胁毕竟是出于对过去的回忆，并不是现实。东欧国家担心的是来自俄罗斯的

---

①　弗朗西斯·福山:《历史的终结》，载〔美〕《国家利益》季刊，1989年夏季号（Francis Fuknyama, "The End of History?" *The National Interest*, Summer 1989）。

威胁。东欧剧变和苏联解体以后，俄罗斯成为欧洲唯一不受盟约约束的大国。根据历史教训，东欧国家更是害怕这个过去的"家长"对自己"离家出走"的行为实施报复或惩罚。东欧国家认为，面对俄罗斯的威胁，只有北约和欧盟主观上愿意、客观上有能力使自己获得足够的安全。因此，必须回归以北约和欧盟为代表的欧洲。

当然，"回归欧洲"的提出，还包含着东欧国家对欧盟的经济利益的需求和期盼。这就是说，东欧国家以参加北约和欧盟为主要内容的"回归"言行，不是什么简单的历史文化情结问题，而是东欧人夹杂着历史文化情结的政治情感的宣泄和政治目标的表达。

三 "回归欧洲"以后

北约和欧盟的扩大并不是到此为止，"回归欧洲"也不能说业已完成，因为还有东欧国家在为入盟而努力。但这次有如此多的东欧国家同时加入北约和欧盟，应该说是东欧剧变以来"回归欧洲"的一大成功。无论是对欧洲还是对世界来讲，它的影响都不可低估。

对北约和欧盟两个联盟来说，这是一次最大的精神肯定。从东欧剧变到现在，在"回归欧洲"行动中，北约和欧盟都先后接纳了十个新成员国。北约的势力范围扩展到从波罗的海到黑海的广大地区，欧盟的势力范围扩展到波罗的海和地中海中东部。两个联盟同时东扩产生了共振效应：无疑是向世界证明北约和欧盟不可替代的国际地位和作用，以及在后面支撑它们的西方自由民主原则的吸引力。它等于驳斥了自华沙条约组织解散后对北约必要性的种种质疑，并为北约从大西洋化到全球化、从纯军事化到政治化的转变提供了实证支持。它也表明，在欧盟发展过程中扩大与深化这一对矛盾不只是起阻碍作用，尽管谁也说不清未来的大欧洲是什么样，但它毕竟向世界展示了大欧洲以它合适的形式出现的可能性。而对刚入盟的新成员国来说，它们借此实现了"回归欧洲"的政治目标，使国家政治制度在向西方自由民主转轨的基础上进一步稳定。它们不仅从北约和欧盟获得双重安全保证，从欧盟获得经济利益，还以新盟友的崭新面孔出现在各种各样的国际舞台上。当然，通过东扩实现的"回归欧洲"给两个联盟带来的不只是正面效应，联盟内部会因新成员的不同情况带来新的问题和麻烦，比如利益分配和经费开支问题，内部机制改革问题，等等。不过，就目前来说，这些"内忧"还远不及"外忧"来得快。两个东扩，实实在在地影响了欧盟与俄罗斯、俄罗斯与美国、美国与欧洲之间在欧洲的大三角关系。

欧盟与俄罗斯 俄罗斯同欧盟成员国签订有"伙伴与合作协定"。欧盟这次东扩的十个国家中，有七个是原苏联的盟国或加盟共和国，俄罗斯同它们有较密切的经济关系，特别是像波兰、斯洛伐克等。俄罗斯一直担心，东扩后这些国家要实施欧盟的统一关税，俄罗斯的经济利益会受到损害。俄罗斯向欧盟要求补偿，正式提出"保护俄经济利益"的十四点建议，其中包括提高俄出口欧盟的钢材、粮食配额，扩大优惠范围等，并且提出将公民签证便利①和支持加入世贸组织一并解决。不然，将不同这些国家签署"伙伴与合作协定"。欧盟在表示愿同俄罗斯讨论各种问题包括东扩带来的负面影响问题的同时，坚持认为欧盟的"历史性扩大将拉近欧盟与俄罗斯的距离"，拒绝俄罗斯为与新加盟国家签署伙伴协定提出先决条件，并威胁对俄进行制裁。

但俄罗斯对"拉近距离"的感受是另一番滋味。俄罗斯早就像东欧国家一样表示要"回归欧洲"，但一直得不到热情的回应。现在，对俄罗斯怀有特殊离异情绪的东欧国家已经"回归"，欧盟将势力扩展到俄罗斯门前，有了共同边界。如果与北约东扩到门前，也有了共同边界联系起来看，俄罗斯的紧张情绪和压力会徒增。不过，俄罗斯对欧盟东扩的反应总体上还是平静的。因为它意识到，俄罗斯的发展离不开欧盟，它也看到欧盟对俄罗斯的政策与美国有区别。因此可以说，对欧盟东扩，俄罗斯是在复杂心情中的平静反应。然而，对北约东扩就不一样了。

俄罗斯与美国 自从华沙条约组织解散以后，俄罗斯对北约一直高度

---

① 俄罗斯的加里宁格勒因波罗的海三国和波兰加入欧盟成了俄罗斯在欧盟的一块"飞地"，如果实行欧盟的签证制度，将对来往于俄罗斯与"飞地"之间的公民极为不利。

警惕。它也曾作过加入北约的试探，希望能汇入"回归欧洲"的潮流中去，一旦无望，即历数北约不应该继续存在的理由，并坚决反对北约东扩，特别是反对原苏联的盟国、加盟共和国和独联体国家参加北约。1999年，北约不顾俄罗斯的反对接纳了波兰、匈牙利、捷克，俄罗斯在无奈中转而同北约提升关系，希望通过建立新型合作关系扭转俄罗斯面临的安全困境，但坚持认为北约东扩是一个错误。

北约进一步东扩是美国坚定不移的全球大战略方针。美国已经意识到，其全球战略要想得到落实，不仅不能依靠联合国，也不可能依靠欧盟，只有依靠在自己控制之下的北约才有可能，它必须接纳更多的新盟友。从这个意义上说，北约的不断扩大，也不是完全针对俄罗斯的。但是俄罗斯的的确确感到了安全方面的威胁。现在，俄罗斯不仅同北约有了直接的军事边界，而且，北约已决定在边界一侧加强军事设施和增派军力，是否部署非常规武器也成了令俄罗斯担心的问题。使俄罗斯更不安的是，北约的东扩还没有结束，还有乌克兰和高加索、中亚地区的原苏联加盟共和国也要求加入北约。所以，俄罗斯认为北约东扩是对俄的现实威胁，无助于欧洲安全，只能增加不信任感。可见，在"回归欧洲"中实现的北约东扩，帮助美国进一步围堵了俄罗斯，东欧国家在东扩中有了安全感，俄罗斯却丧失了安全感。俄罗斯调整军事战略部署，增强军事防御能力势在必行。

美国与欧洲 关于欧美分歧，西方学者这几年说得已经够多了。查尔斯·A. 库普骞认为，下一次文明的冲突将不是在西方和非西方之间，而是在美国和欧洲之间。他预言，欧盟将不可避免地成为美国的主要竞争对手。弗朗西斯·福山认为，美欧在世界观上将出现鸿沟，导致西方分裂。罗伯特·卡根将美国人描绘成来自火星，欧洲人来自金星，认为他们几乎没有共识，将会越来越不理解对方。而最近，关于美欧利用北约和欧盟相互较劲的评论也不断见诸报端。[1] 当北约完成这次最大规模的东扩，俄罗

---

① 〔美〕《世界政策杂志》2003 年秋季号文章《跨大西洋的愚蠢行为：北约与欧盟相互对立》（David P. Callo，"Transatlantic Folly：NATO vs. the EU"，*World Policy Journal*，Fall 2003）。

斯正焦躁不安的时候，德国和法国首脑相继出访莫斯科，有人说是去"安慰"俄罗斯，有人说是为了抵消北约东扩的影响，显示欧洲人自己团结的信心。[1]

北约和欧盟东扩，如果从"回归欧洲"这个角度来看，目标应该说是一致的。无论北约还是欧盟都是为了实现西方的自由民主价值观，在东欧国家推行民主化和市民社会化。这次东扩北约和欧盟的新成员大幅重叠也说明了这一点。北约和欧盟是战后西欧稳定发展的两大支柱。北约提供了军事安全，欧盟提供了经济基础，两者合起来构成了西欧的政治稳定。但是，冷战结束以后，由于美欧之间在理解自由民主价值观和推行自由民主制度以及许多具体问题上产生了深刻的分歧，为了保障自己的战略主张得到有效实施，美国竭力弥补北约的政治属性，欧洲竭力弥补欧盟的军事属性。这样，北约和欧盟在不知不觉中就滋长了一种新的功能，即分别成为被美国和欧洲用来向对方施加影响和压力的工具。这是今后研究美欧关系时需重视的一个观察点。

〔周荣耀，中国社会科学院世界历史研究所研究员〕

（本文始发于《国际经济评论》2004 年第 3 期）

---

[1]　罗尔·芒德维尔：《巴黎与莫斯科之间的融洽关系》，载〔法〕《费加罗报》2004 年 4 月 5 日（Laure Mandeville, "Les relations entre Paris et Moscou au beaufixe," *Le Figaro*, Lundi 5 avril 2004）。

民粹派组织"土地与自由社"分裂的原因

部彦秀

"土地与自由社"是俄国近代史上有名的革命民粹派组织，曾开展过广泛的反抗沙皇专制统治的革命斗争，被列宁称为"我们大家应当奉为模范的出色的组织"。[①] 它成立于 1876 年，正是民粹派运动处于高潮时期，俄国人民与沙皇统治阶级之间阶级矛盾空前尖锐之际。但是仅过了三年，在 1879 年，土地与自由社就公开分裂为"民意党"和"土地平分社"两个民粹派组织。是什么原因造成的呢？弄清这一问题，对深入研究民粹主义运动和俄国第二次革命形势大有裨益。

迄今我们尚未见到专门论述土地与自由社分裂原因的文章。有的史书和文章虽然涉及这一历史事实，观点上也不尽一致。著名的土地与自由社成员 М. Ф. 弗罗连科说，土地与自由社之所以分裂，主要是因为有新成员加入该组织；[②] 有的苏联史学家认为，土地与自由派对待个人恐怖活动态度的分歧，导致了土地与自由社组织的彻底分裂，[③] 有的则坚持对于政治斗争必要性的不同认识，是土地与自由社分裂的根本原因。[④]

---

① 《列宁全集》第 5 卷，人民出版社，1959，第 444 页。

② 《往事》（Ъылос）杂志，1906 年第 12 期，第 25 页。

③ М. Г. 谢多夫：《革命民粹派的英雄时期》（Александр Александрович Андронов, Геройческий период революционного Народничества），莫斯科，1966，第 152 页。

④ В. В. 希拉科娃：《关于民意党活动的评价问题》（хилакова, вопрос об оценке деятельности общественного мнения），载《历史问题》（Вопросы истории）1959 年第 8 期，第 50 页。

以上说法，似乎都有些道理，然而都没有说出问题的实质。我们认为，土地与自由社的分裂，有着深刻的政治经济背景，具体来讲，是该组织成员对当时俄国社会现状和革命形势的认识不同，导致观点和行动上分歧，最后造成组织上的分裂。

一

俄国资本主义发展比英、法等西欧老牌资本主义国家起步晚了许多年。再加上俄国 1861 年农奴制改革极不彻底，以致到 19 世纪 70 年代，封建农奴制的剥削形式——工役制在俄国依然存在。但是，改革毕竟摧毁了自给自足的自然经济，破坏了封建主义的经营方式，为资本主义工业、农业和商品货币经济的发展扫清了障碍，使俄国进入了资本主义发展时期。[①] 19 世纪 70 年代末，俄国社会经济、政治发展处于严重不协调和矛盾状况：进步的资本主义经济与落后的农奴制残余工役制并存；被压迫人民群众与代表地主、资本家利益的沙皇统治阶级之间的阶级矛盾尖锐到了公开冲突的程度。结果，70 年代末俄国出现了解放运动史上第二次革命形势（1879～1880 年）。这次革命形势的重要特征是，一个新的阶级——俄国无产阶级投入了反抗沙皇专制暴政的革命大军。

如何看待客观存在的这一现实？采取怎样的态度和对策？是民粹派组织土地与自由社的每一个成员都必须认真进行思考和做出回答的重要课题。

资本主义在自身发展的同时，也为自己造就了掘墓人——无产阶级。随着资本主义工业的发展，俄国工人阶级队伍迅速壮大。资本主义发展造成的农村阶级分化，为无产阶级提供了充足的后备军，使俄国工人阶级的人数得以迅猛增加。从 1861 年到 1881 年的 20 年间，俄国仅产业工人就增加了一倍，达 66.8 万人。[②]

---

① 详见梁士琴科《苏联国民经济史》第 2 卷《资本主义》第 1～4 章，人民出版社，1954。
② 潘克拉托娃：《苏联历史》第 2 卷，三联书店，1980，第 447 页。

俄国工人阶级在政治上受压迫、经济上受剥削的程度，同欧洲各国相比都是最为惨重的。当时俄国工人的劳动强度大，劳动和生活条件极差。工厂主动辄对工人实行罚款，克扣工资；工厂里没有任何劳动保护和保健设施，恶性事故经常发生，工人死亡率高；工人的居住条件极差，他们或是几十人拥挤在一间双层床铺的集体宿舍里，或是两三家同住在一间小屋里。

残酷的资本主义剥削激起广大工人的不满和反抗。为改善劳动条件和经济待遇，工人同资本家和反动当局展开了斗争，19世纪70年代末出现了罢工高潮。在斗争中工人们除了要求增加工资、改善经济状况外，同时还提出了一系列政治要求。但是，工人们的要求却屡屡被当局和工厂主拒绝，这恰恰从反面教育了工人，加速了工人的觉醒。工人们表示："如果我们的这些正义要求得不到满足，我们就将懂得，我们不再指望任何人，谁也不会保护我们，我们应当依靠自己，依靠自己的双手。"①

19世纪70年代末，俄国出现了一些比较严整的工人组织，这是俄国工人运动的重大进步，标志着工人队伍组织程度的提高。尤其是"俄国北方工人协会"的建立，具有非常重要的政治意义。该协会1878年底成立于俄国首都彼得堡，其组织者和领导人是著名的俄国工人革命家C. H. 哈尔士林和 B. П. 奥勃诺尔斯基。北方工人协会比1875年在敖德萨成立的"南俄工人协会"在政治上更加成熟。南协认为工人"应从资本和特权阶级的压迫下解放出来"，但主张不是现在而是"将来同现存的经济和政治制度进行斗争"。"俄国北方工人协会"在组织纲领中则明确提出自己的奋斗目标是"推翻国内现存的政治经济制度"，② 指出"这个制度极不公平"。纲领强调了"工人等级"在整个社会生活中的重要性，教导工人说："你们身上蕴含着国家的全部力量和全部意义。你们对此认识尚模糊，而且你们没有组织，没有指导思想，更没有协同一致地打击敌人所必需的道义方面的支持。而我们——北方协会的工人组织

---

① 涅奇金娜：《苏联历史》（Нечкина, М. В, ИСТОРИЯ СССР）第2卷，国家政治文学出版社，1949，第641页。
② 《世界历史选编·英法德俄历史，1830～1917年》下册，商务印书馆，1972，第355页。

者，将向你们提供指导思想，将为共同利益给予你们道义上的支持，同时提供你们所需要的组织。"[①] 北方工人协会在纲领中还提出言论自由、出版自由、集会自由的政治权利，要求取消等级和特权，缩短工作时间，禁止使用童工，等等。这是历史上俄国工人阶级第一次明确为自己提出政治权利和政治自由的要求。更为可贵的是，北方工人协会把自己的斗争同国际无产阶级的斗争联系起来。他们在组织纲领中指出，俄国工人阶级肩负着艰巨的历史任务，要以西欧先进工人为榜样，与他们搞好团结协作。纲领号召说："我们的西方兄弟已经举起解放千百万人的旗帜，我们一定加入他们的队伍，同他们携手前进，像兄弟一样团结，形成一支伟大的战斗力量。"

俄国北方工人协会在彼得堡每个大的工人区都有分支组织，正式会员有200多人，绝大多数是工厂工人，还有相当多的热情支持者。会员们用各种方式在工人中开展宣传教育活动，组织和参加罢工斗争，散发革命传单，开办秘密印刷所，创办机关刊物《工人曙光》报。这是俄国历史上第一张以自己的组织名义出版的工人报纸。北方工人协会的革命活动，对俄国工人在政治上的成长和提高起了重要作用，为后来俄国工人运动的进一步发展，为建立更完善、更高级的工人组织奠定了思想和组织基础。

组织起来争取生存权、争取人权的俄国工人阶级，对沙皇政府构成了严重的威胁。沙皇统治阶级终日惶惶不安，惊叹19世纪70年代的工人组织"具有十分新鲜而极其严重的性质"。罢工者提出的许多要求和表现出来的斗争坚决性，在俄国工人运动中是空前的。

19世纪70年代末，俄国农民运动同蓬勃的工人运动相比显得涣散和缺乏生气。农奴制改革后，资本主义经济关系的确立，资本主义商品货币经济的发展，加速了农民的分化与破产，同时也为成千上万破产的农民提供了就业、谋生的机会。农奴制改革后，至少有400万无地的农民加入了手工业者和工人的行列。这时，民粹主义运动初期被革命家奉为"天生的共产主义者"的农民群体已经不复存在。他们早已分化为富农阶级和贫农阶级——农村无产阶级。

[①] 涅奇金娜：《苏联历史》第2卷，第643页。

国内形势的发展，社会阶级结构的变化，工人阶级的成长和政治上的觉醒，特别是工人运动给整个社会运动带来的鲜明政治性，使民粹派革命家所信奉的"农民社会主义"的理论体系受到了强烈冲击，客观上促进了一部分土地与自由社成员的思想认识发生了变化，使他们产生了克服轻视政治斗争的错误倾向的要求。这就在土地与自由社成员之间引起了思想认识的分歧，进而从根本上动摇了土地与自由社组织的稳固性。

工人阶级在整个国家政治生活中所起的作用越来越大，逐渐成为反抗沙皇专制政府革命大军中的一支骨干力量。这一新的动向，受到土地与自由社中部分活动家，即以 А. Д. 米海洛夫、Л. 吉赫米洛夫、Н. 莫洛佐夫为代表的所谓政治派的极大关注。他们在新的革命形势鼓舞下，受到工人阶级英勇斗争的教育和启发，思想观念和对事物的看法发生了重要变化。

第一，政治派在社会实践中深深感到工人阶级在反抗沙皇专制制度的斗争中所起的重要作用，从而改变了他们原来认为农民是社会主义革命主导力量的观点。虽然当时他们还未能从阶级立场和世界观的高度真正理解工人阶级所肩负的历史使命，但他们以革命家特有的敏感性，透过工人有组织的英勇无畏的斗争，发现工人是改造社会和推翻沙皇专制制度的革命主导力量。他们确信，城市工人"无论就其所处的地位、还是就其政治上比较开展来看，对革命都有着特别重要的意义"。[1] 由于工人在经济上受残酷的压榨与剥削，在政治上毫无权利，这就决定了"他们是人民利益的真正代表者"，[2] 使工人在人民群众中有重大影响和带动作用。因此，群众性的革命起义能否发动起来，成功与否，工人的向背至关重要。他们认为"如果能得到工人的充分支持，以致能在起义时，关闭工厂，激励群众走上街头，那就能够保证取得一半的成功"。[3]

第二，政治派认识到政治斗争的重要意义，摒弃了轻视政治的偏见。全国各地工人组织发起的直接的政治进攻，给沙皇统治集团以沉重打击，迫使统治者采取了一些让步措施。工人的斗争实践使政治派认识到，他们

---

① 兰州大学历史系编《苏联历史》1983 年第 1 期，第 67 页。
② 兰州大学历史系编《苏联历史》1983 年第 1 期，第 67 页。
③ 兰州大学历史系编《苏联历史》1983 年第 1 期，第 67 页。

原来那种只从事和平宣传，只考虑如何使人民在经济上获得自由和解放，不懂得政治自由与经济解放之间的密切关系，否认进行政治斗争的必要性，公然把推翻整个旧的专制制度的政治斗争放在次要的、从属地位的想法和做法，是非常错误的。其结果，使本来应当保护人民利益的国家权力，落在了人民的敌人之手。使沙皇统治者得以利用手中的权力，疯狂镇压革命，摧残进步势力，迫害革命者，用暴力维护违背人民意志的反动制度。所以，只有摒弃民粹主义轻视政治斗争、否认政治斗争必要性的传统观念，按照俄国北方工人协会纲领的精神去做，积极开展各项反政府的政治活动，才能狠狠打击反动的沙皇专制势力，鼓舞群众的革命士气，把所有有进步倾向的人都吸引到革命斗争中来，不断壮大革命力量，最后实现推翻专制制度的理想，并且随着政治上的解放，使人民的经济状况逐步得到改善。没有政治自由作保证，经济地位不可能得到根本改变。

政治派还提出对土地与自由社的纲领进行修改。在修改后的新纲领中，不应再片面强调土地革命，而要阐明政治斗争的意义和工人阶级在推翻反动政府斗争中的重要作用，强调"用人民政权来取代沙皇政权"、建立使人民成为国家主人的新的社会制度的必要性，使人民相信将来"不是政府官吏，而是人民自己决定通过什么途径获得幸福和自由"，[①] 等等。政治派指出，革命者面临的当务之急是发动工人"摧毁现今尚存的政府机构"，使人民摆脱现代国家的压迫，"实行旨在使政权归于人民的政治变革"。[②] 这里所说的"政治变革"即指政治革命。

第三，政治派主张撤离农村，把城市作为开展革命活动的主要舞台。随着俄国资本主义的发展，城市人口迅速增加。城市无论在工业、商业、政治、文化方面，都起着重要作用。因此，城市在人民开展解放斗争中的作用越来越明显。当时，除了彼得堡、莫斯科两个百万以上人口的大城市以外，基辅、敖德萨、哈尔科夫、里加、第弗利斯等城市，也发展成能够影响周围广大地区的政治、经济、文化中心，在俄国革命运动中

---

① 《马列著作编译资料》第 10 辑，人民出版社，1980，第 222、240 页。
② 《马列著作编译资料》第 10 辑，第 222、240 页。

发挥了重要作用。

鉴于上述情况，政治派认为在新的革命形势下，如果不适时转移革命运动的重心，继续把主要力量放在农村进行宣传鼓动，发动农民革命，显然是脱离了已经发展、变化了的斗争实际。因此，他们主张必须坚决果断地实行战略转移，撤离农村，把所有革命家集中到城市，支持和参加城市工人组织的活动，和工人一起进行推翻旧政府、摧毁专制制度的革命斗争。

政治派上述比较激进的观点与主张，开始时土地与自由社许多成员是难以接受的。当时，多数土地与自由社活动家思想比较僵化和守旧，对变化了的客观形势和新生事物反应迟缓，仍然按固有的观点来思考问题和判断是非。他们习惯了土地与自由社的旧纲领，主张沿着老路走下去。他们强烈反对政治派修改土地与自由社组织纲领的主张，认为这样做简直是离经叛道，是不能容忍的，坚信只有把"土地"和"自由"继续作为革命斗争的座右铭，才能"最充分、最深刻地表达人民的要求、期望和理想"。[1]他们认为只有农民革命才能推翻沙皇专制制度，农民是实现社会主义革命的主导力量。必须克服一切困难，发动农民革命。

持这种观点的人后来被称为农村派，其主要代表人物有著名理论家普列汉诺夫和活动家阿普捷克曼、波波夫。他们不顾越来越多的人承认了政治斗争重要意义的事实，仍然坚持从事政治斗争"是为他人作嫁衣"，"政治斗争只对资产阶级有利，人民和社会主义者享受不到政治斗争的胜利果实"的错误观点，说"饥饿和衣衫褴褛的俄国农夫不需要（政治）自由，如果在（政治）自由之前不先获得土地，不先成为经济上的独立者，他们便不能享受和保护（政治）自由"。[2]普列汉诺夫批评政治派不应该去发动工人搞政治斗争，说他们"走上政治斗争之路的弊病在于脱离群众（即指脱离农民）"。[3]农村派认为，对人民来说，"最迫切、最重要和最紧急的是

---

① В. Ф. 安东诺夫：《革命民粹派》（В. Ф. Антонов, Революционное народничество），莫斯科，1965，第 223 页。

② 《历史问题》1959 年第 4 期，第 66 页。

③ 安东诺夫：《革命民粹派》，第 225 页。

经济问题"。① "革命者对经济革命轨道的任何偏离，都会因其削弱与人民的联系，失去意义，降低在人民中的影响而受到惩罚。"② 活动家阿普捷克曼强调，对社会主义者来说，"争取政治自由的问题，在某种意义上说，是与他们不相干的事"。③

农村派对俄国工人阶级的历史作用和工人运动的意义很不理解。但是，此起彼伏的大规模罢工斗争，工人组织的不断增加，活生生的客观现实对他们的思想也有很大触动。所以，他们的思想是矛盾的，左右摇摆的。一方面不得不承认工人要求政治解放的愿望越来越强烈的事实，认为"现在，对俄国工人来说，解放，不仅是理论原则问题，而且成了他们革命实践活动的口号、大实话"。④ 另一方面他们又把政治与经济截然分开，认为政治斗争与民粹主义运动不搭界，声称"我们是社会主义者。我们的目的是破坏现存的经济制度，消灭经济上的不平等。我们确信，这种不平等是人类一切灾难的根源"。⑤ 他们批评工人把争取政治自由的要求放在斗争的第一位，认为随着经济上的不平等现象被消灭后，一切当权者造成和维护的人民贫困、愚昧无知、迷信与偏见，也会同时消灭。⑥ 农村派坚持认为"争取政治自由是资产阶级的事情，劳动群众应当是这件事情的旁观者"。⑦ 他们对待俄国北方工人协会的态度，也反映出这种思想情绪。他们欢迎这个工人组织的诞生，说工人问题不容忽视，却又不赞成工人的革命纲领。他们尚未认识到俄国北方工人协会的斗争和所提出的要求反映了包括农民在内的全国人民的共同利益，与他们自己，即与土地与自由社的目标是一致的。因此，作为革命家，农村派对工人的革命积极性和政治要求，不仅未给予热情支持和有力的配合，反而根据"农民社会主义"理论，说工人提出政治权利的要求是违背所谓"社会主义"精神的，甚至还

---

① 安东诺夫：《革命民粹派》，第 225 页。
② 安东诺夫：《革命民粹派》，第 225 页。
③ 涅奇金娜：《苏联历史》第 2 卷，第 621 页。
④ 谢多夫：《革命民粹派的英雄时期》，第 138、71、72、71 页。
⑤ 谢多夫：《革命民粹派的英雄时期》，第 138、71、72、71 页。
⑥ 谢多夫：《革命民粹派的英雄时期》，第 138、71、72、71 页。
⑦ 谢多夫：《革命民粹派的英雄时期》，第 138、71、72、71 页。

指责俄国北方工人协会纲领起草人，"对政治自由在被剥削者与剥削者之间的斗争中能起多大作用的问题上，耗费了过多的时间"，[①] 不该对这个问题"作过于绝对化的肯定的解释"[②]。这些无理责难，引起俄国北方工人协会领导人的不满，受到有力反驳。工人们说，"我们懂得，政治自由能够保证我们和我们的组织摆脱当局的专横，可以使我们更正确地发展自己的世界观，更有成效地进行宣传工作。所以，为保存自己的力量，为更快地胜利，我们就得要求这种自由"。[③]

二

农村派和政治派对19世纪70年代末国内形势认识的不一致，对下一步如何进行革命斗争看法的分歧，导致他们在具体实践活动上各行其是，严重影响了他们的团结与合作。

为消除分歧，统一认识，土地与自由社于1887年6月在沃龙涅什召开了两派代表参加的大会。会上，政治派首先提出修改组织纲领，主张把政治斗争的内容写入纲领，在继续对人民进行宣传的同时，开展政治斗争，把斗争矛头对准沙皇统治者，直接向政府宣战。他们还以给在斗争中牺牲的同志报仇为由，要求革命者投身到谋杀沙皇亚历山大二世和罪大恶极的政府官员，进而夺取政权的斗争。

普列汉诺夫等农村派不承认政治斗争会给人民带来益处，认为政治自由只对拥有动产和不动产的特权阶层——地主、商贾、工厂主有利，说政治自由将成为资产阶级讨伐、杀戮革命党人、社会主义者的口实。他们坚决反对搞恐怖活动，竭力说服政治派放弃自己的观点，不厌其烦地讲述坚持旧纲领、到农村进行革命宣传的必要性。

经过几天激烈争论，双方各执己见，最后不欢而散。沃龙涅什会议未能填平政治派和农村派认识上的沟壑，两派各自按照自己的主张去行动，

---

① 涅奇金娜：《苏联历史》第2卷，第644页。
② 涅奇金娜：《苏联历史》第2卷，第644页。
③ 涅奇金娜：《苏联历史》第2卷，第644页。

分歧越来越大。

农村派遵循土地与自由社的组织纲领，为把全国所有的土地拿来在全体农民之间进行平均分配，活动的重点仍然放在广大农村。主要内容是在群众中进行农民社会主义理论的宣传和鼓动。他们总结了以往宣传效果不显著的教训，认为主要是由于宣传家采取了游击式的活动方式，每到一个村子，还没等和农民熟悉起来，泛泛地讲一通就匆匆转移他乡。农村派决定继续巩固和加强农村的宣传点，准备在村里踏踏实实待上一两年，努力为农民办好事，让农民从具体实惠中感到革命家的真诚和善意，对宣传家产生信任感，或许过两三年后，发动农民革命的目标就会实现。然而大多数农民对他们宣传的"社会主义革命"的内容不理解，不感兴趣，农村派未达到预期的效果和目的。越来越多的人认识到，继续这样干下去是不会有什么大作为的。许多人提高了认识，转向了政治派。

农村派也曾试图在城市工人和青年学生中争取支持者。土地与自由社的早期宣传活动对工人的成长起过积极促进作用。可是，到了工人运动蓬勃发展的19世纪70年代末，情况就大大不同了。已经组织起来的工人迫切希望革命家能给他们讲些新的革命道理，对他们的斗争给予支持。但是，农村派仍把土地与自由社的老一套端给工人，让工人为农民获得土地去奋斗，力图把工人运动引向民粹主义运动的轨道，这完全违背了整个社会发展的历史规律，必然达不到他们预想的结果。广大工人对农村派的做法毫无兴趣。当时俄国工人虽然还没有彻底摆脱民粹主义的影响，但它的发展大大出乎知识分子革命家的意料之外，超越了民粹主义运动的范畴。当时有抱负的进步青年向往实干，渴望早日投入直接同政府做斗争的行列，对农村派全盘沿用旧纲领和喊了多年的空洞说教感到失望和厌烦。因此，农村派在工人和青年中是不受欢迎的，他们的思想在城里根本找不到市场。

农村派并没有从在农村和城市遇到的挫断中吸取教训，继续坚持自己的立场，同时坚决反对政治派的主张和做法，甚至给政治派设置种种障碍和困难，阻止政治派的活动和发展。例如，个别农村派的强硬分子，利用管理印刷所之便，不顾大多数排字工人的反对，坚决不准出政治派的文件。声称，只要他管理印刷所，就决不允许出一篇带有政治斗争倾向的文章，因为"政治自由只能促进俄国资产阶级的发展，给工人带来危害"。[1] 农村派中还有人严厉谴责政治派，并扬言要把对事业不适宜的人从组织中清除出去。[2] 农村派的种种做法，加剧了双方的意见分歧和感情上的隔阂。

政治派认为，在从事和平宣传时期，革命家凭着个人的智慧、热情和活动能力，完全可以开展活动。那时候，组织的统一指挥作用尚不十分突出。现在情况不同了，争取政治自由、争取政权的任务提上了斗争日程，再搞分散的个人奋斗已无济于事。必须建立集中统一、保守秘密、有严格纪律的组织，把大家的智慧和力量集中起来，才能进行有效的斗争，保证革命队伍有一致的目标、统一的行动，战胜强大的对手，也才能保证革命组织本身和所有革命活动家的安全。1878年底，О.纳坦松、А.奥勃列舍夫、Л.布拉诺夫等一大批活动家先后被捕，使土地与自由社组织受到极大损失与破坏。残酷的事实使政治派更加坚定了加强组织建设的信念，决心尽快建立更严密、更集中的组织，以对付沙皇当局的凶残镇压。于是，在1879年初，土地与自由社中持政治斗争观点的所谓"左翼"——米海洛夫、克维雅特科夫斯基、巴拉尼科夫、莫洛佐夫等人，成立起一个小组——土地与自由社执行委员会（也称社会革命党执行委员会），并首先开始在俄国南方活动。同时，他们为了对付沙皇政府的暴力，还专门组织了一个叫作"自由或者死亡"的战斗小组。它的主要任务是谋杀政府官吏。

政治派决定，由新成立的土地与自由社执行委员会行使中央机关的职能。在全国各地设立下属机构。因为"一个庞大的集团做到保密和逃避政府暗探的监视是非常困难的"。[3] 所以，他们强调各地的小组要独立开展各自的活动，中央组织通过适当与可靠的方法同地方组织保持必要的联系，但不包揽指挥全国的行动。根据这个原则，坚强、有战斗力的地方小组是至关重要的环节。政治派在巩固和加强执行委员会的同时，大部分执行委员会成员都深入各地，在每个大城市直至县，组建按政治派主张开展斗争

---

[1] 《往事》1906年第12期，第20页。

[2] 《往事》1907年第1期，第9页。

[3] 《历史学报》第67卷（Исторические записки），莫斯科，1960，第116页。

的战斗小组。他们提出,每个战斗小组组员要努力争取社会各阶层的信任,"以便在适当时候发动全国广大人民群众投入反抗政府的斗争"。

在政治派制定的执委会章程中,严格规定了执委会成员的条件:必须自愿将自己的整个生命和全部财产都无条件、无保留地交给组织支配的人,才有资格参加执委会;吸收一名新的执委会成员,需要三个人保举,而且被举荐者必须完全同意执委会章程。执委会成员要向组织发誓,对所了解的执委会章程的条文内容终生保密,事后如果不信守誓言,就以叛徒论处。章程还规定:一旦执委会成员被捕,在任何情况下都不得承认自己是执委会成员,还要竭力否认自己与执委会有联系,千方百计从案子中解脱出来。执委会选出三人组成管理委员会,负责处理日常事务性工作。执委会还任命一名秘书,负责保管组织文件和财务。此外,还选出若干人组成编辑小组,负责创办刊物。

执行委员会成员严格按照自己的纲领和章程,积极开展工作。最重要的一条是扩大自己的力量,他们千方百计吸引一切同情革命的人站在革命组织一边。他们还巧妙地参加到其他秘密组织中去,尽可能地扩大政治派的影响,同时设法把其他组织拉到本组织一边,至少是把别的组织活动纳入执委会纲领的要求。

按照执委会纲领的要求,政治派在开展活动中明确提出"使人民摆脱现代国家的压迫,实行旨在使政权归于人民的政治变革"的斗争任务,主张人民应普遍享有不受等级和财产限制的选举权;通过普遍投票方式自由选举产生立宪会议;把国家政权从沙皇统治者手中夺过来,交给立宪会议;设立常设的人民代表机构;实行信仰、言论、出版、集会和结社自由;把全部土地和大小工厂变成人民的财产,交给农民和工人使用;赋予被压迫民族脱离或者留在全俄联盟的自由权;等等。公开宣称,只有全部实行执委会纲领的各项条文,"才能保障人民在政治上和经济上的自由及其正常的发展"。①

---

① 中共中央马恩列斯著作编译局《马列著作编译资料》编辑部编《马列著作编译资料》第10辑,人民出版社,1980,第222~223页。

纵观政治派提出的纲领和所开展的实际斗争，表明他们已突破了土地革命的老框框，而把争取人民的政治权利、实现国家的变革、推翻专制制度作为奋斗目标。他们不仅关心农民的利益，而且反映了全国人民、所有被压迫民族的利益和要求。同土地与自由社原来的纲领和活动相比，显然是前进了一大步，具有更激进、更明显的政治色彩。

政治派的活动完全转移到城市，主要对象是工人和青年学生。他们不再像农村派那样到工人和青年中去争取到农村搞革命宣传的支持者，而把着眼点放在直接号召工人起来捍卫自己的权益。当时工人运动虽有很大发展，但工人群众尚未普遍发动起来。政治派针对一些工人还对沙皇抱有幻想的情况指出，沙皇和资本家、地主互相勾结，狼狈为奸，联合起来欺压劳动者。一旦农民起来反抗地主，或者工人造工厂主的反，"权力无上的沙皇就会立即出面，不分青红皂白，用枪把子和皮鞭对付反抗者"。努力培养工人的革命意识，启发他们积极支持和直接参加革命斗争。政治派号召工人加强团结与合作。因为分散的工人同资本家与政府的联合势力做斗争，难以取胜。工人只有组织起来，联合行动，才能对付实力强大的敌人，并且应当相信自己能够战胜反动政府，相信建立体现人民意志、代表劳动者利益的新社会制度的理想一定能实现。

上述思想和主张，直接与工人的斗争实际相联系，工人听起来比农村派宣传的、与工人生活不相干的农民社会主义理论更亲切，更容易接受。政治派的纲领与俄国北方工人协会纲领基本原则是一致的，符合广大工人和全国人民的根本利益。因此，赢得了以俄国著名工人革命家哈尔士林为代表的众多工人的赞同与拥护，仅在俄国南方，政治派就有大约两千名工人支持者。同时，政治派的纲领和革命主张，也受到许多立志推翻反动社会制度的进步青年的欢迎，就连那些处于观望、彷徨状态的青年学生，也对政治派的主张产生了兴趣，不少人被吸引过来，积极参加了政治派组织的各种活动。

上述史实表明，从1879年上半年起，在土地与自由社组织内渐渐形成了纲领、主张、活动重心、斗争方式不同的政治派和农村派。两者分歧的焦点逐步明朗化，前者看到俄国革命形势的变化，把革命斗争的重点移到了城市，斗争矛头直指沙皇统治者；后者则坚持土地与自由社原来的纲领，活动重心仍在农村，继续发动农民开展以平均分配土地为内容的经济斗争，依然轻视政治斗争。沃龙涅什会议使两派的分歧进一步表面化、公开化。会后不久，于 1879 年秋天，土地与自由社组织就彻底分裂为两个独立的民粹派组织：农村派组成了土地平分社，政治派组成了民意党。

[部彦秀，中国社会科学院世界历史所副研究员]

（本文始发于《世界历史》1989 年第 3 期）

从西班牙历史看"民族国家"的形成与界定

秦海波

"事实上，民族属性（nation - ness）是我们这个时代的政治生活中最具普遍合法性的价值。"[1] 因而，有关民族、民族主义、民族国家等问题的争论始终是历史学、社会学、政治学、人类学、民族学等许多学科关注的焦点。学者们从各自不同的视角对它们做出了种种解释，莫衷一是，问题的复杂程度使严谨的辞书编纂者都不将"民族国家"作为词条纳入工具书。法国著名学者德拉诺瓦在研究中指出："民族是存在的……但并不确切地知道它是什么……类似的情况还有时间、生命、死亡。"[2] 德拉诺瓦将民族分成许多种，其中也包括作为"近代政治民族"的民族国家。休·塞顿－华生说："我被迫得出这样一个结论，也就是说，我们根本无法为民族下一个'科学的'定义。"[3]

面对这样一种复杂局面，再加上"民族国家"提法在字面理解上的模糊性，使得广大史学工作者在从事具体国别史研究时产生了许多困惑和混乱。于是大家普遍采用一种简便的方法，即看到领土统一了，就认定形成了民族国家。也就是说，以"领土统一""政治统一""国家统一"等作

---

[1] 本尼迪克特·安德森：《想象的共同体：民族主义的起源与散布》，吴叡人译，上海人民出版社，2003，第2页。

[2] 吉尔·德拉诺瓦：《民族与民族主义》，郑文彬、洪晖译，生活·读书·新知三联书店，2005，第20页。

[3] 本尼迪克特·安德森：《想象的共同体：民族主义的起源与散布》，第3页。

为民族国家形成的标志,好像民族国家概念可以用这类"统一"来界定一样。但这显然是不正确的。

以法国和西班牙为例。法国是近代民族主义的发源地,研究法国史的学者对民族国家的理解应当是比较清晰的,但混乱状况仍然未能避免。沈炼之先生主编的《法国通史简编》设有"法兰西民族国家的形成"一节,在那里作者以"法国领土基本统一,近代法国版图轮廓初步确立"作为法兰西民族国家形成的标志[①]。类似观点同样出现在陈文海先生的《法国史》[②] 之中。但是,德拉诺瓦指出:"法国革命因其大众性与自觉意识,而成为近代政治民族的开端……民族,以其最抽象和最具体的形式,在法国和欧洲建立起来。"[③] 认为大革命才是其民族国家建立的标志。

关于西班牙民族国家形成的时间,国内流行的观点多集中于1492年驱逐摩尔人、统一"国土",最近一个典型的例子是齐世荣主编、王加丰著《西班牙葡萄牙帝国的兴衰》。该书第一章便命名为"民族国家的形成",其中谈到西班牙时作者指出:"光复运动的另两个主要中心阿拉贡王国和卡斯提王国……为了强化中央王权和集中的统治……1469年两个国家正式合并,实现了西班牙的统一……对这时期西班牙的君主来说……最有意义的是民族国家的统一与巩固,这是向外扩张、建立帝国的先决条件。"[④] 然而如今西班牙国内主流观点却认为,西班牙民族国家形成于拿破仑占领之后。[⑤] 这与笔者的观点大体相同。[⑥]

可见,在民族国家的界定和形成方面有必要建立一套操作性较强的方法和理论,用以纠正以往在历史著述中的混乱情况。本文拟以西班牙的历

---

① 沈炼之主编《法国通史简编》,人民出版社,1990,第93页。
② 陈文海先生用民族国家观念的形成代替了民族国家的形成,断言发生在中世纪中晚期。陈文海:《法国史》,人民出版社,2004,第123~138页。
③ 吉尔·德拉诺瓦:《民族与民族主义》,第10~11页。
④ 齐世荣主编、王加丰著《西班牙葡萄牙帝国的兴衰》,三秦出版社,2005,第11~13页。
⑤ 胡安·帕布洛·福西、霍尔迪·帕拉福克斯:《西班牙1808—1996年·近代性的决战》(Juan Pablo Fusiy Jordi Palafox, España 1808 – 1996. ElD esaífo de la Modernidad),马德里,1998,第19页。
⑥ 秦海波:《西班牙民族的统一和近代化问题》,《中国社会科学院世界历史所学术论文集》第五集,江西人民出版社,2007,第102~115页;《西班牙民族的诞生》和《强大王权压制西班牙民族意识》,《中国民族报》2007年4月6日、13日。

史为主要例证，就有关问题提出一些个人观点，欢迎大家批评指正。

一

讨论"民族国家"的界定，首先应当对"民族"进行界定。这个问题困扰学术界几百年，至今没有定论，致使学者们普遍认为这是一个无法说清楚的命题。然而，即使是时间、生命和死亡，它们虽然也神秘莫测，人们却可以比较准确地使用这些概念，不会出现混乱。所以，我试图避免对"民族"本身做过细的分析和比较，而仅从一些最明显却最容易被忽视的角度来观察它，仅就其大貌做一分类，并尽量清晰地将"民族国家"剥离出来。

事实上，当今世界的民族可以分为三种：①相当于一个国家的民族；②小于一个国家的民族，包括我们常说的一个国家的主体民族和少数民族，譬如我国有 56 个民族；③大于一个国家的民族譬如德意志、斯拉夫和阿拉伯等。

一般说来，民族是基于地理、人种、宗教、文化等许多主客观条件，在历史长河中逐步"天然"形成的，其源头大约可以追溯到最为久远的年代。这样产生的民族可以说是自然属性的民族。大于或小于一个国家的民族便是这种自然属性的民族。

可是，相当于一个国家的民族却不是这样。它主要是政治（或政治—经济）意义上的民族，并且只是一个近代的历史范畴。它是以主观条件为主，在文艺复兴之后，尤其在启蒙运动之后，伴随着人权和民主的观念而产生的近代事物，是在从"君权神授"到"主权在民"的斗争过程中诞生的。法国大革命首先明确地提出了主权属于民族的观念。法国大革命的标志或口号，除了自由主义之外，还有民族主义。它所处的那个时代一向被称为资产阶级革命的时代，实际上那也正是近代民族主义运动或民族解放运动的时代，也正是近代民族国家或政治属性的近代民族普遍崛起的时代。

相当于一个国家的近代民族，其规模尽管是历史形成的，却往往是基于地域完整，社会和经济管理便利，宗教信仰和风俗习惯基本一致或没有重大冲突或可以相互包容、忍让、和平共处，以及领土安全容易得到保障等因素而决定的。换个角度说，其规模至少是在便于维护主权和领土完整的基础上形成的。因而，可以认为其规模是由人们的主观意识决定的，或者说在很大程度上是人为的。所以，这种民族的大小往往不同于原先的自然属性的民族。有时是若干自然属性民族相联合，有时是一个较大的自然属性的民族分成了两个以上独立的相当于一个国家的近代民族。如果说，大于或小于一个国家的民族是自然属性的民族，那么相当于一个国家的民族则具有近代政治（或政治—经济）的属性。

这样，民族又可根据属性分成两种：自然属性的民族和近代政治属性的民族。

我们姑且把相当于一个国家的、政治属性的民族称为近代民族。提倡和拥护并为其诞生和发展而奋斗的可称为近代民族主义，其活动、其民众动员等就是近代民族主义运动。

主权问题对于近代民族主义是至关重要的。近代民族主义通常尽一切努力寻求自己的主权，使自己的主权得到认可，并力争有效地掌握和行使之。一般说来，当一个或多个联合在一起的自然属性的民族（或者是某一个大的民族中明显具有独立地理因素的一部分），具备了近代民族意识，并通过种种方式努力争取掌握自己的主权——无论是从外来统治势力手中争取，还是从封建专制君主手中争取，便从政治上产生了一次近代民族主义运动。这种运动一般产生于"资本主义上升时期"，所以大都不同程度地具有资产阶级革命的特点和性质。而当它一旦拥有了自己的主权，并为行使主权和管理社会建立起一整套国家机器，便产生了一个近代民族国家。也可以比较简单地说，近代民族主义的关键是争取掌握主权，成为一个拥有独立国家主权的民族；而一旦拥有了主权或主权得到了认可就成为我们所说的近代民族，其所在国也就成为民族国家。

语言对政治属性的民族并不像对自然属性的民族那么重要。它甚至不如地理因素来得重要。语言完全不同的若干自然属性的民族可以共同组成一个民族国家，而分散在相距遥远的不同地域的同一个自然属性的民族却不能组成一个共同的民族国家。由于性质不同，所以在对民族进行界定时必须将相当于国家的近代民族剥离出来。同理，在对作为民族的近代民族国家进行界定时也不适用一般的民族标准。

当代国际秩序建立在相当于一个国家的民族之间相互尊重主权和领土完整的基础之上。要维护世界和平就不可以混淆政治属性的近代民族与自然属性的其他民族间的区别。萨达姆就是例子，他混淆了阿拉伯与伊拉克、科威特之间在民族概念上的区别，才会堂而皇之地出兵"收复"科威特，引发海湾战争。如果以某个自然属性的民族历史为借口，不断提出领土要求，其结果只能是国际军事冲突甚至战争。而且，如果忽视各类民族间的这种区别，一国之内的种种民族矛盾也必然日益激化。试想，一个多民族的国家，其国内每一个民族都提出独立的主权要求，哪怕是类似要求，那么这个国家还怎能有一天的安宁？除了四分五裂它还有什么前途？

二

现在人们使用的"民族国家"是"nation - state"（民族—国家），而非"national state"（民族的国家）。说明它既是民族也是国家。也就是说，民族国家具有双重身份：拥有国家主权的近代民族和主权属于民族的近代国家。或者说，它既是产生于近代的政治意义上的民族模式，又是资本主义诞生以来确认主权属于全体公民的国家模式。

民族国家是民族的一种类型，或一种类型的民族，是近代的、政治的民族。斯大林的著名论断："民族是人们在历史上形成的一个有共同语言、共同地域、共同经济生活以及表现于共同文化上的共同心理素质的稳定的共同体。""民族不是普通的历史范畴，而是一定时代即资本主义上升时代的历史范畴。"[1] 所指的正是这样一种民族，即作为近代民族的民族国家，或作为国家的近代民族。他后来曾经解释说："世界上有各种不同的民族，

---

[1] 《斯大林全集》第2卷，人民出版社，1953，第294、300页。

有一些民族是在资本主义上升时代发展起来的，当时资产阶级打破封建主义和封建割据局面而把民族集合为一体并使它凝固起来了。这就是所谓'现代'民族。"[1] 斯大林可能是出于政治实践的需要提出这种民族定义的。它作为对民族的普遍定义显然不够全面，但观察到有这样一种民族却是十分正确的。这就好比白马非马之辩。政治属性的民族不能混淆于自然属性的民族，但政治属性的民族的确也是民族。

费孝通先生曾指出："我们所用'民族'一词历来不仅适用于发展水平不同的民族集团，而且适用于历史上不同时期的民族集团……在欧洲各国，'民族'这个概念形成于资本主义上升时期，西欧民族国家的建立是欧洲近代史的特点……由于我国和欧洲各国历史不同，民族一词的传统涵义也有区别。"[2] 进而他提出了"中华民族多元一体格局"表述的主张。但事实上，无论在中国还是欧洲，民族都是有不同类型和性质的。在他的"多元一体"中，作为"多元"的国内各民族是民族，作为"一体"的中华民族也是民族，只是它们性质不同。

应当强调，政治属性的民族其实相当于近代主权国家，而自然属性的民族，在绝大多数情况下，不是小于一个国家就是大于一个国家。真正单一民族的国家在当今世界是非常之少的。在那种极少见的情况下，既然民族和国家浑然一体，那么它们也就具有双重属性。而在绝大多数情况下，我们所看到的都是"多民族国家"，说明一个政治属性的民族可以包容多个自然属性的民族。这很容易让人想到，民族分为不同层次。上述"三种民族说"同样让人容易产生这样的想法。笔者最初提出这一视角的时候所使用的也正是"层次"的提法。[3] 但现在看来这不仅是层次问题，而应当提升到"性质"的高度。因为，如果仅仅是层次问题，那么应当可以找到对它们进行统一界定的办法，但如果是性质不同就没有必要再作这样的努力了。

---

① 《斯大林全集》第 11 卷，人民出版社，1955，第 288 页。
② 费孝通：《关于我国民族的识别问题（1978 年 9 月在政协全国委员会民族组会议上的发言）》，《中国社会科学》1980 年第 1 期。
③ 秦海波：《民族问题随笔》，《世界史研究动态》1993 年第 10 期。

　　既然性质不同，界定起来就不应使用同一标准。正如德拉诺瓦所形容的，它们有"人种的与公民的"① 之分。对前者，界定的标准应当偏重在血统、文化、信仰、风俗等方面，而对后者界定的标准必定集中于政治方面。德拉诺瓦指出："徇着美国和法国革命的足迹，出现了（自古代历史来看，应说是回归）一个主要依公民和民众为参照的标准。这一标准以大众民主为前提，民主越是巩固，此标准就越是有效。同时，这一标准与历史（民族的兴起与灭亡）、人口（所有的民族都是融合的，不存在生物学意义上纯粹的人种）的事实并不抵触……按照公民的标准，一个政治民族建立于由普选所表达出来的自由认可。"②

　　过去那种以"国家统一""领土统一""政治统一"为"民族国家"产生标志的做法，事实上也是以政治为衡量标准的。这种选择一个标志的做法是学者们在治史实践中所普遍采用的，它最大的好处在于具有很强的可操作性。问题是一定要选择一个合适的标志，而这一类"统一"所标志的往往不是民族国家，而是王朝国家，从此就"开始了中央集权君主专制的时代"③，即绝对主义王权国家。

　　绝对主义王权国家并非民族国家。民族国家是属于资本主义时代的国家模式，而绝对主义王权国家却是"与过去封建等级君主制不同的封建君主制"④，英国马克思主义学者佩里·安德森指出："绝对主义国家的统治就是向资本主义过渡时代封建贵族的统治。这一统治的结束标志着封建贵族阶级权力的危机，资产阶级革命的来临，资本主义国家的诞生。"⑤ 他在这里所说的"资本主义国家"事实上正是我们讨论的民族国家。

　　封建的绝对主义王权国家不应被列为民族国家是由其固有特征所规定的。佩里·安德森对绝对主义国家进行了深入的研究，他指出："'民族主

---

① 吉尔·德拉诺瓦：《民族与民族主义》，第 42～46 页。
② 吉尔·德拉诺瓦：《民族与民族主义》，第 44～45 页。
③ 沈炼之主编《法国通史简编》，第 94 页。
④ 克里托弗·希尔：《关于封建主义向资本主义过渡问题》，转引自佩里·安德森《绝对主义国家的系谱》，上海人民出版社，2001，第 6 页。
⑤ 佩里·安德森：《绝对主义国家的系谱》，第 26 页。

义'一类的思想观念与绝对主义的内在特性格格不入。"① 问题的关键在于
国家主权是属于专制君主及其王室私人所有，而他们事实上并不具有民族
性，或者说并没有民族归属感。对他们来讲，并非自己个人属于某个民
族，而是某个或某些个民族属于他们个人。增强家族权势、扩大王室领地
是他们"天赋的"和首要的使命，他们的主要政绩并不来自能否使治下民
众富足而是能否增加王室的领地和财富。

　　Nation 一词来自拉丁文 Natio，是动词 Nascor（出生、产生、源自）的
一种名词形式，而它的另一种名词形式 Natura 则指向大自然。可见 Natio
更强调出生地点，即主要指同一地方出生的人。拉丁文中还有一个类似的
词是 Gens 或 Genus（出身、家系、族系、种类等），它更与生育有关，更
强调血统，譬如人类就是 Gens humana。对王朝国家的专制君主来讲，重
要的是后者而非前者。Gens 可以改良，办法就是联姻。于是在那个时代，
联姻便成了扩大王室领地的捷径。有人讽刺这方面最成功的哈布斯堡王
族："让别人去战斗吧！汝，幸运的奥地利去结婚吧！"② 美国学者本尼迪
克特·安德森曾援引"一段稍作简化了的哈布斯堡家族后期君主拥有的头
衔"来印证这种联姻的结果：

　　"奥地利皇帝；匈牙利，波希米亚，达尔马提亚，克罗地亚，斯洛文
尼亚，加利西亚，罗德美利亚，与伊利里亚之王；耶路撒冷等地之王；奥
地利大公；托斯卡纳与克拉科夫大公；洛林，萨尔茨堡，史地利亚，卡林
西亚，卡尼奥拉，与布科维纳公爵；特兰西瓦尼亚大公；摩拉维亚边境伯
爵；上下西里西亚，莫德纳，帕尔玛，皮亚琴察，与瓜斯地拉，奥斯维茨
和萨托，泰申，福里奥，拉古萨，与扎拉大公；哈布斯堡与蒂洛尔、基
堡、哥兹，格拉地斯卡伯爵；特兰托与布利琛公爵；上下络斯茨与伊斯
的利亚边境伯爵；霍恩姆斯，费尔得克奇，布莱根茨，索能堡等地之伯
爵，的里雅斯特领主；卡塔罗与温地斯马克领主；伏伊伏丁那与塞尔维
亚大公……"③ 问题是，谁能想象把这些地方都连在一起能够组成一个近

---

　　① 佩里·安德森：《绝对主义国家的系谱》，第 23 页。

　　② 本尼迪克特·安德森：《想象的共同体：民族主义的起源与散布》，第 21 页。

　　③ 本尼迪克特·安德森：《想象的共同体：民族主义的起源与散布》，第 21 页。

代民族即民族国家？

王朝国家，"它的合法性源于神授，而非民众——毕竟，民众只是臣民（subjects），不是公民（citizens）……由于国家是以中心（center）来界定的，国家与国家之间的边界是交错模糊的……"① 这必然导致无数的随时爆发的流血冲突与王朝战争。那时的专制君主们无不以武功卓著为荣。武力征服是他们扩大领土的传统而正当的途径。且问，征服而来的土地，无论它坐落在世界的任何角落，无论它的原住民有着怎样的文化背景，这些原住民能够与王朝中心地区的居民共同组成一个民族国家即近代民族吗？

王朝国家领土的来源，以及国家主权归君主个人所有的事实，还导致了一个更为严重的结果，那就是国家形态的极度不稳定。君主不单可以通过战争和联姻随时无限制地扩大他的国家，也可以完全凭个人意志将他的国家一分为二、为三、为四、为若干。这在当时是完全合乎情理的。这样的例子在欧洲的历史上屡见不鲜。最著名的是查理曼帝国的分裂，它的疆域曾经西邻大西洋，东至易北河和波希米亚，北达北海，南抵意大利中部，查理曼去世后不久，公元817年，他的继承人虔诚者路易就将帝国分成三份，给了三个儿子。西班牙阿斯图里亚斯国王阿方索三世（838~910年）死后，他的王国也分给了他的三个儿子，致使国家一分为三。莱昂－卡斯蒂利亚国王费尔南德一世（1016~1065年）死后也将国土分成三份，分别留给他的三个儿子。

无论如何，只要主权属于个人及其家族，拥有主权的君主就有权决定国家的前途，甚至是国家的存亡。这里不妨再举一个葡萄牙的例子。在15世纪末还通过《托尔德西拉斯条约》与西班牙平分世界的葡萄牙，却在1580年被并入了西班牙，直到1640年才利用西班牙疲于"三十年战争"（1618~1648年）之机，发动起义，重获独立，以致葡萄牙的历史在1580~1640年竟然出现了间断。而被吞并的缘故就是，刚刚被扶上王位的恩里克国王（1578~1580年在位）无后又痴迷宗教，对世俗没有了兴趣，

---

① 本尼迪克特·安德森：《想象的共同体：民族主义的起源与散布》，第20~21页。

便力主将王位让给西班牙的菲利普二世［他是葡萄牙前国王曼努埃尔一世（1469～1521年）的外孙］。在王位合并的时候，菲利普二世提出一份纲领，允诺确保葡萄牙贵族的利益，并在行政治理方面为葡萄牙留下足够的特权。[①] 这些在他有生之年都做到了。但这只是他个人的诚信，并不能保证以后历代国王都严格遵守，毕竟主权属于他们个人。

中央集权的王朝国家相对于四分五裂的中世纪来说是一个巨大的进步，但其弊端也不胜枚举，关键是内部政策及行政机构混乱而不统一，其中也包括税、赋等。专制君主很难一视同仁地对待他的每一块领土上的居民，各种政策的制定更不是以有利于当地发展为出发点。结果构成了一国之内不同民族间的压迫与被压迫关系。

可见，中央集权的王朝国家并不是民族国家。不过，它却是通往民族国家的重要途径。在最典型的例子中，它为民族国家的建立打下了牢固基础，譬如在英国和法国。在王朝国家的身上可以看到近代民族的影子。近代民族的情感和意识在王朝国家中孕育。西班牙学者把1492年半岛统一到1808年拿破仑占领之间的三百余年称作"prenacional"（预备民族）时期[②]，是有些道理的。

三

笔者主张放弃过去那种以"国家统一""领土统一"为判断"民族国家"产生标准的做法，认为那只是为某一民族国家的形成奠定了基础。所需的应当是找到其历史中某一比较成功的具有资产阶级革命性质或特点的重大事件，在该事件之后国家主权被承认既不属于教廷、教会等神权势力，也不属于某君主个人或其王室，而是属于民族（人民）。这样才可以断定这里形成了一个近代民族国家。

---

① J. H. 萨拉依瓦：《葡萄牙简史》，李均报、王全礼译，中国展望出版社，1988，第191～200页。
② 何塞·路易斯·德拉·格兰哈等：《民族主义和自治区的西班牙》（José Luis de la Granja, Justo Beramendi, Pere Anguera La España de los naciona lismos y las autonomí as.），马德里，2001，第13页。

以西班牙为例，如果按过去的方法做出判断，即认定1492年领土统一就形成了民族国家，那是没有说服力的。

西班牙所处的伊比利亚半岛在古代罗马人眼中是世界的尽头，若干土著民族在此繁衍生息。第二次"布匿战争"（公元前218～前201年）使这里变成了罗马帝国的行省（初为两个省，后来有若干次改变）。罗马帝国崩溃，伊比利亚半岛的大部分土地构成了西哥特人独立国家的版图。公元8世纪，阿拉伯人渡海占领了伊比利亚半岛。从此，这里是伊斯兰教、基督教和犹太教三种文明共荣，而且与阿拉伯诸政权一齐发展起来了若干基督教王国，先后崛起的包括阿斯图里亚斯、纳瓦拉、莱昂、加利西亚、巴塞罗那伯国、卡斯蒂利亚—莱昂、阿拉贡、卡斯蒂利亚和葡萄牙等。基督教诸国在同阿拉伯人的斗争中，起初是声称要恢复西哥特王国，后来随着欧洲十字军的兴起，改为强调收复基督教的土地。所谓"光复运动"所"复"的不是国而是教。①

这一时期，伊比利亚半岛的居民主要因宗教不同而相互区分为穆斯林、基督徒和犹太人。人种的区别刚好与宗教区别相近似，即穆斯林主要是阿拉伯人后裔及阿拉伯人的混血后裔，基督徒绝大多数是阿拉伯人进入之前的居民后裔，犹太教徒自然就是犹太人。

当今西班牙居民仍然使用的几种主要语言——主要是西部从北到南的葡萄牙语（即现今的葡萄牙语和西班牙的加利西亚语）、北方中部的巴斯克语、北方东部（但包括东南部的巴伦西亚）的加泰罗尼亚语②、中央高原及其以南的卡斯蒂利亚语（即如今人们所熟知的西班牙语），以及当初阿拉伯人及其后裔的阿拉伯语、基督教会使用的拉丁语、犹太教的希伯来语，所有这些语言的差别在当时看来似乎并不重要，好像半岛上那些基督教国都是分裂成多个国家的同一个民族一样，所以在观察它们分分合合的时候感觉十分自然，观察者的目光大多盯在基督教国与摩尔人之间的斗

---

① 哈维尔·图塞尔等：《西班牙历史》（José - Luis Martín，Carlos Martínez Shaw，Javier Tusell，Historia de España），马德里，1998，第82～126页。

② 但如今巴伦西亚人并不承认所用的是加泰罗尼亚语，而声称是独立的巴伦西亚语。其实，两者之间并没有很多区别。

争，但待国家统一之后，语言的差别就规定了西班牙是一个多民族的国家。独特语言毕竟是自然属性民族的显著标志之一。这不仅说明语言不同并不妨碍共同组成一个民族国家（一个新的民族），而且可以看出在这方面宗教的因素优于语言，因为宗教信仰不同意味着价值取向的差别。

西班牙欧洲本土 1492 年统一的基础是卡斯蒂利亚王国与阿拉贡王国通过联姻的办法而合并。1469 年两国王储结婚。1474 年和 1479 年，他们分别在自己的国家登基，称伊莎贝尔一世女王和费尔南多二世国王①，同时他们又互相成为共治国王。统一过程中推行的主要是卡斯蒂利亚的法律、制度及语言，再通过协定的方式给各地保留一些"特权"。其间，反对伊莎贝尔继位的卡斯蒂利亚贵族曾经联合西部从 12 世纪起一直保持独立的葡萄牙与两位国王打了一仗。葡萄牙虽然未能取胜，但却为其继续保持独立赢得了保障。

半岛上尚存的独立政权，除葡萄牙以外，就只剩下南方的阿拉伯人和北方地跨现今西班牙和法国的纳瓦拉王国。② 并且，南方的阿拉伯人（即"摩尔人"）所控制的土地，事实上在 13 世纪末期以后就只剩下了格拉纳达、马拉加、加的斯，以及阿尔梅里亚等少数地区。③ 纳瓦拉是基督教国，看上去似乎并不妨碍半岛的统一，而南方摩尔人政权所控制的土地则是非"收回"不可的。1492 年，伊莎贝尔和费尔南多打败最后的摩尔人政权，同时将所有不愿皈依基督教的阿拉伯人后裔都赶出了伊比利亚半岛，大体上完成了半岛的统一。

从 1480 年起，伊莎贝尔一直坚持不懈地加强中央王权。她依靠城市、中小贵族和教会的力量，不断打击、削弱各地大贵族的割据势力。她没收了所有曾经反对她的贵族的领地，并下令任何贵族不得私自建造城堡。她

---

① 他作为阿拉贡国王称费尔南多二世，作为卡斯蒂利亚的共治国王或全西班牙国王称费尔南多五世；一般行文中多把他称为费尔南多二世。

② 纳瓦拉王国曾经十分强盛，但到 13 世纪基本上成为法兰西的属国，1512 年费尔南多二世占领了它在比利牛斯山脉以南的领土，并于 1515 年将之纳入西班牙版图；其余部分坚持到 1589 年，其国王恩里克三世成为法国国王亨利四世，其比利牛斯以北部分被纳入法国。

③ 哈维尔·图塞尔等：《西班牙历史》，第 126～136 页。

重组"圣兄弟会"，用以充任警察和密探的角色。她也削弱城市的自治权，向各城市派遣财税和行政官员，改组市政会。她整顿吏治并开始推行法制，责成法学家迪斯·德·蒙塔尔沃编制了《卡斯蒂利亚皇家法典》，于1484年颁行。[①] 这一切都有效地增进了西班牙全国的统一，缩小了各地区的差别。

对内政策中，伊莎贝尔一世采取的最重要也是招致非议最多的措施是统一宗教、纯洁信仰。早在1478年11月，伊莎贝尔就得到教皇的授权，在西班牙创设了宗教裁判所。她以极其严厉的态度和极端残酷的手段对有异教嫌疑的人进行审判，在世界历史上可谓臭名昭著。可是此举对西班牙国家统一却十分重要，它既巩固了中央王权，又增进了王朝与罗马教廷的关系，提高了其国际地位与声誉。1492年4月，伊莎贝尔又下令驱逐犹太人，大约有20万犹太人流离失所，被迫散居到世界各地。1496年12月2日，教皇亚历山大六世破例正式授予伊莎贝尔和费尔南多夫妇"天主教王"的头衔。

本土统一后，西班牙立即通过三种途径迅速扩张。这三种途径就是：海外探险与殖民、对外战争和王室联姻。前两项过去谈得比较多，大家都已熟知，这里重点谈谈后一项活动。

联姻是费尔南多的拿手好戏。妻子去世（1504年）后，他娶了法兰西国王路易十二的外甥女德·福瓦；他把长女伊莎贝尔嫁给了葡萄牙国王曼努埃尔一世，他们一度被宣布为卡斯蒂利亚的继承人，但伊莎贝尔溘然早逝，否则他或许会通过这一联姻将葡萄牙纳入自己的版图；把三女儿卡塔丽娜（凯瑟琳）嫁给了英国王储亚瑟，亚瑟早夭，又嫁给亚瑟的弟弟亨利八世，但不久遭遗弃，他们的离婚引发了英国宗教改革。

最重要的联姻是两位天主教王将他们的次女胡安娜嫁给了哈布斯堡的菲利普，即神圣罗马帝国皇帝马克西米利安一世的儿子。"美男子"菲利普早在1482年就从母亲手里继承了尼德兰。胡安娜虽然是次女，但天主教王的长子胡安19岁夭亡；长女伊莎贝尔嫁给葡萄牙国王后难产而死，她的

---

① 哈维尔·图塞尔等：《西班牙历史》，第299～315页。

儿子也仅仅存活了一年多。因而伊莎贝尔一世指定胡安娜为卡斯蒂利亚王位继承人，尽管不久就发现她有精神病。1504 年伊莎贝尔一世女王去世，"疯女"胡安娜立即继承了王位，她的父亲费尔南多也不再是共治国王，而退居摄政。

胡安娜的婚姻使西班牙王族与哈布斯堡王朝联合了起来。胡安娜和菲利普的长子卡洛斯（查理）一出生就被确定为西班牙王国和哈布斯堡王朝的继承人。1516 年外祖父去世，他同时继承了西班牙的卡斯蒂利亚和阿拉贡两个王位，号称西班牙卡洛斯一世国王；1519 年祖父去世，他又继承了德意志的王位，被选为神圣罗马帝国皇帝，号称查理五世。在他治下，西班牙帝国的版图囊括了近乎小半个欧洲大陆[①]、绝大部分的美洲，再加上在亚洲和非洲的殖民地，形成了世界历史上第一个事实上的"日不落"帝国。

在如此庞大的帝国中，伊比利亚人当然会有别于其他地区的居民，他们在欧洲被称作西班牙人（Española[②]），在美洲等地被称作"半岛人"（Peninsular 或 Cachupín）。也就是说，在西班牙哈布斯堡王朝统治下的那个多民族的巨大殖民帝国中出现了一个作为统治民族或"主体"民族的西班牙民族。但是，西班牙人民当时还没有近代的民族意识，也没有对主权的要求。主权归王室，而它的王室来自德国。到了 1701～1714 年的西班牙王位继承战争之后，主权又转到了来自法国的波旁王族手中。国王们甚至可以不懂西班牙语。

天主教王统一了国土却没有建立固定的首都，直到他们的外孙卡洛斯一世时期宫廷还是经常随着国王迁徙，宫廷在哪里那儿就可以被认为是首都。卡洛斯一世宫廷最常住的是布鲁塞尔，连他的退位仪式都是在布鲁塞尔举行的。1555 年，他退位后将哈布斯堡的产业留给了弟弟，而把尼德兰与西班牙王位一起让给了儿子菲利普二世。菲利普二世将宫廷迁至马德里郊区，至此马德里才被视作西班牙帝国的首都。而使它真正具备了首都形

---

① 西班牙本土、德意志地区、低地国家，以及现今意大利的那不勒斯、米兰、西西里、撒丁尼亚等。

② 这个称呼来自古罗马对这些地区的称呼"Hispania"。

象的是波旁王朝的卡洛斯三世国王（1716~1788年，1734年起那不勒斯国王；1759年起西班牙国王）。[1]

另外，西班牙的殖民政策和目的并非向海外移民，向外海寻求生存空间，而是控制和掠夺资源与财富，增强国力。因而它没有像其他一些国家在北美做的那样将印第安人赶离自己的土地，而是去教化他们、管理他们，还颁布了《印第安人保护法》。它并没有像当初在自己本土所做的那样驱逐其他民族，或强行同化他们。所以，西班牙向海外扩张只是将越来越多的民族纳入它日益庞大的殖民帝国，将其势力延展到世界各地。但是，各地的地位绝非平等，一切政策的制定都是向伊比利亚半岛严重倾斜的。

对于这样一个国家，一个领土极其庞大、主权属于来自外国的王室，而又由西班牙人作为主体民族的帝国，我们很难认定它是"民族国家"，而应当说它是一个典型的封建王朝国家。

过分强大的中央王权使西班牙近代民族意识的形成受到了压抑。直至1789年法国大革命爆发、1808年拿破仑大军入侵并占领伊比利亚半岛之后，西班牙的近代民族意识才被唤醒。

1810年西班牙民众自发组织了加的斯议会，并于1812年颁布了第一部宪法。该宪法第一条宣布："西班牙民族（la Naciónespañola）由两半球的所有西班牙人组成"；第二条："西班牙民族是自由和独立的，不是且不能是任何家族或个人的世袭财产"；第三条："主权实质上属于民族（Nación）。"[2]

此时的西班牙已经不能任由君主宰割，即使换回原先的君主，人民也要对其有所制约，他们已经认清并申明，主权在民。奋勇抗击拿破仑的西班牙人民得到了英国的支援。英国那时早已完成资产阶级革命，发展成为一个强大的民族国家。而遭到顽强抵抗的法国人自身也是一个正在进行资

---

[1]　佩德罗·沃尔特斯：《卡洛斯三世和他的时代》（Pedro Voltes：Carlos Ⅲ ysutiempo.），巴塞罗那，1975，第154~159页。

[2]　安东尼奥·费尔南德斯·加西亚等编《西班牙现代史文献汇编》（Antonio Fernández García etc.：Documentos de Historia Comtemporá nea de España），马德里，1996，第69页。

产阶级革命的民族，正是他们提出了民族主义的口号。

拿破仑失败以后，"大众渴望的"费尔南多七世恢复了王位，并于1814 年返回西班牙。可是他归来后立即废除了 1812 年宪法，重建宗教裁判所，恢复耶稣会，取缔共济会，试图把一切都恢复到从前。然而不久后，1820 年，就爆发了西班牙的第二次资产阶级革命。费尔南多七世被迫宣誓接受"加的斯宪法"，答应重新召开议会，任用自由派组织新政府。但三年以后，他再次恢复了反动的专制集权统治，并实行血腥的白色恐怖，直到 1833 年去世，史称"黑暗的十年"。

费尔南多七世去世后，由他 3 岁的女儿伊莎贝尔二世继承王位（1843年起亲政），同时由她的母亲玛丽娅 - 克丽斯蒂娜摄政。此时，母女俩已不可能再坚持专制统治，于是再次承认 1812 年宪法，同时开始修宪。1837年起出现了许多宪法版本，更换了无数内阁。那些宪法都宣称实行代议制，而事实上西班牙进入了一个虚伪的寡头政治时代，社会的主宰仍然是土地贵族、教会和军队。

1848 年，在法国的影响下又爆发了多起革命。1868 年"普里姆革命"，1873 年成立西班牙第一共和国（至 1874 年底）。推翻共和国的军人1875 年初请回阿方索十二世到西班牙登基。但他不敢不承认主权在民，实行君主立宪制。他死后，王后克丽斯蒂娜摄政达 17 年之久，于 1890 年确立了普选制。

19 世纪的西班牙历史在反反复复的斗争中艰难前行。但是人们看到的已经不再是旧制度下那个庞大王朝四处征战和处心积虑联姻的"光辉"历史，而是一个新兴并落后的民族国家摸索发展和进步的艰难历程。

[秦海波，中国社会科学院世界历史研究所研究员]

（本文始发于《世界历史》2008 年第 3 期）

十九世纪英国三次议会改革

程西筠

英国进入 19 世纪以后，进行过 3 次全国范围的议会改革。这些改革是产业革命引起的巨大经济变革及随之而来的社会各阶级、各政党之间力量对比变化所提出来的必然要求。经过改革，逐步清除掉几百年遗留下来的议会制度中的积弊和腐败现象，确立了工业资产阶级的政治统治，削弱了贵族势力。改革过程中旧的政党受到改造，议会下院权力增强。这些变化使议会制度更适应 19 世纪英国资本主义发展的需要。

一　改革前的议会

英国议会从 13 世纪出现到资产阶级革命的近 400 年间，总的说来是作为封建君主制度国家机器的一部分存在的。当时的议会尚无相对正规的制度可言，议会无常规会期，无关于选民资格的统一规定，无明确、合理的选区设置，选举公开进行。1688 年政变确立起君主立宪政体以后，虽然法律规定议会是国家最高立法机构和最高权力机构，王权受宪法约束，但由于这一政体是在资产阶级和新贵族妥协的基础上产生的，所以几乎直到 1832 年改革以前，议会实际上受着王权、贵族寡头势力操纵，其本身并未因法律地位的改变而受到改造。

这种现象首先表现在议会的选举区上。从中世纪以来，英国议会选区就一直划分为城市选区和郡选区（指广大农村地区）两大类，另有个别大学选区。城市选区大多是由复辟国王查理二世（1660～1685 年在位）以前的一些君主根据宫廷需要而陆续指定的，为了便于控制，指定的这类选区多系中小城镇。1832 年以前，城市选区主要分布在英国东南部、南部、西南部地区，因为这些地区在中世纪末期经济贸易发达，王权、贵族势力强大。英格兰和威尔士的 203 个城市选区中，105 个集中在南部沿海各郡，特别是康沃尔郡。两类选区，不问地域大小，人口多少，几个世纪以来，基本上一直享有向议会选派两名议员（威尔士地区郡选区各选派 1 名）的权利。

产业革命以后，国家经济重心逐渐由日趋衰落的东南向煤铁矿藏丰富、动力资源充足的西北、北部地区转移。新兴地区人口猛增。东南地区、特别是那里中小城镇的人口相对或绝对地减少。这些已经衰落，但由于贵族支持仍在议会占有席位的城市选区，在英国历史上称为"衰败选区"。其中人口很少、完全由控制选区的特权人物指派议员的，又称"袖珍选区""口袋选区"。1831 年，英格兰南部 10 个郡共 326 万人口拥有下院 325 个席位；同时，北方 6 个郡已拥有 360 万人口，仅占有 68 个议席。"衰败选区"最多的康沃尔郡有 30 万人口，占 44 个议席；而新兴工业区兰开郡的 133 万人口仅有议员 14 人。一些新兴的工业城市，如伯明翰、曼彻斯特等，在 1832 年改革以前，完全没有选派议员的权利。而一些衰败选区，或是已经人烟稀少，如康沃尔郡的勃西尼选区，只剩下几间草房，9 名选民中 8 人是一家；或是已成荒丘，如怀特郡的萨勒姆；或是已沉入北海，如埃塞克斯的党维奇。但每届选举，这类选区的选民仍回到他们的"选区"，甚至乘船出海，照旧各选派两名议员进入下议院。

议会改革以前，对选民资格也从来没有过明确、统一的规定。城市选区和郡选区各不相同，城市选区本身也因其地位、发展历史不同而各异。对郡选区，1430 年，国王亨利六世曾颁布一项法令，规定凡年净收入在 40 先令以上的自由持有农享有选举权。但几百年过去了，随着圈地运动和农业革命的发展，农村阶级分化导致农村自由持有农人数急剧减少，郡选区选民人数越来越少。到 1831 年，英格兰和威尔士两地区的郡选区选民人数总共不过 25 万人。

城市选区原有的选民资格规定十分烦琐。从中世纪以来，各城市选区都陆续做出过各自不同的规定。到 1832 年改革以前，这些选民资格大致可归纳成 4 种：一是以在选区有住房，缴纳教区税，不领取救济金为选民条件；二是以在选区有地产保有权为条件；三是由选区的市政团体确定选民资格；四是所谓"自由人"① 有选举权。改革以前，这种种资格界限并不明确，也未认真执行。大多数城市选区的议员主要是由控制选区的皇亲国戚和贵族寡头们指派，在衰败选区尤其如此。康沃尔郡全部城市选区的选民不足千人，却向议会选派 42 名议员。其中，20 名议员由控制选区的 7 名上院贵族指派，21 名由 11 名下院议员指派；只有 1 名议员是通过所谓的选举产生的。由于对选民资格的种种限制，英格兰和威尔士的城市选区选民总共不足 19 万人。1831 年，联合王国总人口已达 2400 万人，选民总数约 48 万人，仅占总人口的 2%。

被选举权的资格限制更严。1710 年一项法令规定，郡选区被选举权的财产资格是每年有 600 镑不动产收入，城市选区是 300 镑。这项规定在第一次议会改革以后很久才取消。

选举中营私舞弊的现象很普遍。指派议员，拿议席做交易，甚至公开拍卖议席都是司空见惯的现象。18 世纪末，平均 2000 镑可以买到 1 个议员席位。1807 年，在约克郡，议员席位最高价格卖到过 10 万镑。最早的英国首相沃波尔（1721～1742 年执政）、国王乔治三世（1760～1820 年在位）都是这方面出名的能手。恩格斯曾一针见血地揭露英国选举制度的腐败："下院通过它的贿选问题调查委员会宣布下院是靠贿赂选出来的……没有一个人能够说自己不是靠贿赂而是由选民自由地选出来的。"② 这样组织起来的议会，只能是贵族特权阶层的工具，没有什么代表性可言。

二　1832 年改革

英国从 1688 年政变以后，开始了资产阶级社会的巨大发展和改造。18

---

① 通过 7 年学徒，或通过继承，或由市政团体授予的一种身份。
② 《马克思恩格斯全集》第 1 卷，人民出版社，1960，第 687 页。

世纪以来，圈地运动以更大规模进行；掠夺性的对外贸易使英国商人、殖民入侵者大发横财；万恶的奴隶贸易给利物浦的奴隶贩子们带来了巨额收入。资本的原始积累推动了工场手工业迅速发展，并为产业革命的发生创造了条件。随着经济的发展，大商人、大银行家、手工场主和农场主等中等阶级和手工业者、工匠等手工工人的队伍迅速壮大。中等阶级在发财致富的同时，深感政治上无权之苦。特别是产业革命的勃兴，他们愈来愈迫切要求政权，要求在议会中有他们的代言人。争取议会改革的运动正是他们首先发动的。

争取议会改革的斗争，最早从 18 世纪 60 年代随产业革命兴起就开始了。60～80 年代，主要是中等阶级激进派的运动。威尔克斯事件是这场斗争的导火线。

1760 年即位的英王乔治三世是个专制狂。他即位后，肆意践踏代议制原则，利用特权，从拥护他的托利党贵族中任命大臣，组成"国王之友"内阁，推行反动政策，激起普遍不满。1762 年，下院议员约翰·威尔克斯发行《北不列颠人》报，猛烈抨击国王。1763 年 4 月，该报著名第 45 期刊登一篇匿名文章，指责国王有使王权凌驾于议会之上的意向。国王大为恼火，命令查封刊物，剥夺威尔克斯议员资格。此后威尔克斯几度被捕入狱。

国王的高压和议会的屈从激起公愤。1769 年，伦敦中等阶级激进主义者组织起"权利法案拥护者协会"，要求扩大选举权，组成真正有代表性的议会。这是最早争取议会改革的组织。1771 年，又出现了"伦敦宪法协会"。此后，类似组织如雨后春笋，在其他城市纷纷出现。斗争的结果，有几名改革派议员被选入议会。

在北美独立战争胜利和《独立宣言》发表的影响下，争取改革的斗争进一步发展。1779 年，约克郡地主克里斯朵夫·维伟尔成立"约克郡改革者协会"，协会会同其他地主向议会递交请愿书，要求给城乡中等阶级以选举权。几乎同时出现的"威斯敏斯特协会"提出了更激进的要求，内容和后来宪章运动的 6 项要求基本一致：成年男子普选权；议会每年改选一次；平均分配选区；秘密投票；取消议员财产资格；议员支薪。

1776 年 10 月，著名的伦敦激进主义改革家，诺丁汉郡一乡绅之子约翰·卡特莱特发表抨击文《抉择》，从而赢得了"改革之父"的称号。在《抉择》中，他要求议会每年改选，要求男子普选权等。1780 年他成立了"宪法通讯促进协会"，积极开展斗争。1789 年法国资产阶级革命给了英国激进主义运动以新的推动。"宪法通讯促进协会"在全国各地纷纷建立支会，宣传中等阶级激进派议会改革的主张。但随着法国革命的深入发展，中等阶级担心革命的烈火会延烧到英国，因而逐渐退出了争取改革的运动，消沉退却了。

18 世纪 90 年代，争取改革的激进主义运动进入一个新的阶段：工人激进主义兴起并投入斗争。1792 年 1 月，成立了以鞋匠托马斯·哈第为首的"伦敦通讯协会"，其成员主要是小商人、手工艺人及普通劳动者。这是第一个工人阶级激进主义组织。它在斗争目的和斗争方法上，基本上是中等阶级激进主义的追随者。另一个工人激进主义组织"设菲尔德宪法协会"，受潘恩《论人权》①思想影响，要求更激进。它不满足于请愿，主张组织示威游行，甚至诉诸武力。工人激进主义运动遭到政府严厉镇压，组织被查封，领导人遭逮捕。1794 年，小皮特政府停止实施人身保护法。1800 年，它又禁止工人结社。在政府摧残下，争取议会改革运动转入低潮。

1815 年对拿破仑战争结束后，国家经济陷入极度困境。内阁为维护土地贵族的利益，强行颁布"谷物法"，限制粮食进口。这不仅置广大群众于饥饿边缘，也直接损害了工业资产阶级的利益。在这种形势下，一度沉寂的中等阶级激进派运动重又活跃。此时，工业资产阶级已构成中等阶级激进派的主体。工人阶级更积极地投入斗争，并于 1818～1819 年，在伯明翰、曼彻斯特等大城市同资产阶级一起组织声势浩大的集会，要求改革议会选举制度，取消谷物法和禁止工人结社的法令。

为了掌握对运动的领导权，1829 年，银行家阿特乌德组织起"伯明翰

---

① 托马斯·潘恩（1737～1809 年），资产阶级民主主义者，出生在英国贫苦家庭，1774 年迁居北美殖民地宾夕法尼亚。1789 年法国资产阶级革命爆发时他正在法国，后曾被选入立法会议。他的《论人权》发表于 1791～1792 年，主张人人都具有与生俱来的平等政治权利。

政治协会"。1831 年，工人、小手工业者以木匠洛维特为首建立了"工人阶级全国联盟"，工人阶级著名活动家赫瑟林顿出版《贫民卫报》，宣传改革。

1830 年 10 月，威灵顿托利党内阁倒台，辉格党首领格雷伯爵受命组阁。格雷属右翼辉格党人，他的"地位和本质都是贵族式的"，对旧制度有着偏爱。其内阁成员除 4 人外都是上院贵族，那 4 名阁员也都或是贵族后裔，或是后来升了贵族的。格雷之所以能以"和平、紧缩和改革"作为内阁的奋斗目标，是因为他正确地预见到，在当时国内外形势（法国刚刚经历过 1830 年七月革命）下，为巩固已经到手的政权，扩大辉格党的统治基础，必须对中等阶级的要求做一定让步，只有这样，才能为实施进一步的改革打下坚实的基础。

在这种思想指导下，格雷内阁于 1831 年 3 月向下院提出了一份议会改革法案。法案的主要起草人是辉格党人约翰·罗素勋爵。罗素并非激进主义者，但他主张改革议会。法案提出取消 60 个衰败选区的席位，减少 47 个衰败选区的席位，另减少一个联合选区的席位。空出的 168 席，分给英格兰 97 席，威尔士 1 席，苏格兰 5 席，爱尔兰 3 席，多余的席位取消。英格兰有 7 个大工业城市可各得 2 席，20 个中等城市各得 1 席。原来的议席数减少了，而新兴工业城市的要求又不能得到满足。对此，格雷解释说，他的目的并不是要增加新兴城市的席位，而只是要革除弊病，并减少议席，以平衡下院的党派势力。由于提案较大幅度地削减了衰败选区的数量，定出了符合中等阶级要求的选民财产资格，因而得到中等阶级激进派的拥护。但辉格党、托利党贵族都认为提案走得太远了。因而在议会下院讨论时，议案只得到 1 票多数。政府遂解散议会。在大选后的新议会中，改革派议员以 136 票多数在下院占了优势。

1831 年 6 月，内阁提出第二个法案。在选举资格方面，法案采纳了张多斯侯爵提出的一项补充条款，即建议给予年净收入 50 镑以上的任意租地农以选举权，其目的在于增强土地贵族在农村的社会支柱。第二个法案在下院较顺利通过，交到上院后竟遭到否决。消息传出，群情激愤。中等阶级激进派纷纷行动起来，向政府递交请愿书、抗议书。伯明翰政治协会、工人阶级和其他劳动者全国联盟在许多大城市组织抗议集会。激进主义者弗朗斯·普赖斯组织起"全国政治同盟"，支持政府的改革，建议取消衰败选区。但是它号召用"和平的、体面的、有用的"方式斗争。工人激进主义者则在酝酿建立武装，甚至提出进军伦敦，声援改革。在格拉斯哥、布利斯托尔等地，工人群众袭击了反对改革者的住宅。

为了平息群众情绪，保住已取得的成果，内阁于1831年12月提出第三个法案，又遭到上院否决。格雷决心不再让步，遂于1832年5月8日宣布辞职。国王拟请托利党威灵顿组阁，激起中等阶级和工人群众普遍不满。要求改革、反对威灵顿的群众运动浪潮迅速高涨，形成了"五月危机"。议会内的改革派也加强斗争。在内外夹攻下，国王被迫收回成命，召回格雷。托利党贵族纷纷退出上院。1832年6月4日，法案终于在议会通过，7日获国王批准，成为法律。

改革法的正式名称是"英格兰和威尔士人民代表修正案"。法令全文共82款，12张附表，详细列出了改革的具体内容、选民登记的种种规定以及涉及的郡、城市名单等。

对选区的调整和议席的重新分配，改革法决定取消56个人口不满2000的衰败选区及其选派的111名议员名额；30个人口在2000～4000的选区各减少1个议员名额；另有1个联合选区的议员名额由4个减至2个。空出来的143席，分给人口增多又无议员席位的大中工业城市和一些名额不足的郡。曼彻斯特、伯明翰等22个新兴工业城市第一次取得了各向议会选派2名议员的权利，另有21个城市各选派1名。新选区的增设，部分地满足了工业资产阶级和其他中等阶级的要求。另外65个席位增补给郡选区。给北方一些郡选区增补席位，既是适应西北、北部地区发展的需要，也是对托利党的妥协。还有13个席位分给了苏格兰（8名）和爱尔兰（5名）。改革后的下院仍是658名议员，其中英格兰、威尔士共499席，苏格兰54席，爱尔兰105席。

关于选民资格，在郡选区，除继续保留1430年规定的年净收入在40先令以上的男性自由持有农的选举资格外，改革法新规定，凡年净收入在10镑以上的公簿持有农或租期在60年以上的租地农，凡年净收入在50镑以上、租期在 20 年以上的租地农或每年真诚按时纳租 50 镑以上的任意租地农①,都享有选举权。在城市选区,除有条件地保留某些古老选举权外,改革法新规定,凡在其居留地占有年净值 10 镑以上的房屋者,得享有选举权。改革法还规定,凡在选民登记前一年期间受教区赈款或其他救济金者,就丧失了选举议会代表资格。由于选民资格的改革,整个联合王国的选民由原来的 47.8 万人增加到 81.4 万人。

1832 年议会改革的重要意义在于,它通过调整选区,整顿和扩大选举权,打破了贵族寡头势力在政治上的长期垄断,向新兴的工业资产阶级和其他中等阶级打开了通往政权的大门。这次改革堪称英国近代政治制度发展史上的转折点。它率先向贵族长期控制的旧选举制度发起了攻击,并取得初步成果。随之而来的改革接二连三,使英国议会得以逐步摆脱贵族的统治,扩大资产阶级民主。

就具体成果而论,这次改革也还只是一个开端。贵族的政治势力还远没有被击败,中等阶级得到的权力有限,人民群众的要求则根本没有提上日程。衰败选区只取消一部分,选民增加不多。1833 年英格兰和威尔士的选民总数为 65 万人,比改革前仅增加 22 万人。连格雷本人都不得不承认,他的政府"通过了一项太贵族化的方案"。这次改革只不过是初步的,面临的任务还很繁重。

三 1867 年改革

1832 年改革首先使工人阶级失望。他们是争取这次改革的一支主力军,但改革使他们一无所得。他们被资产阶级的欺骗伎俩所激怒,决心为争取自身的政治权利而独立进行斗争。1836 年 6 月,成立了以威廉·洛维特为首的"伦敦工人协会"。1837 年 6 月,协会签署了一个争取普选权的纲领性文件,提出 6 点要求,中心内容是普选权问题。1838 年 5 月,这个文件提交下院,称为《人民宪章》。此后,工人群众就在全国各地掀起了

---

① 指没有时限、地主可以随时退佃的土地租佃农。

争取实现人民宪章的轰轰烈烈的宪章运动。由于工人阶级尚不够成熟，到19世纪40年代末50年代初，宪章运动最后以失败告终，"工人阶级的活动被推到了后台"①。工人阶级的要求未能实现。待工人运动再度活跃于政治舞台，已经是60年代以后的事了。

1832年改革也只是部分地满足了工业资产阶级的要求。他们只是同贵族分享政权，实际上贵族势力在议会里仍占优势。从1832年改革到1867年改革中间的11届内阁，其首相和阁员大臣的绝大部分仍是贵族。直到1865年大选时，还有近半数议员受贵族势力控制。地方立法机构也仍握在贵族集团手中。恩格斯确切地指出："甚至1832年的胜利，也还是让土地贵族几乎独占了政府所有的高级职位。"②

但是，到19世纪三四十年代，随着产业革命的完成，英国资本主义经济有了巨大发展。铁的产量1800年为25万吨，到1850年激增至200万吨，占当时全世界生铁产量的半数。煤的产量由1816年的1600万吨激增至1856年的6500万吨。机器制造业已发展到用机器制造机器。工业发展促进了对外贸易，英国成了名副其实的"世界工厂"。农牧业经过技术改良，生产水平也显著上升。采用先进技术的大农场到19世纪中叶在农业部门已占优势。为了满足工业资产阶级降低原料和粮食进口税的要求，1846年，在激进的自由贸易派推动下，皮尔保守党政府废除了谷物法，开放谷物自由贸易。1849年，罗素辉格党内阁又废除航海条例。这些法令，特别是谷物法的废除，是自由贸易原则对保护关税主义的重大胜利，是工商业资产阶级对土地贵族的重大胜利。开放自由贸易，极大地刺激了工业发展，使工业资产阶级攫取巨额财富，掌握了国家的经济实力。但"甚至在谷物法废除以后，那些取得了胜利的人物，科布顿们、布莱特们、福斯特们③等，还不能正式参与统治国家"④。贵族在政治上的权力还很大。这种不相适应的情况，使继续进行立法机构的改革势不可免。

---

① 《马克思恩格斯全集》第22卷，人民出版社，1965，第318页。
② 《马克思恩格斯选集》第3卷，人民出版社，1972，第399页。
③ 这三人是英国工业资产阶级中倡导自由贸易的代表人物。
④ 《马克思恩格斯选集》第3卷，人民出版社，1972，第399~400页。

1832 年至 1867 年争取议会改革的斗争，大致可以 19 世纪 60 年代为界划分两个阶段。60 年代以前，争取议会改革的斗争主要在议会内部进行，它同政党的改选密切联系在一起，呈现出错综复杂的过程。

英国资产阶级革命以后，一直交替执政的托利党和辉格党，到 19 世纪 30~50 年代先后演变为保守党和自由党。两党的演变不仅在于名称的改变和组织机构的扩大和完善，更主要的是它们的社会基础在逐渐发生变化。在 18 世纪，两党主要代表贵族集团的利益，主要是议会内部的两大政治集团。到 19 世纪中叶，国家的社会经济发生了巨大变化，英国已经成为以自由贸易为国策的工业社会。恩格斯说："自由贸易意味着改革英国全部对内对外的贸易和财政政策，以适应工业资本家即现在代表着国家的阶级的利益。"[1] 两大政党要继续维持其统治，就必须去适应已经变更了的现实，以工商业资产阶级的利益为依归，使自己由贵族的政党转变为代表近代资产阶级的政党。为取得工商业资产阶级的支持，就必须满足他们对政权的要求。由此可见，两党的改造、再建，其实质是同议会改革的实质一致的，当然，改造的过程并不是那么自觉，那么一帆风顺，中间掺杂着两党利益的矛盾和斗争，以及两党同工人阶级、广大群众之间的斗争，但改造毕竟是沿着这样一个方向前进的。

在保守党改造过程中主要发挥作用的是罗伯特·皮尔和本杰明·迪斯累里。皮尔早在 19 世纪 20 年代就倡导自由主义改革；30 年代在塔姆沃斯宣言（竞选演说）中表示接受 1832 年改革；1846 年宣布废除谷物法，终于导致保守党分裂。皮尔派以后加入了自由党。迪斯累里 1848 年成为保守党领袖。他在 1846 年还激烈反对废除谷物法，因而同皮尔分手；但 20 年以后，他自己终于也意识到，要巩固党的统治，同对手竞争，必须依靠强大的工业资产阶级，必须给他们以政治权力。

自由党的改造，是 19 世纪 50 年代末通过以罗素、帕麦斯顿为代表的旧辉格集团，以格莱斯顿为代表的皮尔派和以布莱特为代表的激进派的联合最后实现的。在旧辉格集团衰落以后，格莱斯顿成了自由党的首领。在

---

[1] 《马克思恩格斯全集》第 22 卷，人民出版社，1965，第 318 页。

激进派支持下，格莱斯顿进行了一系列适应工业资产阶级需要的自由主义改革，从而给自由党打下了坚固的基础。

这样，正是随着两党的改造，议会改革问题又提上日程。还在19世纪40年代末，议会里就响起了激进派要求改革的呼声。为了取得他们的支持，1852年2月，辉格党内阁首相罗素勋爵正式提出一项议会改革法案。法案除要求把城市选区选民资格扩大到年纳税额在5镑以上的房屋占有者、把郡选区选民资格扩大到年净收入在20镑以上的任意租地农、年净收入5镑以上的公簿持有农和长期租地农以外，还新规定，凡每年缴纳所得税40先令以上的城乡居民均得享有选举权。实现这一条款，将大量增加城市选区的选民。

1854年2月，罗素任皮尔派阿伯丁联合（辉格党人）内阁外交大臣时又提出一项改革法案，稍稍提高了财产资格，把上次提出的城区选民年纳税额提高到6镑，而且规定在该选区要居住两年半以上。此外还规定，不论在城市，或具有大学毕业学位者，得有选举权。选区调整方面，主要是建议继续取消衰败选区，增加大城市的议席。

罗素的第二个提案较第一个略有后退，但两个提案的主要目的都在于满足资产阶级激进派的要求，继续扩大城市选区的中等阶级选民，以扩大辉格党的统治基础。第二个提案的新增条款显然是要限制没有固定职业、未受过高等教育的下层劳动群众。提案自然得到激进派的支持。但两个提案都不仅遭到保守党的反对，被认为提案的目的不是要扩大民主，而是要扩大辉格党的影响，而且受到辉格党内部保守势力，特别是帕麦斯顿的非难，他认为罗素把城区选民的财产资格降得太低，这将增加政治生活中的不稳定因素。

辉格党内部在改革问题上的分歧，给保守党人提供了机会。为了打破对方在改革问题上的垄断，德比保守党内阁财政大臣迪斯累里于1859年2月也抛出一个议会改革法案。他的法案未能触动城市选区原定的选民资格，但主张把郡选区任意租地农选民的财产资格降至10镑，以扩大保守党在农村的基础。此外，迪斯累里新规定一种城区选民资格，目的在于把城区选举权扩大到知识阶层和自由职业者，以博得他们对保守党的支持。格莱斯顿支持这个法案，激进派反对，认为法案应当降低城区原定的选民资格。

1859 年 6 月，帕麦斯顿组成辉格党内阁。1860 年出任外交大臣的罗素勋爵提出了 1832 年议会改革以后他的第三个改革法案，该法案基本上重复了 1852 年法案的要求。罗素并未指望法案得到通过，只不过是最后向激进派表示一种姿态。本来一直反对议会改革的帕麦斯顿这次却支持这个明知通不过的提案，目的是维护不久前才同罗素建立起来的友谊。最后，在保守党、辉格党议员一致反对下，罗素于 1860 年 6 月自动撤回了自己的提案。

19 世纪 60 年代以后，争取议会改革的斗争进入一个新阶段。一方面，虽然议会改革运动一再碰壁，资产阶级激进派布莱特等人并没有停止斗争。但由于对两党在议会内进行的无成效的斗争失望，激进派把他们的目光转向工人阶级和劳动群众，建议后者采取联合行动。他们希望借助群众的力量达到自己的目的。另一方面，英国工人阶级在 50 年代沉静一段之后，60 年代初重又走到政治斗争的前台。在当时形势下，他们决心以争取普选权为斗争的中心任务，并于 1865 年 3 月组成了争取议会改革的"改革同盟"。当时第一国际刚刚成立，马克思、恩格斯非常关注英国工人运动，并全力支持工人阶级争取普选权的斗争。他们深刻了解工联主义思潮和资产阶级激进主义在工人运动中的影响，为了争取对改革运动的领导权，并把英国工人阶级争取到国际一边，马克思、恩格斯赞同工人阶级在争取普选权的斗争中同资产阶级激进派结成联盟。1865 年 5 月 13 日，在伦敦圣马丁教堂举行了工人和激进派联合的"全国改革同盟"成立大会。同盟由激进派布莱特和比尔斯担任领导，设 12 人组成的常务委员会，由资产阶级激进派和工人阶级各 6 人组成。同盟提出了普选权、秘密投票的要求，并在全国各大城市设立分支机构，展开了争取选举改革的斗争。

1865 年，帕麦斯顿病死，罗素继任首相。此时罗素已是 74 岁老朽，格莱斯顿是自由党的实际首领。皮尔派格莱斯顿，本来是一个"贵族政治原则的坚定信仰者"，但是为了取得党内激进派的支持，在当时群众要求改革的呼声下，罗素和格莱斯顿于 1866 年 3 月提出了一个新的改革法案。

法案规定，在城市选区，凡年净值在 7 镑以上的房屋占有者和年交寓所内的居室租金在 10 镑以上的房客享有选举权；在郡选区，年净收入 14 镑的租地农享有选举权。对选区的调整，提出削减居民在 8000 人以下的城市选区议席，增加大工业城市席位。这个提案是经过精确计算的，城区选民资格降到 7 镑而不是过去曾经建议过的 6 镑，将既能给工人阶级上层以选举权，又不致对统治阶级造成威胁。格莱斯顿还提出移居到城市的原公簿持有农、长期租地农应回到其土地所属的郡选区投票，目的是在郡区抵消支持保守党的任意租地农选民的影响。

迪斯累里和自由党内的反对派勾结起来，反对格莱斯顿的提案，目的在于推翻自由党内阁。布莱特支持这个提案，参加"全国改革同盟"的工联领袖奥哲尔等人也支持，背弃了关于普选权的要求。1866 年 4 ~ 5 月，伦敦工人纷纷集会，抗议工联领导人的妥协行为，坚持要求普选权。

1866 年 6 月，保守党击败了对手组织起德比—迪斯累里内阁。从 1866 年 7 月到 1867 年 3 月，伦敦、曼彻斯特、伯明翰等城市数以万计的群众组织大规模集会、游行；"全国改革同盟"的地方组织也纷纷活动，要求改革，要求普选权。在改造保守党的过程中，迪斯累里已深深感到，要振兴保守党，最根本的是要使党顺应时代潮流。在群众运动推动下，迪斯累里于 1867 年 3 月 18 日再提出议会改革法案。他的法案比格莱斯顿的法案本来并无明显进步，因而遭到对手的激烈反对。但迪斯累里已下决心要让第二次改革法案在他手中通过，所以在讨论过程中，他吸收了激进派提出的一系列修正案，对原提案做了大幅度修改，终于使法案在 7 月 15 日最后通过，1867 年 8 月 15 日经维多利亚女王批准，成为法律。

1867 年议会改革法正式名称是"1867 年人民代表制度法"（英格兰和威尔士）。法令共 61 款，主要内容规定：在城市选区，凡纳税的房屋持有人，居住寓所内不提供家具，年净值在 10 镑以上的居室、居住期在 1 年以上并照章纳税的房客，得享有选举权。在郡选区，凡年净值在 5 镑以上的公簿持有农和长期租地农，凡每年缴纳租金在 12 镑以上的任意租地农，得享有选举权。选民资格降低，使全联合王国的选民由 136 万人增至 246 万人，增加百余万人。选区的调整：取消 4 个城市选区的议席，38 个城市选区议席由 2 席减为 1 席。曼彻斯特、利兹、伯明翰和利物浦各 3 席（但选民只能投 2 票）。增加 10 个新城市选举区，除 1 个选区得 2 个议席外，其他各得 1 席。另两个选区各 2 个议席，1 个联合选区分为 2 个，各有 2 个席位。增设一些新的郡选区，各 2 个议席，伦敦大学 1 席。此后，议会又为苏格兰和爱尔兰制定了类似的法律。

这次改革得来不易。就从 1852 年算起，也拖延了整整 15 年。改革法案一再被提出，又一再被否决，最后，终于在广大工人阶级和劳动群众推动下，在德比—迪斯累里保守党内阁任内得以实现。这个漫长的过程，反映出两党改造的艰难道路。

随着历史的发展，议会改革越来越成为政治生活日程上必须解决的问题。再进行一次议会改革一直是城乡工商业资产阶级的要求，改造中的保守党和自由党，一方面为争取他们的支持，竞相充当他们利益的代言人；另一方面，由于两党各自内部不同集团以及互相之间的矛盾斗争，加之双方都不愿在改革问题上走得太远，因而出现了欲行又止、欲罢不能这样反复曲折的复杂过程。1867 年的改革法，显然是工商业资产阶级对土地贵族、金融贵族的又一次胜利。由于降低了选民资格，他们的要求得到了满足。工人阶级上层也得到了选举权，但他们是"甘愿充当'伟大的自由党'的尾巴"[1] 在政治舞台上活动的。广大下层劳苦大众仍被排斥在政权之外。

四　1884 年改革

随 1867 年议会改革法的颁布，保守党似乎是取得了对自由党的胜利。其实不然。自由党首领格莱斯顿不甘心在 1867 年改革问题上的被动地位，为了压倒对方，议会改革后，他立即展开了紧张的活动。对爱尔兰的议员许诺要解决爱尔兰的宗教问题；向激进派议员宣扬自由党人对进一步改革的设想，到 1868 年大选前夕，他更对广大群众进行蛊惑人心的宣传，决心

---

① 《马克思恩格斯全集》第 19 卷，人民出版社，1963，第 304 页。

同迪斯累里一决高低。大选结果，自由党获胜，格莱斯顿组织起他的第一届自由党内阁。

19世纪70年代以后，英国在世界经济中的工业垄断地位逐渐丧失。经济地位下跌使两大政党的政策更加接近。两党经过改造，都已经发展成为代表近代资产阶级利益的政党。不同的是，保守党同土地利益集团有更多的联系，自由党则较多地反映工业资产阶级的要求。在政策上，格莱斯顿内阁为了适应经济发展和资产阶级的需要，着力在国内推行一系列改革措施。1872年，内阁通过了秘密投票法，作为对1867年改革法的补充。在这之前，选举一直是公开进行的。推选议员候选人，先在一定场所口头提名，之后举手表决，不管是不是选民都可以参加表决。表决后过一段时间，再在一定场所由选民进行正式公开选举。由于竞选者的贿赂、恫吓，选民往往不能真正表达自己的意志。秘密投票法的通过和实施，对完善选举制度有重要作用。

1880年，格莱斯顿第二次组阁。继他第一届内阁期间一系列改革之后，在第二次内阁中他又提出了议会改革问题。1867年议会改革法大大降低了城市选区选民资格，使工人阶级上层得到了选举权；但郡区的选举权却没有扩大到这样大的幅度，这样就产生了城乡选举资格不平衡的现象。为了缓和农村居民争取政治权利的斗争，同保守党争夺农村的选民，自由党协会全国总会在1883年酝酿了扩大郡选区选举权的问题。

1884年，格莱斯顿向议会提出了新的、第三次议会改革法案。法案于1885年经国王批准成为法律，称为"1884年人民代表法"（英格兰和威尔士）。法令的主要内容是把1867年确定的城市选区房屋持有人这一选民资格扩大到郡选区，原有郡选区的资格规定不变。这样一来，新增加的选民比前两次改革增加的选民总数还要多，达到250万人。和1867年改革后的选民数加在一起，总数接近500万人。农村工人和居住在郡区的矿工都得到了选举权。

1885年，议会又通过重分议席法，在英国历史上第一次确定了按人口多少划分选区和分配议席。规定5000人以下的城镇不设选区；5000～50000人口的城市得1个议员席位；50000～165000人口的城市得2席；

165000以上的得3席。郡选区亦取相同原则，除特别情况外，按单人选区制，即1个选区选派议员1人。

以上是19世纪三次大的议会改革的概述。其间小的、局部的、一个方面的改革还很多。以后的改革也并未到此止步。1918年，基本上实现了男（21岁）女（30岁）公民的普遍选举权，取消了一切资格限制。到1969年，选民最低年龄统一降低到18周岁。据1970年统计，英国选民总数达到4000万人。

纵观三次改革，尽管每次改革的历史背景不同，斗争中各阶级、各集团力量有强有弱，因而取得的成果也不平衡。总的说来，经过一次次改革，英国的资产阶级议会民主逐渐扩大，与经济基础的发展演变相适应，英国的政治制度也从18世纪的贵族政治逐步过渡到资产阶级社会民主政治。这是符合当时英国资本主义发展需要的。工人阶级和广大劳动群众关于普选权的要求，随改革的一步步发展，终于得以实现，但在资本主义制度下，普选权是为巩固资产阶级统治服务的工具。对劳动群众完全是有名无实的。

［程西筠，中国社会科学院世界历史研究所研究员，中国社会科学院荣誉学部委员］

（本文始发于《外国历史大事集》，近代部分，第二分册，重庆出版社，1985）

奴隶占有制与国家

廖学盛

只要浏览一下 17~18 世纪和 19 世纪末以前的一些欧美著述家的论著，就会发现，他们认为，古代有过奴隶占有制社会，至少是在古代希腊罗马确实有过。[①] 这种情况，显然与当时欧美资产阶级反对封建专制，渴求既不当封建君主的"普遍奴隶"，也不当"世界霸主"拿破仑的"平等的奴隶"的愿望相适应，并与资产阶级反对有碍其发展的过时的经济和社会制度的斗争相关。当时学术界普遍承认，古代希腊罗马是不同于中世纪欧洲的历史发展阶段。

19 世纪 70 年代以来，随着考古学、民族学等一系列学科的蓬勃发展，有关世界不同地区、不同时期原始社会向奴隶占有制社会转变以及早期阶级社会发展情况的资料，大量增加。而且还发现了像中国凉山彝族的奴隶占有制社会这样的活标本。可是，从 19 世纪末以来，无论是在世界范围内还是在中国，奴隶占有制社会长期是一个学术界有巨大争议的问题。不仅争论古希腊罗马以外地区是否有过奴隶占有制社会，对于古代希腊罗马存在过奴隶占有制社会的具体时间和地区也有不同意见，甚至有人否认罗马有过奴隶占有制社会。[②]

[①] 例如，大卫·休谟（1711~1776 年）在《论古代国家的人口稠密》一文中写道："古今国内经济方面的主要不同就在于奴隶制，这种奴隶制在古代十分盛行，而在现代，在欧洲大多数地区的一些国家里，已经废止了。"见《休谟经济论文选》，陈玮译，商务印书馆，1984，第 96 页。

[②] 关于这方面的情况，参阅 M. I. Finley，《古代奴隶制和现代意识形态》（*Ancient Slavery and Modern Ideology*），Penguin Books，1980；林甘泉、田人隆、李祖德《中国古代史分期讨论五十年（一九二九——一九七九年）》，上海人民出版社，1982；廖学盛《关于奴隶占有制社会的一些思考——〈凉山彝族奴隶制社会形态〉一书读后》，《史学理论》1988 年第 1 期。

一

何以会出现上述现象呢？无疑，马克思主义产生以后，意识形态领域的斗争，在奴隶占有制社会史的研究范围内，不可能没有一定的反映。但更主要的是，随着历史研究范围的扩大，即把对奴隶占有制社会的研究，从古代希腊罗马扩展到世界各个地区、各个民族，随着对世界历史发展过程中个性共性问题的进一步探索，必然会产生一系列新问题。而古代史研究工作中经常碰到的史料不足，更加重了解决问题的难度。

在上面提及的休谟的论文中已经指出，古代著作中，关于"奴隶的数目根本很少提及"，并且认为，关于奴隶和公民之间的比数"是个最重要、也是最难确定的问题"①。可是，休谟并没有因为奴隶的数目问题或奴隶与公民之间的比例问题，而否定奴隶占有制度的存在。

诚然，研究古代社会中奴隶的数量具有一定意义，但是，奴隶的绝对数量及其在一特定时间、特定地区人口中的比例，不能用作判断奴隶占有制社会是否存在的标准。因为，奴隶占有制社会的发生和发展，同封建社会、资本主义社会一样，取决于生产力一定程度的发展，以及与生产力一定发展水平相适应的上层建筑的各个方面相互作用的结果。这个问题至为复杂，远不是用一个数量标准所能解决的。

产生奴隶占有制的根本原因，是社会生产力和分工的发展。劳动生产率的提高，使得劳动者，尤其是农业劳动者，能够生产剩余产品，从而使奴役他人成为可能。另一个条件是，在生产力这样低下的发展阶段，以血缘关系为基础的氏族部落内外关系的区分。不考虑这后一个条件，单纯谈论生产力发展水平的高低，就不能令人信服地解释清楚奴隶占有制这种独特的人剥削人的方式为什么会在世界各地原始社会瓦解的基础上普遍地产生。

不少学者把最早国家的产生看成一定地区奴隶占有制社会确立的最重要标志，这是很有道理的。因为作为主要维护剥削阶级利益工具的最早国

---

① 《休谟经济论文选》，第 96～97、130、137、144 页。

家，是随着奴隶占有制生产关系的发展而出现的。流传至今的古代文献说明，古代独立发展的各氏族部落内部，在原始社会末期出现的最早剥削形式，都是奴隶制。最早的奴隶是氏族部落战争中俘虏的外氏族部落成员，也就是与本氏族部落没有血缘关系的外来人。此外，原始社会末期各氏族部落间的频繁战争，使每个氏族部落的全体成员都经常面临本氏族部落战败后，部分甚至全体成员沦为获胜部落的奴隶的危险。在这种情况下，必然形成这样一种机制，要增加奴隶，必须使本氏族部落在军事方面强大。而要使本氏族部落在军事方面强大，首先需要在一定程度上控制内部的贫富分化，尽力增强团结一致共御外侮的精神。可是，奴隶数量的增加，掠夺得来的土地和其他财富的增加，频繁的战争，又不可避免地会加剧氏族部落内部的贫富分化，使氏族部落中的贫困成员面临被卖到其他氏族部落充当奴隶的危险。无论是在古代希腊还是在古代罗马，流传至今的史料都说明，最早的国家，是在这种背景下，为解决这样的内外任务而产生和发展的。

二

在古代希腊文中，通常用以表示"国家"的"Πόλις"一词，最早的意思是指"堡垒"，即在战争危险时期，整个氏族部落的成员可以据险集体自卫的场所。著名的雅典卫城，最早就起这种作用。科林斯和忒拜的卫城也是如此。"Πόλις"的另一个意义是指"公民集体"。修昔底德记载雅典远征西西里岛的军事首脑尼基阿斯的话说，"ἄνδρες γὰρ πόλις, καὶ οὐ τείχη οὐδὲ νῆες ἀνδρῶν κεναί"[1] 直译成汉语是："人就是城邦，无论是城墙还是无人的军舰都不是城邦。"[2] 斯巴达在公元前 2 世纪前一直没有城墙，就是凭借整个公民集体来维护斯巴达国家的生存。

---

[1] 修昔底德：《伯罗奔尼撒战争史》（Thucydides, Historiae），牛津（Oxonii），Ⅶ，77，7。

[2] 由谢德风从英文转译的汉文《伯罗奔尼撒战争史》（商务印书馆 1978 年版）中，这段话表述为："建立城市的是人，而不是那些没有人的城墙或船舰"（第 556 页），把修昔底德的原意完全弄错了。

在斯巴达，公民集体等同于城邦，表现得十分明显。众所周知，对其他希腊人氏族部落的征服，在斯巴达国家的形成和发展过程中，起了巨大作用。与此相联系，斯巴达公民组成了一个专门习武不从事任何生产活动的集团。他们的生活资料，全靠被征服而沦为奴隶的黑劳士提供。从氏族部落内外的角度看，黑劳士的奴隶身份是没有任何疑义的。修昔底德明确指出，斯巴达是奴隶极多的城邦，比希奥斯岛的奴隶还要多。[①] 作为奴隶主集体的斯巴达公民集体，以源于原始社会氏族部落的血缘关系为基础，并且整个地构成凌驾于边民和黑劳士之上的暴力集团。这个公民集体的强大与否，直接关系到表现为黑劳士制度的奴隶占有制的存亡。公元前371年留克特拉之役中斯巴达人的惨败，立刻导致作为黑劳士的主要部分被斯巴达公民集体奴役了数百年的美塞尼亚人的解放，他们立即重建了自己的国家。而长期称雄于希腊诸邦的奴隶占有制国家斯巴达则从此一蹶不振。显然，离开奴隶占有制社会的整个历史联系，美塞尼亚人命运的这种转变，是不可思议的。

在斯巴达，斯巴达公民、边民和黑劳士三个等级的划分，有明显基于血缘关系的氏族部落内外的印记。黑劳士不可能变成斯巴达公民。斯巴达公民也不可能变成黑劳士。斯巴达公民与黑劳士这两个等级，同时也是两个阶级的根本对立，构成地域意义的斯巴达国家的基本内容，尽管长时期内这两个等级并不混杂地居住在一起。

说到这里，我们需要指出，早期奴隶占有制社会的国家，也就是通常所说处于城邦发展阶段的国家的特点之一是，"国家"一词的含义有两层，一指公民集体，二指该公民集体能够统治的所有地区。例如，"斯巴达国家"往往只是指由斯巴达公民组成的集体。而斯巴达公民集体，由于具有强烈的军事集团性质，实行公餐制，其成员只居住在地域意义上的斯巴达国家的很小一部分土地上。由于上述情况，生活在同一地域意义上的国家境内的居民的政治权利，主要不取决于财产状况和居住年限，而是取决于其祖先的氏族部落归属和由于这种归属决定的不同等级地位。

---

① 修昔底德：《伯罗奔尼撒战争史》第 7 卷，第 40 章，第 2 节。

在雅典，等同于奴隶占有制国家的公民集体，与源于原始社会的基于血缘的氏族部落关系的联系，在整个古典时代都表现得十分明显。亚里士多德、德谟斯提尼等人的著作，对此做了详细记述。

论及克利斯提尼的改革，亚里士多德在《雅典政制》一书中指出，克利斯提尼以10个部落代替原有的4个部落，意在使不同部落的人混合起来，并使更多的人参与政治（$\pi\rho\tilde{\omega}\tau o\nu\ \mu\grave{\epsilon}\nu\ \sigma\upsilon\nu\acute{\epsilon}\nu\epsilon\iota\mu\epsilon\ \pi\acute{\alpha}\nu\tau\alpha\varsigma\ \epsilon\grave{\iota}\varsigma\ \delta\acute{\epsilon}\kappa\alpha\ \psi\upsilon\lambda\grave{\alpha}\varsigma\ \grave{\alpha}\nu\tau\grave{\iota}\ \tau\tilde{\omega}\nu\ \tau\epsilon\tau\tau\acute{\alpha}\rho\omega\nu,\ \grave{\alpha}\nu\alpha\mu\epsilon\tilde{\iota}\xi\alpha\iota\ \beta o\upsilon\lambda\acute{o}\mu\epsilon\nu o\upsilon\varsigma,\ \tilde{o}\pi\omega\varsigma\ \mu\epsilon\tau\acute{\alpha}\sigma\chi\omega\sigma\iota\ \pi\lambda\epsilon\acute{\iota}o\upsilon\varsigma\ \tau\tilde{\eta}\varsigma\ \pi o\lambda\iota\tau\epsilon\acute{\iota}\alpha\varsigma$①），因此而产生了"不要按部落来区分"（"$\mu\grave{\eta}\ \psi\upsilon\lambda o\kappa\rho\iota\nu\acute{\epsilon}\iota\nu$"）的说法。应该强调指出的是，尽管有上述变化，但是在整个雅典公民集体中，原有的按祖先血统授予公民权的制度并未废除。以致由于公民人数的大量增加，公民大会于公元前451年，也就是克利斯提尼改革之后半个多世纪，根据伯里克利的提议，通过了著名的公民权法。该法规定，只有父母双方均为雅典人的人，才能取得雅典公民权（"$\mu\grave{\eta}\ \mu\epsilon\tau\acute{\epsilon}\chi\epsilon\iota\nu\ \tau\tilde{\eta}\varsigma\ \pi\acute{o}\lambda\epsilon\omega\varsigma\ \tilde{o}\varsigma\ \grave{\alpha}\nu\ \mu\grave{\eta}\ \grave{\epsilon}\xi\ \grave{\alpha}\mu\phi o\tilde{\iota}\nu\ \tilde{\eta}\iota\ \gamma\epsilon\gamma o\nu\grave{\omega}\varsigma$"②）。这个公民权法，在亚里士多德生活的时代继续施行。③ 按照雅典的法律，五百人会议要对公职候选人做资格审查。审查资格时提出的问题，首先是被询问者的父亲是谁，父亲的父亲是谁，母亲是谁，母亲的父亲是谁。还有，祖先的坟墓何在。④ 对于非法窃取雅典公民权的人，一经查实，国家便把他卖到外邦为奴。由此可见对公民祖先血统的重视程度。

在如此严格地按照血缘原则授予公民权的雅典，必然是属人法居于统治地位。不但是奴隶处于法律之外，而且所有没有公民权而居住在雅典境内的自由人，只有通过作为他的"保护人"（$\Pi\rho o\sigma\tau\acute{\alpha}\tau\eta\varsigma$）的雅典公民的中介，他才能够与雅典的法庭发生关系。除了雅典公民大会特许的个别例

---

① 亚里士多德：《雅典政制》（Aristoteles, AΘΗΝΑΙΩΝ ΠΟΛΙΤΕΙΑ），托伊布讷出版协会（BSB B. G. TEUBNER VERLAGSGESELLSCHAFT），1986，第21章，第2节。根据 H. Rackham 的英译本转译的汉译《雅典政制》（商务印书馆，1959）的相应译文和注释，均不妥。限于篇幅，这里不作详细分析。

② 亚里士多德：《雅典政制》，第26章，第4节。

③ 亚里士多德：《雅典政制》，第42章，第1节。

④ 亚里士多德：《雅典政制》，第55章，第7节。

外，没有公民权的自由人，不论其财产状况如何，原则上都无权在雅典购置不动产。他们所需住房，一般只能向雅典公民租赁。在通常情况下，他们也不能与雅典公民缔结合法婚姻。

可见，在雅典奴隶占有制国家存在的很长时期内，在政治、经济和社会生活中，血缘原则所起的作用，远较地缘原则为大。与此相联系，在流传至今的古代文献中，往往用"雅典人"（οἱ Ἀθηναῖοι）一词指雅典国家。修昔底德在他的书的开头就说他描述的是"伯罗奔尼撒人和雅典人之间的战争"（τὸν πόλεμον τῶν Πελοποννησίων καὶ Ἀθηναίων）。通常所说"阿提加"（Ἀττική），意思就是"雅典人的土地"。

当时希腊各城邦之间，不存在现在政治生活中的"领土"概念。① 在伯罗奔尼撒战争期间，斯巴达著名将领布拉西达斯，在公元前424年率领一支军队，经陆路从伯罗奔尼撒半岛到达色雷斯沿岸。他在途中的遭遇说明了这一点。当帖萨利亚人声言，未取得帖萨利亚同盟的同意，在其境内行军是不合适时，布拉西达斯只是回答说，他是帖萨利亚人的朋友，是前去与雅典人作战，他不知道在帖萨利亚人和斯巴达人之间存在足以妨碍彼此利用对方土地的仇恨。在听了布拉西达斯的这样一番话之后，帖萨利亚人也就走开了。而布拉西达斯则继续赶路。

把布拉西达斯的上述遭遇与中国古代史中的类似情况做些比较，是饶有兴趣的。臧知非在《论县制的发展与古代国家结构的演变——兼谈郡制的起源》一文中一再提到，春秋时期，"没有后世的领土概念"，"终春秋之世"、"领土观念还不强烈"。② 文中写道："春秋各国相互攻伐，往往越别国而致敌，并不遭受非议，《左传·僖公三十三年》，秦师袭郑，越晋周两国，过周北门，王孙满谓秦师'轻而无礼，必败'，并不批评秦师犯境；顾栋高谓春秋'处兵争之世而反若大道之行，外户不闭，历敌境如行几席，如适户庭'。"

奴隶占有制的发生和发展，与原始社会遗留下来的基于血缘的氏族部

---

① 参阅修昔底德《伯罗奔尼撒战争史》第4卷，第78章，特别是其中的第3~4节。

② 参阅《中国史研究》1993年第1期，第117~119页。至于战国时期的国家是否是"封建领土国家"，本文暂不讨论。

落关系，是密不可分的。由于最早国家中的统治集团，是其自身等同于国家的公民集体，而且这种公民集体又以从氏族部落的角度而论的源于原始社会的血缘关系（本质上不同于封建地域国家的个别家族的血缘关系）相维系，因此，早期阶级社会由血缘到地缘的过渡，必定会经历相当长的时间。像古代斯巴达和雅典这样的城邦，为了维护公民的特权地位而限制公民人数，强化公民权与原始的氏族部落血缘关系的联系，必然使血缘向地缘过渡的时间更加延长。就雅典而论，直到公元前4世纪后期它被马其顿人征服之时，从它的阶级等级结构来看，仍未完成从血缘向地缘的过渡。

在公元前2世纪下半叶就已成为地跨欧亚非三洲的庞大强国罗马，它作为一个奴隶占有制国家，只是在帝国后期，也就是公元4~5世纪，才最终完成从血缘向地缘的过渡。罗马公民权最终失去政治、经济和社会意义，以及作为城邦制度残余的城市自治制度的瓦解，是完成这种过渡的重要标志。

上文一再提到，在城邦发展阶段的奴隶占有制国家，等同于公民集体。换句话说，公民集体的形成，就是奴隶占有制国家产生的标志。就古代斯巴达、雅典和罗马的情况而论，公民集体都是作为一个享有特权的等级而存在。在这三个国家中，都存在三个基本的等级，即公民，没有公民权的自由人和奴隶。三个等级之间的相互关系，则因不同的传统和历史条件，在不同国家中有所区别。

正因为公民集体等同于国家，所以在古代雅典和古代罗马，政治才显得那样重要。对于古代希腊罗马的历史作过深入研究的马克思指出，在古代世界，政治之所以起主要作用，归根结底是当时的经济发展状况所决定。他进而写道："只要对罗马共和国的历史稍微有点了解，就会知道，地产的历史构成罗马共和国的秘史。"[1]

在《路德维希·费尔巴哈和德国古典哲学的终结》这篇著名论文中，恩格斯以更加展开的形式，阐释了马克思的上述思想。他写道："在关于

---

[1] 《马克思恩格斯全集》第23卷，人民出版社，1972，第99页。

罗马共和国内部斗争的古代史料中，只有阿庇安一人清楚明白地告诉我们，这一斗争归根到底是为什么进行的，即为土地所有权进行的。"① 在这段话之前，恩格斯对国家与经济的关系，做了详细的论述。

他写道："从传统的观点来看（这种观点也是黑格尔所尊崇的），国家是决定性的因素，市民社会是被国家决定的因素。表面现象是和这种看法符合的。……在现代历史中，国家的愿望总的说来是由市民社会的不断变化的需要，是由某个阶级的优势地位，归根到底，是由生产力和交换关系的发展决定的。""既然甚至在拥有巨量生产资料和交通工具的现代，国家都不是一个具有独立发展的独立领域，而它的存在和发展归根到底都应该从社会的经济生活条件中得到解释，那末，以前的一切时期就必然更是这样了。"②

就古代希腊罗马而论，土地占有权至关重要，公民集体与国家的同一，集中表现为公民权、占有土地的权利和履行服兵役的义务的统一。这一点，在古代罗马尤为明显。之所以能够有这样的统一，原因在于奴隶占有制社会脱胎于原始社会，在其中，公民权长期与源于原始社会的氏族部落的血缘关系密不可分；农业是国民经济的主要部门，绝大多数公民以农业为生，对土地有强烈的依赖；军事、战争因素在公民生活中占有极为重要的地位，保卫城邦的独立是维护自己公民权的根本条件，城邦的扩张是增加土地、奴隶和其他财富的重要途径。

由于实行公民权、占有土地的权利和履行服兵役的义务三者合一的制度，作为奴隶占有制国家的基本政策，必然是奖励耕战，努力发扬公民的尚武精神，并且提倡公民内部的和谐一致。

古代罗马著名的政治家加图的《农业志》一书开头的一段话，鲜明地揭示了罗马人对耕战的态度。他指出："最坚强的人和最骁勇的战士，都出生于农民之中。〔农民的〕利益来得最清廉、最稳妥，最不为人所疾视，从事这种职业的人，绝不心怀恶念。"③ 生活于公元前 1 世纪和公元 1 世纪

---

① 《马克思恩格斯选集》第 4 卷，人民出版社，1972，第 249 页。
② 《马克思恩格斯选集》第 4 卷，人民出版社，1972，第 247~248 页。
③ 加图：《农业志》，马香雪、王阁森译，商务印书馆，1986，第 2 页。

的罗马历史学家迪奥尼西奥斯，在谈到罗马境内居民的职业划分时，很深刻地揭示了罗马国家的等级划分与职业划分之间的联系，罗马公民与耕战的关系。他指出，有损身心，引起邪念的职业，全都让奴隶和异邦人（δούλοις καὶ ξένοις）去干，而且在很长时期内，罗马人都瞧不起也不屑于从事这类职业。留给罗马公民的合适职业只有两样，即耕和战，借耕作以果腹，靠损害敌人发财致富。[1]

三

公民权、耕、战三者的统一，也就使得奴隶占有制国家内的农民，根本区别于封建社会的农业劳动者。罗马王政时代和共和时代从事农业劳动的公民，是拥有充分政治权利的国家主人。关于金津纳图斯的传说，就是这方面的一个值得玩味的例证，尽管其中可能有某些附会之处。按照传统说法，公元前458年，正在耕作的金津纳图斯受命担任独裁官，率军击败埃克维人后旋即卸职，复归田亩。

对于奴隶占有制国家内从事农业劳动的非公民的情况，则需要做比较详细的分析。

就斯巴达的情况而言，由于斯巴达公民根本不从事生产劳动，农业劳动自然全落到非公民身上。如上所说，黑劳士是奴隶，不是农奴。至于从事农业劳动的边民，乃是地域意义上的斯巴达国家境内的没有公民权的自由人。

斯巴达，从地域上说，"是拉凯达伊蒙"（Λακεδαίμων）地区的中心。所以，斯巴达公民既可叫作"斯巴尔提阿特斯"（Σπαρτιάτης），即斯巴达人，又可以拉凯达伊蒙地区居民的身份，称作"拉凯达伊蒙人"（Λακεδαιμόνιος）。作为拉凯达伊蒙这一地区的自由人的边民，可以称作"拉凯达伊蒙人"，但是不能称为"斯巴尔提阿特斯"。

---

[1] 哈利卡纳索斯的狄奥尼修斯：《罗马古事记》（Dionysius of Halicarnassus, *Roman Antiquities*）第2卷，哈佛大学出版社（Harvard University Press, Cambridge Massachusetts, London, England, 1990），第28章，第1~2节。

将上述关于斯巴达公民和边民称谓的情况，与杨希枚在《再论先秦姓族和氏族》一文中所说"姓族"与"氏族"的区别相比较，就会发现，中国历史与古希腊历史有一些相似之处。杨先生的文章结论中说："先秦文献的氏字古义之一系指'氏族'，即包括某一姓族所统治的同姓、异姓和与统治者无亲系的庶民所组成的王朝、诸侯国和卿大夫采邑之类的大小政治领域集团（political group）。""周王朝就是姬姓族所统治而分别由姬姓和姜姓、姒姓、妫姓、子姓、己姓之类的姓族所统治的齐、晋、郑、卫、陈之类的诸侯国及王朝、诸侯国的卿大夫所治理的采邑所组成的一个大型氏族，即帝国或王国（empire or kingdom）。诸侯国或氏族或相当于州邦（state），卿大夫采邑或相当于郡县（county）。"中国只是"汉以来，史书混言姓、氏而不别，因或言姓，或言姓氏，其义皆指家族名号"。①

仔细分析一下恺撒《高卢战记》中记载的日耳曼人诸部落中强者弱者之间相互隶属的情况，再认真考察一下罗马从拉丁地区的一个小邦，通过不断的征服战争，最后变成地跨欧、亚、非的奴隶占有制大帝国的整个过程中，罗马人与原来的拉丁地区各邦、各部落，与意大利境内各邦、各部落，以及意大利外各邦、各部落相互关系的变化，我们就可以得出古代奴隶占有制国家形成和发展中，血缘地缘关系的相互联系和变化的清晰图景。弄清这种血缘地缘关系，对于我们讨论"奴隶"与"农奴"的区别，特别是从社会结构的整体上把握和识别其间的区别，从社会发展的总趋势上观察和理解二者的异同，会大有裨益。

简单地说，在源于原始社会的氏族部落的血缘关系占有重要地位的奴隶占有制国家早期发展阶段，是不可能产生"农奴制"的。因为在那样的社会经济发展阶段，公民集体等同于国家，公民、奴隶主、地主三重身份叠合在一起，不是公民就成不了地主。而且，公民与土地的关系，归根到底，要以整个城邦的利益为依归。在这个社会经济发展阶段，居于统治地位的公民集体的个别成员，与居住在该公民集体治理的地区内的一切非公

---

① 杨希枚：《再论先秦姓族和氏族》，《中国史研究》1993 年第 1 期，第 9 页。

民的关系，归根结底，是一种人身隶属关系。奴隶不必说了。就是没有公民权的自由人，也是人身隶属于居于统治地位的公民集体，即奴隶占有制国家。他们没有公民的保护、中介和帮助，就办不成许多事情，并且有沦为奴隶的危险。由于氏族部落内外关系而发生、发展的奴隶占有制的特征在于，归根结底是把由某一公民集体统治境内的其他所有居民，看成在人身方面隶属于该公民集体。

苏联著名历史学家巴尔格，在《历史学的范畴和方法》一书中，精辟地分析了妨碍人们正确认识封建社会的一些因素。他指出："封建社会生产机体发挥职能的重心"，"落在直接的统治和服从的关系上"。他接着写道："与商品生产关系的物化表现不同；封建世界的所有制关系（对抗阶级对于生产资料的关系）受到下列因素的掩盖：（1）封建所有制的等级制度，即在处于封建共有者等级之不同梯级的人之间，对同一地块的共有权进行划分（瓜分）；（2）人身依附关系普遍存在的表面现象掩盖了社会实际上分裂为对抗阶级。关于后面这个骗局马克思写道：'在这里，我们看到的，不再是一个独立的人了，人都是互相依赖的：农奴和领主，陪臣和诸侯，俗人和牧师。'"[1]

奴隶占有制社会的人身占有关系，与封建社会中的表现为"人都是互相依赖的"那样一种人身依附关系，显然不是一回事。

除去公民和奴隶，剩下的问题是怎样看待奴隶占有制国家境内从事农业劳动的没有公民权的自由人。把他们看成"农奴"？把他们说成"村社成员"？还是把他们当作"介于自由民与奴隶之间的半自由人"？从某种角度出发，各种说法似乎都有一定道理。但仔细审察，这类自由人是根本不同于封建社会的"农奴"的。

产生这些不同意见的根本原因在于，第一，奴隶占有制大国的不同地区发展的极大不平衡性；第二，处于不同地位的许多人群集团保留有不同程度的源于原始社会血缘关系的氏族部落结构。

相对于公民集体的成员而言，在奴隶占有制国家内部，没有公民权的

---

[1]　巴尔格：《历史学的范畴和方法》，莫润先、陈桂荣译，华夏出版社，1989，第257页。

自由人，确有其受剥削压迫的一面，不得不向奴隶占有制国家缴税、服劳役或在辅助部队中服兵役。而且，他们与土地的关系和公民与土地的关系仍有诸多不同。

相对于奴隶而言，没有公民权的自由人，首先应该肯定他们是自由人，而且他们有权占有奴隶。

罗马国家内部等级阶级关系的变化，特别值得注意。最突出的特点是，罗马的公民权体系，对非罗马人，即对罗马境内没有公民权的自由人，有一定的开放性，在一定程度上对奴隶也有开放性。这种开放性，经过等级阶级之间激烈的斗争，逐步破除了罗马公民集体的闭塞性，使罗马终于变成了以居民的地域联系为主的国家，为封建制度在罗马国境内的萌芽发展准备了重要条件。封建制度的萌芽发展，同罗马公民权政治、经济、社会意义的丧失，拥有罗马公民权的人们的自由和特权地位的丧失，有密切的联系。罗马帝国晚期基督教的广泛传播，加强了各地罗马居民间的地域联系。

如何从经济基础与上层建筑的各个方面，包括国家的形成、演化、政体的异同等问题在内，探求各国各民族奴隶占有制社会的发展机制，这是需要各国学者长期共同付出巨大努力才能完成的任务。这里所说的一些不成熟意见，写出来也只是为了抛砖引玉。笔者对世界历史发展的共性个性问题有浓厚兴趣，愿意倾听学术界的各种批评。

[廖学盛，中国社会科学院世界历史研究所研究员，中国社会科学院学部委员]

（本文始发于《北大史学》第 2 期，1994 年）

美利坚性格

华庆昭

据说已故的美国总统艾森豪威尔在每晚入睡前一定要先看点西部小说。信不信由你，研究美国可以从这句话开始。

一 以西部人物为代表的美国形象

什么是西部小说？就是以美国人 18～19 世纪开发西部为背景来讲述故事的文学体裁。这里所谓的西部是一个广泛的地理和人文概念，包含了美国白人从大西洋岸边新英格兰往西直到太平洋岸边的整个开拓大陆的过程和内容。初期的西部故事以詹姆斯·费尼莫尔·库柏的作品为代表。库柏写的西部小说结集为《皮裤子故事》丛书，其中最有名的可能是《最后一个莫希干人》，是公认的美国文学经典之一。在这套丛书里，美洲原住民印第安人被描绘得虽然有缺点，但是受白人欺凌，而不像在后来的西部小说中被诋毁和妖魔化。杰克·伦敦、赞恩·格雷、薇拉·凯瑟等人是西部作家中的翘楚。在 20 世纪里，西部小说大为流行，电影及后来的电视也加入解读西部故事的行列里来。故事渐渐落入套子，其中常见的有：骑马挎枪打天下的牛仔的胜利；作为他们的对立面的美洲原来的主人印第安人和强盗、骗子及地头蛇等坏白人的失败；英雄为维护国家和百姓财产、利益而受伤或历尽艰险，最后以救美人并抱归欢喜谢幕。美国社会对西部故事的迷恋，使得有的牛仔现身说法地进入娱乐圈进行表演。最为有名的是"水牛"比尔·科迪，他组织了一个类似马戏团那样的单位，巡回演出牛仔大败印第安人的故事，使"水牛比尔"成为全美家喻户晓的人物。不论是无声电影时代的汤姆·米克斯，还是有声片时代的加里·库柏、约翰·韦恩，直到冷面牛仔克林特·伊斯伍德，既因出演西部片中的英雄而出名，又使西部故事进一步深入人心，让这些高大上的人物成为人们仰慕的榜样。

有一种西部人物值得注意，这就是警长。西部城镇的执法人员的形象被一再美化，其中突出的例子是怀亚特·厄普。厄普做过亚利桑那州一些城镇的警长，也做过赌徒、皮条客、淘金者、酒吧老板，等等，经过媒体和书籍、影视几十年来的渲染，厄普已经成为西部"公正执法"的代表人物。西部警长的形象被上升到国家层面。不久前，奥巴马总统在斯坦福大学演说时就讲过，"互联网世界就像当年蛮荒时代的西部，在某种程度上我们被要求成为那里的警长"。

在西部征战的军人成为国家英雄。华盛顿直接率领的部队割下印第安人的腿皮来做长靴。以镇压印第安人起义闻名、又死于跟印第安人作战的将军乔治·卡斯特成为全国称颂的烈士。

美国的西进成为一个运动，成为一个不断向西开拓边疆的过程。美国史学出现了边疆学派。美国第35届总统约翰·肯尼迪就把他的政策概括为"新边疆"。

从上我们可以看到，开拓西部的精神，西部历史和西部小说里面英雄人物，在相当程度上就是美国人用来代表自己民族的形象。

二 统治美国的沃思普权势集团

然而这些西部英雄不是凭空出世的，他们的根在东边，来自白人最早踏上北美土地的东部沿海地区，来自那紧邻大西洋彼岸的不列颠岛。一部经典的早期西部小说起名叫《弗吉尼亚人》，不是偶然的。

1957年，一位美国政治学者提出了一个人文概念：富有的盎格鲁-撒克逊新教徒，英文是 Wealthy - Anglo - Saxon - Protestant，简称 WASP（沃思普）。1964年，一位美国社会学家总结了费城一批富裕的白人政治上层家族的起源和传承，得出了一个 2.0 版的沃思普 WASP 概念，叫作 White - Anglo - Saxon - Protestant（白人盎格鲁 - 撒克逊新教徒）。这位学者认为存在这样一个沃思普权势集团，它乃是美国统治阶级的代表。这位社会学家及其同代及以后的许多美国学者，都认为确实存在这样一种沃思普现象，但又判断这种沃思普权势集团已经开始式微了。原来有个说法讲美国是个大熔炉，进入美国的各国移民都会按照美国标准进行熔炼。然而人们说现在由于民族成分越来越复杂，各民族的独立性大增，大熔炉已经变成沙拉碗了。这种关于式微和异化的说法，听来很有道理，但是仔细推敲，却也颇值得商榷。在一个国家内，传统的主流文化会这么快就大变了吗？从我们中国人的经验来看，未必如此。拿孔子和儒学的命运来说，一个世纪里大起大落：在 20 世纪的头 20 来年是行时的；中间 60 来年是背时和极为背时的；到 20 世纪的末 20 来年，其反弹力度之大让人吃惊。前两年，孔子的塑像甚至一度立到了天安门广场。传统可不是那么容易式微或异化的。

如果我们用沃思普的概念来具体考察一下迄今为止的历届美国总统，可以看出他们基本上都符合白种、盎格鲁 - 撒克逊族和新教徒这沃思普三要素。少数人具备两个要素，如老小罗斯福两人是白种、新教徒，然而是荷兰裔；还有几个总统分别有爱尔兰、苏格兰、威尔士、德国和瑞士血统。只有两个总统仅具备一个要素：肯尼迪是白人，然而是爱尔兰裔天主教徒；奥巴马虽然是新教徒，却是黑白混血。提出沃思普概念的学者指出，这个权势集团还有一个摇篮，这便是所谓"常春藤系"的高等学校。真是不假。肯尼迪和奥巴马虽然只符合沃思普三要素当中的一个，但是他俩都是常春藤中老大哈佛孵化出来的。

时至今日，沃思普概念里的盎格鲁 - 撒克逊民族早已不限于原来的英国移民了；逐渐地，它已经扩展到欧洲白人，甚至所有白人。"君子之泽，五世而斩。"费城的沃思普权势集团也许走了下坡路，但是从整体上说，美国的沃思普权势集团未必已经式微。美国总统和高级政客的家族世代化就是明证。"统治阶级的思想在每一个时代都是占统治地位的思想。"分析沃思普们的思想，有助于认识美国人的民族性格。既然美国上层集团以盎格鲁－撒克逊为其主流民族，也就是整个美国的主流民族，我们不妨来追根溯源一下。

三　沃思普的盎格鲁－撒克逊因素

盎格鲁和撒克逊原来都是北欧波罗的海南岸的民族。两者的差别很小，有人认为根本就是一回事。他们后来迁移到现在易北河口南北海岸现今德国和丹麦的地方。这些人在 5 世纪大举进攻不列颠岛，夺取东海岸肥沃的土地，让早已生活在这里的皮克特人、凯尔特人等或被赶到荒凉的山里去，或听从他们的摆布，最后使得当时统治英格兰的罗马占领军无法生存而撤走。紧随武装之后，一批批女人跟小孩坐船来到不列颠定居，建立了以农耕为主的生活。从 5 世纪到 11 世纪，由盎格鲁－撒克逊人为主体的英格兰受到了两次入侵。先是在 9 世纪，北欧的丹麦人入侵，建立了联结北欧和英格兰的王国，他们在 10 世纪时败退欧陆。不多几年之后，西欧的诺曼人入侵，建立了从西欧安茹、诺曼底联结英格兰的王国，直到 16 世纪英伦三岛彻底切断了跟欧洲大陆的领土主权关系。在诺曼征服之后，英格兰的世俗上层社会说法语，宗教社会说拉丁语，可是到了今天，诺曼人以及丹麦人都不见踪影；在英格兰和整个英国，是从盎格鲁－撒克逊人的语言发展而成的英语的天下。拉丁语退为陈迹，法语单字在英语中成为点缀。确立为英格兰主流民族的仍然是盎格鲁－撒克逊人。

这个民族最本质的特征是什么呢？20 世纪英国著名的历史学家乔治·特里韦林经典地总结了两点，他说："就盎格鲁－撒克逊征服来说，它跟后来阿尔弗雷德时代的丹麦人待下来一样，具有两个方面，要是不提其中任何一个都会对北欧人入侵不列颠一事造成误解。有如在他们之后的丹麦人，盎格鲁－撒克逊人是嗜血的海盗，以摧毁比自己先进的文明为乐；但他们同时又是（犹如 17 世纪时乘坐'五月花'号帆船去北美开疆拓土的）朝圣先辈，到了地方以后就以本分的农夫安家耕作，而不仅是剥削者和奴隶主。如果他们不是野蛮人，他们就不会摧毁（不列颠的）罗马文明，如果他们不是朝圣先辈，他们就不会终于以更优秀的文明来取代它。"这就是说，盎格鲁－撒克逊人既有嗜杀破坏的一面，又有积极建设的一面。

在17世纪进军北美的盎格鲁－撒克逊人身上，是否还具有他们在5世纪入侵不列颠的祖先的特点？特里韦林指出，这些祖先的"殖民能力，加上野蛮的破坏性，其对文明及种族血统的改变超过当时任何北欧人的入侵"。对比1000多年后以朝圣先辈为代表向北美大陆的进发及此后对待北美原住民的态度和做法，足以证明以暴力手段"鸠占鹊巢"、据人有为己有，乃是盎格鲁－撒克逊民族绵延不绝的历史文化基因。至于他们的建设性、创造性的一面，也同样地得到了传承和发扬。自都铎王朝伊丽莎白一世女王时代开始，英格兰和后来的联合王国在军事、政治、经济、文化等各方面都稳居世界前列，在18～19世纪发展成为世界上唯一的超级大国。马克思和恩格斯指出，"资产阶级在它的不到一百年的阶级统治中所创造的生产力，比过去一切世代创造的全部生产力还要多，还要大，"其代表便是以英格兰为主体的联合王国。米字旗所代表的殖民范围做到了在地球上"日不落"。美国的沃思普们不辱前人，自20世纪以来将这一地位和上述各方面的成就接了过去，以星条旗为代表的美国势力和影响，在地球上也做到了"日不落"。

四 沃思普的新教因素

至于说沃思普概念所指的新教，就更值得具体探讨了。什么是新教？这是相对于旧教即罗马天主教而言。16世纪早期，以马丁·路德为代表的改革者，因批判他们认为天主教所存在的缺点而受到教会迫害，于是另起炉灶，在欧洲大陆兴起了新教。几年之后，英王亨利八世切断了跟罗马教廷的联系，建立英国国教，成为新教的一派，自任教首。然而有一部分教徒认为，新教对于旧教的改革不彻底，要求变革，这些人便是清教徒。英国的清教徒又为新教教会所不容，于是想离开英国。清教徒中的一派不愿再留在英国国教教会内，要自立门户，被称为分裂派。有些分裂派清教徒先举家迁去荷兰，但是嫌那里环境不好，又失去了英格兰人的身份，于是连同一些英国国内的分裂派清教徒，一起转而向北美进发。英格兰对北美的殖民活动，肇始于1583年伊丽莎白女王赐给沃尔特·雷利在北美开辟一个殖民地的特许状。英王詹姆士一世继位后，在1606年建立了开发北美殖民地的公司，从此英国在北美的殖民有组织地开展起来。前述两拨在荷兰和英国的分裂派清教徒，于1620年同乘"五月花"号帆船到达北美新英格兰海岸进行殖民。此船共载102名男女老幼乘客，其中41个男性成年人于到达后在船上签订了《五月花号公约》，这些人后来被称为"朝圣先辈"。公约确认他们为了上帝的荣光而来此，忠于詹姆士一世国王，建立一个公正平等的公民团体。并于此后制定法律、法规、宪章和设立职位。在此之后，向这个地区的移民开始有序地进行。1630年，一批非分裂派（不要求脱离英国国教）的清教徒到来。他们认为自己来到了圣经所说的（上帝特赐的）"应许之地"，这里乃是众人瞩目的"山巅之城"。不论是分裂派或是非分裂派，他们的最后目的并非在北美殖民地永远待下去，而是要在这里做出个榜样来，回到故土去推广，以彻底改造英格兰。

清教徒对北美的殖民活动，特别是《五月花公约》的签订，对于后来美利坚合众国的立国原则和美利坚民族性格的形成，有着极为重要的关系。我们至少可以指出以下几点。

美国是政教分离的国家，却以宗教立国。美国是为了"上帝的荣光"而建立的，它乃是"应许之地""山巅之城"。美国总统和官员宣誓时要手按圣经。美国的纸币和硬币上都印着和刻着"我们笃信上帝"。到今天，据说美国可能是基督教徒中星期天去教堂参加聚会的人数占比最大的西方国家。

美国人因此认为自己是上帝的"预选民"，美国是"流着牛奶和蜂蜜的地方"，自己天生高人一头。他们不断开辟新的边疆，乃是"天定命运"。跟他们的朝圣先辈一样，美国不是美国人的终极目标。终极目标是以美国为榜样改造别人。这样的优越感融化在美国人的血液中。他们是天生的教师爷，只有他们教育别人，别人不能教育他们。

清教徒相信圣经是阐明上帝意志的唯一权威，而非教会或神职人员。他们的叛逆精神和对教会与国家的蔑视，与后来推行弱政府、强个人、反对中央集权的政治理念、建立美国式三权分立以致政府具有不作为性和扯皮性的政治制度，有着不可分割的关系。

新教解脱了旧教教会的种种桎梏，它的伦理规范成为资本主义发展的强大推动力。清教徒比一般新教徒更为彻底，他们将从事职业、追求财富、过公平简单的生活，统统认为是神的召唤，因而拼命工作，拼命赚钱。到今天，美国人的每日工作时间要比欧洲人长，而带薪休假时间要比欧洲人少得多。

五　美国例外论

在美国特有的地理、自然和人文条件下，与众不同的沃思普们便更加地与众不同了。美国幅员广阔，大小跟中国几近。人口规模适度，经过几个世纪的大量移民进口，到今天还不到中国的四分之一。可耕地跟中国相比大体为 3∶2。矿产资源几乎应有尽有。东西两面濒洋，既是天然屏障，又有利于气候调节。沃思普们刚来时，在北美大陆今天成为美国的地方，主要居民是印第安人，其数目说法不一，从 100 万到 2000 万都有。由于白人带来的疾病（如天花）肆虐及白人横加杀戮和武力驱赶，印第安人几近灭绝。在一望无际的西部平原上，往往一个白人骑马尽情跑上一圈，政府就把圈内的土地全数归他所有，这样的好事别处实在不多。沃思普们的聪明才智及积极进取、开拓变革的精神和血腥残暴、肆无忌惮的手段跟北美大陆的客观条件相结合，成就了美国的今天，也产生了沃思普们津津乐道的"美国例外论"。

英文的例外主要有两个意思：例外和卓越。这个美国例外论最初是认为美国的情况对于欧洲来讲是个例外。随着美国国力的增强，这个理论发展到把例外和卓越结合起来，强调美国是何等的卓越、何等的高人一头、何等的不受一般规矩的约束。

美国要想让别人承认他高人一头，必须要有实力支撑。美国的大陆领土，除了向法国买了中部的土地和向俄罗斯买了阿拉斯加，基本上都是用枪杆子打下来的。甚至沃思普们自己内部的纷争，也是用打内战的方式解决的，昔日在西点军校同窗共屋的朋友们在战场上的对阵中杀得你死我活。在美国霸权的全盛时期，其实力是多方面的，经济、金融、政治、思想、文化等等，不一而足；然而最最主要一以贯之的实力支撑，乃是武力。自从第二次世界大战结束以来，美国军队没怎么消停过，老是在打仗，几乎打遍了全球。美国人喜欢打仗不是偶然的，是民族历史基因：从盎格鲁－撒克逊先祖到殖民美洲初期杀戮驱赶印第安人，到西部英雄，到拓展边疆，到打遍世界，好一个杀字了得！舞枪弄炮是美国的大众文化。在美国人个人手里的枪支，少说也得有 2 亿件。如此规模的全民持枪，对于培育人民的暴力心理和动武热情起到了不可替代的作用。

要问什么是美利坚性格？作为个人，我们看到美国人热情爽朗、亲切好客；作为一个民族整体，它可是热衷专注于以自己的面貌和蓝图来改造全世界，顺我者昌、逆我者亡。头戴宽边毡帽、身骑高头大马、手举六轮双枪、浪迹江湖先开火后问话的西部强梁形象，就是这种禀性的人格化体现。本文无意以此来概括美利坚性格的全貌。但是上面所说的显然是它重要的一面，也是这个伟大民族一抹令人遗憾的败笔。"江山易改，本性难移。"在美国例外论的引导下，美国不会轻易放弃自己的这种追求。奥巴马总统最近就说，美国还要领导世界 100 年。沃思普们的犹太客卿基辛格博士最近也坦白地说，美国主导的世界秩序是不会逐步开放或调整的。美国人习惯了，对他们来说，世界就该是这样组织的。沃思普们今天的国际观，比 18 世纪敝国皇帝以自己为"天朝"、视他国为"蕞尔小邦"的境界进步不到哪里去了。

六　美利坚性格和中国

中国摊上了这么一个不讲道理、不守常识规矩、称王称霸、总是伸过手来搅乱的邻居，哪怕是隔着一个大洋的远邻，当然不能说是一件走运的事。但邻居是不可能挑的，只有面对。老子早就告诉我们，祸与福是互为因果，互相转化的；说不定有一天恶邻居会变成真朋友。当今的世界是一个人类命运的共同体。中国和美国都是这个共同体的成员。其实，我们面对的，是核扩散、非传统安全威胁、恶化的环境、剧烈多变的气候、难以制服的疾病、不可再生资源的过度消耗等需要共同对付的敌人。既然是在一个共同体里面，有了分歧，就不妨试试用团结—斗争—团结这公式来解决；必要的时候以斗争求团结，斗而不破。抗战时期我们党对付顽固派的经验，打退几次反共高潮的经验，值得认真学习、总结和运用。

中美两国正在建立新型大国关系。如果建立成功，对于中美两国和全世界都是福音。说得实在一点，中国根本不想得罪美国。如果美国愿意就坡下，他也可以逐渐体面地转换角色，不再做力不从心的事情。这种关系不但会让全世界人民松一口气，还会给大家带来实实在在的好处。

然而美国这样一个还想称霸世界 100 年的国家，为什么会跟中国搞这样一种新型大国关系呢？

虽然我们是诚心诚意的，而他按本意是不想搞的。他先是不愿搭理，然后半心半意、半拉半扯、捏着鼻子勉强来跟你搞这个新型关系。他之所以也算是试试，首先是因为在这个世界上不允许核大国间发生大规模冲突，大仗是打不得的。美国明白打大仗的结果不是简单的零和游戏。我在 20 多年前写的一本书里讲过"板门店的回声"，意思是朝鲜战争打得这么厉害，两个最大的核国家在当时和以后好多年里并没有对打过，这就是板门店给大家的教训。当年的美苏是那样，今天的中美、俄美同样如此。军人最明白战争是怎么一回事，美国军方最近鼓吹要准备大国战争，其中吓人和争预算的成分可能不少。对此我们既要警惕，又不要落入忽悠陷阱。美国大概是想，既然吓不倒中国，就还不如试着跟中国搞搞关系，用这个办法把中国搞倒。

然而，对于中国提出的不冲突、不对抗的底线，美国不会就此甘心接受。美国统治阶层受到美国例外论的长期毒害，看来心智有所缺陷，认为自己天生就应高人一头。由于中国国力日盛，在世界上参与的事情就会日多，对于中国的正当诉求，美国也往往认为你动了他的奶酪。我们对美国不要有不切实际的幻想。它对中国好也不会好到喜欢你，坏也不会坏到随便跟你打仗，因为小仗是会发展成大仗的。它的政策就在这个区间里晃荡，时而笑脸相迎，时而吹胡子瞪眼。再就是既搞阳的，同时也玩阴的，也就是，一，所谓的"隐蔽行动"，设法煽动颜色革命，进行形形色色的颠覆活动；二，鼓动、支持一些国家走到前台来公开反对中国，而美国嘴上说自己"不选边"。对于美国的种种阳谋阴谋，我们要有定力，可时而视而不见，时而针锋相对；处变不惊、收放自如。

美国之所以认为中国不易被吓倒，是因为中国有实力。你没有足以还手的实力，那你就听任它宰割吧。你真厉害，它的态度也会变。历史上，盎格鲁－撒克逊人不是没有在强硬实力前屈服过。前面说过，从公元 7 世纪到 11 世纪，英格兰的盎格鲁－撒克逊人曾经被丹麦人征服，老实本分地在叫作"丹麦法"的地区里生活了几百年。就在丹麦人撤回到斯堪的纳维亚后才几十年，从现在法国的地方来的 6000 个诺曼战士又征服了英格兰，至今英国的王族还绵延着诺曼血统。美国是一个逐利的民族。对于契约信用的遵守，只在一般生意事务上；对于有关国家利益大事，我们很难找到美国真诚守信重义的例证。它赞成什么、反对什么，都以是否符合美国利益为依归；如有需要，向盟友背上插刀也在所不惜。这样的人，见到真正的实力是会承认的。

美国勉强屈霸主之尊跟我们搞关系，更重要的是看到我们有决心。既有建立这种关系的决心，也有不甘受欺、敢于斗争到底的决心。有实力而无决心，等于没有实力。老虎有牙而不敢下嘴，跟没牙老虎一样。要既有能力又有决心正面应对打大小仗，才能避免打仗。

归根结底，建立新型大国关系，中美两国的初始目的并不一样。中国是想由此达到双赢。美国大概不然，它想由此而影响和改造中国，达到它继续称霸的目的。以中国决定每年派 1 万名学者去美国研修为例，中国是想学东西，美国就可能是想借此了解中国缺什么东西和想培养亲美派。项目同而目的不同，时间久了恐怕就难以持续。真正能让中美大国新型关系建立起来而且持续发展的，还是要讲利益。中美两国能够共同获利双赢而不相悖的项目越多，两国共同语言就越多，这个新型大国关系就越牢靠。现在共同利益有了一些，但是远远不够多、不够大。譬如亚投行，如果美国能参加进来，大家在一起做这种双赢多赢的事，那该有多好！

七　团结和影响美国右派

美国是沃思普掌权的国家。沃思普的上层即它的主流是坚定的右派。毛主席说过他最喜欢美国右派。这是大实话，跟美国打交道不找他们解决不了问题。让我们来看看美国大选。几乎每次大选都要拿中国说事。本次大选还没开锣，两党一些有意参选的人就对中国放开攻击。选举的关键在于争取选票。如果攻击中国能争取到选票，说明确有选民愿意看到参选者这么做。要想让美国老百姓从错误的认识中解脱出来，我们需要进行持久耐心的工作。然而说句不客气的话，"擒贼先擒王"。如果美国右派领袖转变了态度，美国整个国家的转变态度就指日可待了。中国革命取得胜利的三大法宝中，位居第一的就是统一战线。在新的时期，统一战线仍然是法宝。团结和影响美国的右派特别是它的头面人物，是重要的统战工作。针锋相对的时候，要让右派疼得印象深刻；让利的时候，要让右派看得清楚实在。

现在我们来具体分析一位右派领袖，作为本文的结束。美国当今国会参议院军事委员会主席约翰·麦凯恩是一个典型的右派领袖人物，对中国很敌视，几乎是逢中必反。麦凯恩出身官二代、官三代，祖父和父亲都是四星海军上将。他本人原来是参加越战的航空母舰飞行员，负过伤，后来在河内上空被击落，被北越拘禁5年多。当时他父亲是驻越美军总司令，越方曾想提前释放他，被他拒绝了。他在回国后从政，至今连任美国众议员和参议员33年。他曾代表共和党出战2008年美国总统大选，结果输给了民主党人奥巴马。值得特别注意的是，据说麦凯恩在被拘禁期间曾经吃了不少苦头，然而1995年，美国和越南建立外交关系，老兵麦凯恩起了不小的作用。既然20世纪50年代反共反华的急先锋尼克松，能在70年代总统任上开启美中关系的新纪元，那么今天，国会大佬、西部警长怀亚特·厄普的老乡麦凯恩参议员，或者他的同道，会不会有一日主张对中国平等相待呢？

这样的事为什么会有可能？时代变迁、世界进步，"而攻守之势异也"。

［华庆昭，中国社会科学院世界历史研究所副研究员，后为天津社会科学院研究员］

（本文始发于《理论视野》2015 年第 9 期）

四论美国"赌博资本主义"

—— 一场世界资本主义经济危机正在形成

张海涛

一 美国"赌博资本主义"面临险境

笔者在 1999 年 4 月、2001 年 2 月和 5 月先后就此题撰写的三篇论文（以下简称《一论》《再论》《三论》）（载《当代思潮》第 57、68、71 期）里，都曾对由物质生产萎缩、种种金融衍生品交易和股市交易恶性膨胀这两个方面组成的美国"赌博资本主义"做过说明。现在再就它的发展现状做简要补充说明。

关于美国物质生产或曰实体经济萎缩的现状，本文在下面有关部分将要提到。此处只说美国的基础设施状况。

截至 2001 年 8 月止，美国的基础设施状况如下。

堤坝：全国各条河流上处于不安全状态的堤坝达 2100 座以上。仅在最近两年，堤坝溃决的事件就发生了 61 起。

道路：全国 1/3 的公路处于损坏或待修状态。道路损坏导致的人员死亡平均每年高达 13800 人。

桥梁：据联邦公路管理局判断，截至 1998 年，全国约 29% 的桥梁处于结构缺陷或功能老化状态，其中许多都已不能使用。

城市公共交通：全国 94% 里程的城市公共交通线靠公共汽车，轻轨铁路和地铁严重不足。

航空运输：最近 10 年来，全国空运增加了 37%，但机场设施仅扩充了 1%。2000 年，由于机场跑道严重不足，起、降的飞机接近相撞的事件发生了 429 起。

学校：全国 75% 的校舍设施过于陈旧或过分拥挤，不能应付需要。

饮用水：全国 54000 个社区中相当一部分的供水系统已经或接近过时，其中一部分供水带有病菌或寄生虫。

污水处理：全国 16000 个污水处理系统超负荷运转，一些城市的下水道构筑年限已满 100 年，未经修理；全国 35% 到 45% 的地表水已不符合使用标准。（2001 年 8 月 31 日《行政人员情报述评》〈EIR〉第 13、14 页）

上述情况，从一个重要方面反映出美国实体经济的衰落。

现在再说事情的另一方面，即由包括"对冲基金""利率期货""外汇期货""股票指数期货"等在内的金融衍生品交易和股市交易组成的美国金融赌博业，亦即美国虚拟经济的发展现状。

笔者在《一论》里说过，截至 1998 年 6 月底，美国各种金融机构所持有的金融衍生品总金额为 45 万亿美元。33 个月之后，即 2001 年 3 月，它们拥有的金融衍生品总金额就上升到 85 万亿美元。（2001 年 4 月 6 日《行政人员情报述评》第 4 页）从 2000 年 7 月到 2001 年 6 月，仅美国银行界持有的金融衍生品金额即增加了 24%，达到 48 万亿美元（2001 年 9 月 28 日《行政人员情报述评》第 5 页）。

卡尔·马克思在《资本论》第 3 卷第 5 篇第 25 章里，以银行的存、贷款运转速度为据，论述了"信用和虚拟资本"。（《马克思恩格斯全集》，人民出版社，1975 年版第 25 卷第 450~467 页）马克思这部巨著的手稿，是他在 1883 年逝世前拟就，由他的战友恩格斯事后整理，于 1894 年出版的。当时，所谓金融衍生品交易还连一点影子也没有。这种金融赌博，是在《资本论》第 3 卷出版 100 年以后才在美国大规模发展起来的。在从事大规模金融衍生品交易的今日之美国，"虚拟资本"的规模比马克思当时所做的论述高出了成千上万倍。

此事具有极大的危险性。以美国最大的银行杰·普·摩根—大通银行公司为例。2000年底，这家银行公司拥有的资产为7150亿美元，发放的贷款为2120亿美元，拥有的股本为420亿美元，而它持有的金融衍生品金额即达245000亿美元。这就是说，它持有的金融衍生品金额等于它的全部资产的34倍，等于它发放的全部贷款的116倍，等于它的全部股本的580倍。这是什么意思呢？这意味着，一旦它持有的金融衍生品亏损1/580，就等于把它拥有的全部股本一扫而光！美国银行界1994年发生的银行家信托公司（它是美国著名的一家大银行）破产，被德意志银行收购。2000年，杰·普·摩根银行（它在历史上曾经长期是摩根财团的核心）濒临破产，被大通银行兼并，都是由于从事金融衍生品交易发生亏损的结果。1998年，美国规模最大的"对冲基金"——长期资本管理公司破产，也是由于经营金融衍生品发生巨额亏损的结果（2001年6月29日《行政人员情报述评》第9页）。

"9·11事件"的后果之一，是它对美国金融界的严重打击。在纽约那两幢高耸入云的世界贸易中心大厦里设有分支单位的美国金融机构，包括摩根·斯坦利投资银行、美林投资银行、莱曼兄弟投资银行以及包括花旗银行在内的许多银行，还有不少包括日本、西欧在内的外国银行。特别严重的是，由纽约清算协会为纽约地区银行界设立的"银行间支付清算系统"被摧毁。它的计算机系统专门用于清算美国国内和国际银行间的支付关系。美国、西欧、日本的各大银行都使用这个系统。它每天处理的清算业务达242000笔，通过它转移的资金平均每天高达12万亿美元，包括在世界各国间全部美元支付总额的95%。这个系统被摧毁，不仅打乱了美国的金融业务，包括金融衍生品交易业务，而且也使国际金融系统发生连锁反应，使整个资本主义世界的金融系统面临崩溃的险境之中（2001年9月21日《行政人员情报述评》第4页）。

金融衍生品交易，是与人类生产活动毫无关系的一种金融赌博。

上述事实说明，第一，这种金融赌博业的空前发展，具有极大的危害性；第二，这种规模庞大的金融赌博具有高度的虚弱性；第三，这种金融赌博业的大规模发展，是美国国家垄断资本主义腐朽性的一种突出表现。

关于美国股市，笔者在《三论》里曾说了两点。第一，笔者当时指出，在目前美国经济形势下，股市出现“双泡沫”的可能性不大。这一点已为半年多来的事实所证实。在此期间，美国股市走势的态势虽然随着各种经济信息、上市公司盈亏信息以及“反恐战争”的影响而时起时伏，时涨时落，但基本上仍然停留在原地，变化不大。第二，笔者当时指出，由于股市暴跌，从 2000 年 3 月到 2001 年 4 月中旬，美国股市投资人一共损失了 7 万亿美元的金融资产。迄今为止的最新数字是，从 2000 年 3 月到 2001 年 9 月美国股市总值从 18 万亿美元降到 11 万亿美元（2001 年 9 月 28 日《行政人员情报述评》第 5 页）；也就是说，美国股市投资人损失的金融资产仍为 7 万亿美元。到 2001 年 12 月中旬，尽管美国政府大幅度增加军费，从事“反恐战争”，导致军工生产增加，军工企业股票价格上扬，但美国股市的总体形势基本上仍然如此。

在低利率的条件下，股市本来是有可能大幅度上升的。但这一次，由于美国经济的整体严重虚弱，这种可能性没有变成现实。

空前规模的金融衍生品交易陷于崩溃状态和股市大量金融资产灰飞烟灭，反过来又要给美国经济带来严重打击。

二　美国这场经济危机已进入恶化阶段

由私人出面主持、国私出资合营的美国全国经济研究所“工商业周期”鉴定委员会，是美国朝野承认的“经济衰退”权威验收机构。美国发生的“经济衰退”或曰经济危机是否真实，起止时间及其严重程度，等等，要由它查看、验收，经过它通过、认可，才算定论。

2001 年 9 月 26 日，这个全国经济研究所“工商业周期”鉴定委员会发表公报，裁定 2001 年 3 月为美国经济活动的高峰，也就是一场新的“经济衰退”的开始。公报就此裁定解释了三点。第一，“一场衰退就是整个经济活动发生的持续若干个月份的明显下降，尤其是工业生产、就业人数、居民实际收入以及批发、零售商业的显著下降"。第二，"一场衰退必须包括产出量和就业人数的大量下降"。"2001 年 3 月，就业人数达到高峰，随之下降。"到同年 10 月，"累计的就业人数已经下降了约 0.7%，已相当于一场通常衰退的降幅 2/3"。工业生产"在 2000 年 9 月已达到高峰，这个指数在随后的 12 个月里持续下降，降幅已接近 6%，超过了此前多次衰退的平均降幅 4.6%"。第三，在裁定此次"衰退"时，委员会采用了按月统计的指数，"没有给予国内生产总值以过多的重视，因为国内生产总值只按季度计算，而且它还要经过多次、大幅度修正"，而"按月计算的指数则很少需要修正"（全国经济研究所"工商业周期"鉴定委员会 2001 年 9 月 26 日公报：《工商业周期在 2001 年 3 月达到高峰》）。

需要指出的是，全国经济研究所"工商业周期"鉴定委员会主席罗伯特·霍尔早在 2001 年 6 月 18 日，曾就此次"衰退"的鉴定方法做公开说明（罗伯特·霍尔：《全国经济研究所按照当前的形势发展对经济衰退的鉴定方法》，2001 年 6 月 18 日）。

那么，霍尔先生为什么要在该委员会对这场"衰退"正式做出裁定的三个月之前就这次鉴定方法做出说明呢？

这是因为，该委员会对此次鉴定方法作了修改，其方法与以往历次都不相同。

这些不同，主要表现在以下几点。

第一，该委员会以往都是由 7 位美国著名的资产阶级经济学家组成，这次只有 6 位。

第二，该委员会过去鉴定"经济衰退"，是以国内生产总值连续负增长两个季度或以上为标准。这次既不按季度，也不采用国内生产总值，而是按月计算，计算的内容包括工业生产、就业人数、居民实际收入和批发、零售商业的现实状况，其中又特别强调了就业人数和工业生产状况。

第三，该委员会过去是在一场"经济衰退"结束以后才做鉴定，裁定"衰退"的起止时间，此次是在"衰退"还处于发展过程中就提前做出鉴定，而且只指出了这场"衰退"的开始时间，不说"衰退"何时结束。

第四，该委员会此次对"衰退"采用了"高峰"和"低谷"的提法，这与过去也是有所区别的。

应当指出,全国经济研究所"工商业周期"鉴定委员会这次改变鉴定方法,含有合理成分。这是因为,它此次强调了国民经济的实际运转状况,特别是它重视了工人阶级的就业状况和居民实际收入状况。这些都是应当肯定的。但是,该委员会这次抛弃了国内生产总值作为鉴定"衰退"的标准,这又是不合理的。因为尽管美国的国内生产总值含有相当大部分的虚拟经济成分,但它毕竟是衡量国民经济综合状况的一条重要标准。英国《经济学家》周刊在一篇评论中特别注意到这一点改变(见 2001 年 12 月 2 日《经济学家》)。

笔者在拙著《三说美国——国家垄断资本主义危机》里,曾经对全国经济研究所"工商业周期"鉴定委员会此前单纯以国内生产总值连续负增长两个季度或以上作为裁定"经济衰退"或曰经济危机的标准表示异议,并提出了一个补充标准。这就是:①国内生产总值负增长两个季度或以上;②国民经济的实际运转状况;③工商企业的经营状况;④工人阶级的实际处境。根据这个补充标准,笔者把美国的经济危机分为三个阶段,即危机的始发阶段、危机的恶化阶段,以及一场地震后的余震阶段。在《三论》里,笔者重申了这个主张。该委员会这次修改的鉴定标准,基本上把笔者补充的后三条包括进去了。这就成了我们之间的共同点。但该委员会此次抛弃了国内生产总值负增长这一条,这又成了我们之间的分歧点。

由此派生出来的分歧如下。

第一,美国国民经济的高峰,这一次究竟起于何时?也就是说,美国这场经济危机究竟开始于何时?

让我们来看美国的国内生产总值。

根据美国政府商务部公布的统计数据,美国国内生产总值的增长率,2000 年第一季度(折成年率,下同)为 4.8%,第二季度为 5.6%,成为一个分水岭,第三季度即降到 2.2%,第四季度降到 1.0%;2001 年第一季度为 1.2%,第二季度降到 0.3%,第三季度转为负增长 1.3%(2000 年四个季度美国国内生产总值,见《三论》;2001 年第一、第二、第三季度美国国内生产总值,分别见美国政府商务部经济分析局 2001 年 6 月 29 日、

9 月 28 日、12 月 21 日新闻公报）。美国国内生产总值 2001 年第三季度的负增长幅度，是 20 世纪 90 年代以来最大的负增长幅度。

因此，按照笔者的上述标准，就国内生产总值而论（其他三条，本文下一部分将要涉及），美国国民经济的这次高峰应当是 2000 年第二季度；也就是说，美国这场新的经济危机、或者说危机的始发阶段是开始于 2000 年第三季度，而不是全国经济研究所"工商业周期"鉴定委员会所裁定的 2001 年 3 月。

第二，美国这场经济危机的恶化阶段开始于何时？

按照该委员会的裁定，应当理解为 2001 年 4 月。而按照笔者的上述标准，这场危机的恶化阶段应当是 2001 年第三季度。这个阶段何时结束，目前还很难说。

至于危机的第三阶段，即一场地震后的余震阶段，我们之间还会发生分歧。

美国这场经济危机的特点，即它与二战结束以来美国发生的历次危机的不同之处主要是：它是由美国经济学界所说的"科技泡沫破灭"，即高科技公司"生产过剩"引发的，而"科技泡沫破灭"又反过来加剧了这场经济危机的严重程度。这种现象，在战后以来的美国经济危机史上是首次出现。

"科技泡沫破灭"的主要表现是以下几点。

（1）从 2000 年 3 月起，以科技股为主的纳斯达克指数迅猛下跌，在短期内即陷于崩溃状态。到 2001 年底，这种崩溃状态一直没有改变。

2001 年，在美国证券交易所上市的"技术硬件指数"（即生产、经营技术硬件公司的股票指数）也大幅度下降。

（2）个人用电子计算机（PC）的销售量，2000 年后期即开始下降；2001 年头三个季度，它的销售量又逐季连续下降。这种现象，在个人电子计算机产生以来的历史上从未发生过（路透社 2001 年 7 月 22 日旧金山电讯）。

据主持个人电子计算机市场研究的美国国际数据公司预测，2002 年，个人电子计算机市场仍将处于乌云密布状态（路透社 2001 年 9 月 7 日纽约电讯）。

个人电子计算机市场的不景气，也把电信产业拖垮了。

（3）根据现有统计材料，到 2001 年 6 月底，由电子计算机、通信设备、半导体和其他相关电子产业组成的美国高技术产业的设备利用率，已降到 67.5%（新华社 2001 年 7 月 22 日华盛顿电讯）。这种严重情况，是美国资产阶级舆论工具所制造的"新经济论"出笼以来第一次发生。

（4）美国各个世界著名的高技术研究、开发区几乎无一例外地陷于衰落状态。

首先是硅谷。这次科技股市的崩溃，使硅谷的高科技企业受到沉重打击。截至 2001 年 7 月 9 日的一周之内，位于硅谷区域的所有高技术研究、开发公司一致采取了一种极其反常的措施：关门停业。在美国国庆节——7 月 4 日，即国家规定的休假期间，让全体职工都去休假，休假期间从职工每年的休假时间中扣除。它们通过关掉办公室灯光、削减合同工、侵蚀职工的休假时间等手段，以削减开支。在美国经济繁荣时期，硅谷的各个停车场停留的小轿车密密麻麻，现在却是空空荡荡。用《旧金山纪事报》的说法，这一周之内，硅谷变成了一座"鬼城"（2001 年 7 月 9 日《旧金山纪事报》。19 世纪 60 年代，美国内华达州山区发现了金、银矿。随后 20 年间，一些人霸山为王。雇用大批工人，在那里争采金、银矿，从而实现了资本原始积累。金、银矿采光以后，采矿队伍撤走，一系列采矿山镇被废弃。此后，人们就把这些被废弃的山镇称为"鬼城"。这就是"鬼城"这一名词的起源）。硅谷的这种反常行动波及整个旧金山湾区，其消极影响甚至扩散到加利福尼亚全境，它加剧了加利福尼亚的经济危机，包括房地产危机。

另一个高技术研究、开发区——弗吉尼亚到华盛顿特区之间的走廊地带，受到的冲击也很严重。区内许多高技术研究、开发公司破产。商业用建筑物的空房率成倍上升（2001 年 6 月 1 日《行政人员情报述评》第 10 页）。

美国其他高技术研究、开发区，包括东起马萨诸塞州环绕波士顿市的第 128 号公路沿线、西到俄勒冈州波特兰市西南部的硅林在内，也都受到了程度不同的打击。

三 这场危机的发展趋势

在进入恶化阶段以后，决定这场危机发展趋势的主要因素如下。

第一，是堆积如山的债务。

如今的美国，是一个债务缠身的国家。它是一个富国，而且是世界首富。尽管它的国内生产总值含有大量虚拟成分，但日本、西欧也基本上是如此，因而可以比较。现在美国一年的国内生产总值约为 10 万亿美元，没有任何一个西欧大国或日本能与它并肩而立。然而美国又是世界上负债率最高的国家。截至 2001 年第一季度，它的负债总金额已高达 315000 亿美元，等于它的国内生产总值三倍以上。在世界历史上，这是规模空前、危险性最大的"债务泡沫"（2001 年 9 月 28 日《行政人员情报述评》第 8 页）。它是 20 世纪 60 年代末 70 年代初美国国家垄断资本主义进入衰落阶段以来，由三权分立的美国国家政权执行寅吃卯粮、超前消费的债务政策的结果。由此可见，美国的富是虚胖、是浮肿，它是一个强国，然而它又是一个外强中干的国家。

这 315000 亿美元的债务，分为两种，即内债和外债。其中内债为 295000 亿美元，外债为 2 万亿美元。

内债主要是三种。它们分别是以下几点。

（1）政府、包括联邦政府和州政府债务。这种债务，主要是 20 世纪 60 年代开始急剧上升，80 年代里根政府任期内达到高峰。到 2001 年第一季度，政府累计负债总金额为 70800 亿美元，其中联邦政府负债总额为 55000 亿美元，每年支付利息达 2000 亿美元。

（2）工商金融企业债务。这种债务，1980 年为 20500 亿美元，1990 年上升到 35000 亿美元，到 2001 年第一季度再上升到 151800 亿美元，其中包括银行在内的金融机构负债占了相当大的比重。

（3）居民债务，包括信用证贷款逾期未还和购房抵押贷款。1978 年，这种债务约为 1 万亿美元，1990 年上升到 36250 亿美元，2001 年第一季度再上升到 72280 亿美元。

2 万亿美元外债主要为两种，一种是外国政府购买的美国联邦政府债券，另一种为美国用美元支付、从国外进口商品所欠的债务（2001 年 9 月 28 日《行政人员情报述评》第 8～15 页，《人民日报》2001 年 10 月 9 日第 7 版）。

上述债务，2001 年后三个季度都上升了，其中又以联邦政府债务的增加最为明显。

如此庞大的债务，即是这场经济危机进一步恶化的重要根源，又是治疗这场经济疾病的主要制约因素。

第二，是以工业生产为主的实体经济遭到严重破坏。其主要表现如下。

（1）据美国联邦储备委员会（以下简称美联储）2001 年 12 月 14 日公布的统计数据，到同年 11 月，包括工厂、矿山和公用事业（供水、供电、供应煤气）在内的美国工业生产已经连续 14 个月下降，其下降时间之长为二战结束以来美国经济危机史上所未见。其中，2001 年第一季度的降幅折成年率（下同）为 6.8%，第二季度为 4.4%，第三季度为 6.2%（路透社 2001 年 10 月 16 日、12 月 14 日华盛顿电讯）。美国工业的主体——制造业也随之大幅度下降。由于制造业的重要组成部分——汽车制造业的生产和销售大幅度下降，美国著名的汽车城底特律已再一次陷于衰落之中。

同样是根据美联储公布的统计数据，美国工业的设备利用率，以 1992 年为 100，2000 年 4 月为 82.5%，其中制造业为 81.8%；2001 年 1 月降到 79.4%，其中制造业降到 78.4%；2001 年 3 月降到 78.9%，其中制造业降到 77.5%；2001 年 5 月降到 77.4%，其中制造业降到 76.0%。这已经是 1983 年 8 月以来的最低利用率了。但是，它们这一次还没有降到谷底。2001 年 11 月，工业设备利用率进一步降到 74.0%，其中制造业设备利用率也相应下降（美联储 2001 年 5 月 14 日、6 月 15 日、12 月 14 日公报）。这就降到谷底了吗？从目前美国国民经济的状况来看，还没有。

此外，还有一个库存问题。

美联储根据它属下的 12 家联邦储备银行分别就它们管辖区域的经济状况所做的报告，于 2001 年 11 月 28 日发表公报说："在全国大多数区域里，工商企业仍在继续削减库存。但是，大部分的库存削减还有待于今后进行。"

科技公司库存也是如此。2001 年 9 月 22 日的《经济学家》报道说："目前，美国企业库存的总量之高，是破历史纪录的。特别是电子互联网和电子计算机企业的过度库存的削减，尚需一段时间。"

库存需要进一步削减，是什么意思呢？这就是说，包括制造业在内的美国工业生产以及高科技产业的生产，今后还将进一步下降。

（2）2001 年第一季度，美国大型公司的利润总额即开始大幅度下降。第二季度，美国规模最大的巨型垄断公司的利润总额下降了 67%。据出版《华尔街日报》的道·琼斯公司的初步统计，2001 年第三季度，美国巨型垄断公司的利润进一步下降了 72%（2001 年 8 月 1 日、11 月 12 日《华尔街日报》）。从目前美国的经济形势来看，第四季度，美国巨型垄断公司的利润总额还将继续下降。

在利润降幅最大的一系列巨型垄断公司中，包括著名的朗讯科技有限公司、英特尔公司、伊士曼柯达公司、通用汽车制造公司、福特汽车制造公司、戴姆勒 – 克莱斯勒汽车制造公司、美国在线 – 时代 – 华纳公司、爱迪生国际公司、得克萨斯仪器公司、美国电话电报公司、思科公司、惠普公司、摩托罗拉公司、施乐公司、国际商业机器公司、《纽约时报》公司，以及世界上规模最大的飞机制造商、总部原设在西雅图、现已迁到芝加哥的波音公司。尽管中国民航总局在 2001 年 10 月一次就向波音公司定购了30 架波音 737 型客机，但仍然扭转不了波音公司的厄运。该公司在同年 12 月 14 日宣布了大量亏损，并将在 2002 年中期以前至少裁员 25000 人（2001 年 12 月 14 日《西雅图时报》；同日路透社西雅图电讯）。

仅在标准普尔证券交易公司上市的 500 家工、商、金融公司中，2001 年上半年，由于大量亏损、到期无力偿还债务的大型公司就有 101 家，其中美国公司达 83 家（美联社 2001 年 7 月 12 日纽约电讯）。

现在在美国，唯有军工企业一枝独秀。由于五角大楼的订货单源源而来，它们的生意兴隆，财源茂盛，生产增加，股票市值上升。

（3）一系列巨型公司破产和申请破产。

所谓"申请破产"，就是企业向法院提出申请，经法院审讯，批准给予该企业一个"保护期",各家债主在"保护期"内不得向该企业讨债,该企业在此期间必须大刀阔斧调整业务,扭转资不抵债局面,否则法院到时将强迫该企业破产,由各家债主瓜分其资产。

截至 2001 年 9 月的 12 个月,美国工商、金融企业经法院批准破产和向法院申请破产的案件达 38490 起,比上一年增加了 2400 余起(路透社 2001 年 12 月 4 日华盛顿电讯)。其中,仅 2001 年上半年,破产倒闭的网络公司就比 2000 年同期增加了 9 倍以上。

尤其值得注意的是,在这场危机期间,不算银行,就有一系列巨型公司破产或申请破产。从 2001 年 4 月起,这股巨型公司破产和申请破产之风越刮越猛。按时间先后次序,其大致情况如下:

4 月 2 日,历史悠久的巨型化工和建筑材料公司——格雷斯公司申请破产;

4 月 6 日,加利福尼亚规模最大的太平洋天然气与电力公司申请破产;

4 月 17 日,业务遍及全国的温斯塔尔电讯公司申请破产;

6 月 1 日,位于弗吉尼亚州阿什伯市的 PSI 网络公司及其 24 个分支机构申请破产;

6 月 11 日,LTV 钢铁公司申请破产,成为这场危机期间破产的十几家钢铁公司之一;

7 月 9 日,位于奥克兰的著名 Waban 网络公司破产;

8 月 15 日,位于波士顿的美国网络公司的先驱、向各网络公司供应技术及相关设备的 Egghead 公司申请破产;

8 月 20 日,总部设在芝加哥的商品零售连锁系统——阿默斯百货公司申请破产;

9 月 28 日,位于加利福尼亚州帕洛阿尔托市,拥有巨额资产的 ExciteAtHome 因特网公司申请破产,随后宣布于 2002 年 2 月关门停业;

9 月 28 日,仅在一年前在美国著名赌城拉斯维加斯附近耗巨资建筑了一座大型休养场所的阿拉丁赌博公司申请破产；

10 月 12 日，美国著名的生产一次成像照相机和专用胶卷的宝丽莱公司申请破产，关闭了它所有的 315 家商店；

10 月 15 日，美国第三大钢铁公司——伯利恒钢铁公司申请破产；

10 月 19 日，总部位于佛罗里达州奥兰多市，分店分布于洛杉矶、纽约、拉斯维加斯等地的星球好莱坞饭店公司申请破产；

11 月 13 日，阿拉默全国小轿车租赁公司的母公司——ANC 租赁公司申请破产；

11 月 15 日，位于北卡罗来纳州格林斯伯勒市，历史悠久的伯灵顿纺织公司申请破产；

12 月 2 日，总部位于得克萨斯州休斯敦市，世界著名的安龙能源公司申请破产（这一部分材料，分别援引自美联社、路透社电讯和《行政人员情报述评》）。

迄今为止，美国破产和申请破产的大型企业，已创战后以来美国历次经济危机之最。现在，美国这场危机还处在发展过程之中。随着这场危机恶化阶段的继续，破产和申请破产的大型企业还将会进一步增加。

空前规模的企业破产，就是对生产力的空前破坏。

（4）企业固定资本投资大幅度下降。

美国企业用于新厂房和设备方面的固定资本投资的下降，开始于 2000 年后期。2001 年头三个季度，企业固定资本投资继续下降。其中，2001 年第一季度下降 0.2%，第二季度下降 14.6%，第三季度下降 11.9%（2001 年 7 月 27 日《华尔街日报》，同年 11 月 5 日、12 月 4 日《人民日报》）。

固定资本投资是企业扩大再生产的必要条件。美国企业固定资本投资如此大幅度的下降，表明美国这场经济危机的恶化阶段将继续发展。

尤其值得注意的是企业对高科技设备投资的下降。从 2000 年初到 2001 年上半年，企业对高科技设备的投资由增长 20% 转为负增长 10%。2001 年第二季度，企业对电子计算机及其软件的投资甚至下降了 14.5%（2001 年 7 月 27 日《华尔街日报》，同年 7 月 27 日出版的《商业周刊》）。

　　高科技的研究、开发、生产，主要靠风险投资。美国的风险投资在2000年第一季度达到高峰，随后即连续5个季度下降。与2000年第二季度的风险投资相较，2001年第二季度下降了66%（2001年8月14日英国《金融时报》）。

　　企业对包括电子计算机及其软件在内的高科技设备的投资剧烈下降，表明美国的高科技产品生产将进一步下降。而风险投资的下降达到2/3，势必对高科技产品的研究、开发、生产起到巨大的抑制作用。这对美国生产力发展的消极影响是巨大的，对这场经济危机势头的扭转，也是极为不利的。

　　第三，是金融业危机进一步发展。

　　关于金融衍生品交易的险境和股市交易的恶化，本文第一部分已经说过了。现在要说的是美国商业银行所面临的困境。

　　首先是银行业收不回来的坏账大幅度上升。根据有关金融机构的统计，逾期无力偿还的银行贷款，2000年占银行贷款总金额的3.4%，2001年头9个月已大约达到10%。与2000年同期相较，2001年上半年，全国银行勾销的坏账上升了45%（2001年10月17日《华尔街日报》）。

　　截至2001年10月中旬，一系列巨型银行的利润额显著下降。其中包括杰·普·摩根－大通银行公司、弗利特波士顿金融公司、纽约银行公司、韦尔斯法戈银行公司，以及包括莱曼兄弟公司在内的多家投资银行（路透社2001年7月17日、9月25日、9月28日、10月17日纽约电讯）。

　　在这场危机期间，濒临破产、被兼并的巨型银行是杰·普·摩根银行公司。这在本文第一部分已经说过了。2001年3月，菲诺瓦金融集团公司破产，成为美国历史上最大的破产案件之一。还有一家正式宣告破产的银行，就是位于伊利诺伊州境内的苏必利尔银行公司及其18家分行。有关这后一件破产案的官司至今尚未了结（2001年4月17日《行政人员情报述评》第5页，路透社2001年7月27日、12月12日分别发自华盛顿、纽约电讯）。

　　为了挽救美国的金融业（包括金融衍生品交易、股市交易和商业银行）和制止美国这场经济危机的发展，以格林斯潘为首的美联储同时紧急采取了两手。

第一手是降低利率。从 2001 年 1 月 1 日到 12 月 11 日，已经先后 11 次降低利率，把联邦基金利率从 6.5% 降到 1.75%，把贴现率从 5% 降到 1.25%（据美联储 2001 年 1 月 1 日到 12 月 11 日先后发表的 11 次新闻公报）。美联储在 2001 年，无论降息次数之频繁，还是降息幅度之大，在战后以来的历史上都是空前的。

第二手是增加货币供应量。美国的货币 1（M1，即流通中的货币加活期存款），1999 年 6 月为 10998 亿美元，2000 年 6 月增加到 11053 亿美元，2001 年 5 月再增加到 11174 亿美元；货币 2（M2，即货币 1 加不能随时用支票取款的"储蓄账户存款"，加银行管理的货币市场几种基金，加简称 CD 的 10 万美元以下的定期存款），1999 年 6 月为 45171 亿美元，2000 年 6 月增加到 47878 亿美元，2001 年 5 月再增加到 51669 亿美元；货币 3（M3，即货币 2 加巨额定期存款，加各种金融机构基金，加欧洲美元存款，加"再购买协议"，最后一项主要是"联邦基金"），1999 年 6 月为 62279 亿美元，2000 年 6 月增加到 68108 亿美元，2001 年 5 月再增加到 75001 亿美元（美联储 2001 年 6 月 14 日发表的公报）。2001 年 6 月到 11 月，美联储又大量增发钞票，仅同年 9 月 17 日这一天就发行了 570 亿美元（2001 年 9 月 28 日《行政人员情报述评》第 4 页）。

美联储在 2001 年如此急如星火、大刀阔斧地降低利率，增加货币供应量，其效果如何呢？答案在本文前面已经有了。它既未能阻止美国金融衍生品交易陷于险境，未能扭转股票市场的颓势，也未能防止美国这场经济危机朝恶化阶段发展，它采取的这些措施甚至有可能适得其反，导致在 20 世纪 60 年代末期到 80 年代初期危害美国十余年的"停滞膨胀症"的再现。

再说小布什总统的财政政策。他已经付诸实施的 2001 年 7 月到 9 月间的第一次减税，实践已经证明，对抑制这场经济危机的发展没有起任何作用。他增加军费开支，开始打一场"反恐战争"，其用意之一是运用凯恩斯"战争增加财富"的理论，借以制止这场经济危机的发展。这场"反恐战争"情况复杂，我们对其性质姑且不予评论，只限于考察其对美国经济的影响。迄今为止，小布什总统打的这场战争对制止这场危机的发展是否收到了成效呢？事实说明：没有。最近，小布什政府公开扬言，下一步还要扩大这场"反恐战争"的范围。至于能否收到效果，也还要看。我们现在至少可以说，他的父亲老布什总统 1991 年打了一场大规模的海湾战争，并未能制止美国 20 世纪 80 年代末期到 90 年代初期发生的那场经济危机的发展。他这次效法他的父亲，其效果不大可能比他父亲的经历更好。相反，由于发生了经济危机，政府税收收入下降，加以包括军费在内的开支增加，联邦政府的财政赤字和负债总额又开始了新一轮的上升。2000 年 10 月、11 月，联邦政府的财政赤字已达 350 亿美元；截至 2001 年 12 月 20 日，10 月、11 月、12 月的财政赤字再上升到 637 亿美元（路透社 2001 年 12 月 20 日华盛顿电讯）。

以格林斯潘为首的美联储的货币政策和小布什政府的财政政策为什么不能收到它们预期的效果呢？一句话，是美国堆积如山的债务挡住了它们的去路。关于这个债务问题，本文上面已经说过了。

第四，是美国工人阶级的贫困积累进一步加深。其主要表现如下。

（1）据美国联邦政府劳工部 2001 年 12 月 7 日公布的统计数据，在这场危机期间，截至 2001 年 11 月，美国失业工人已上升到 816 万人。

由于美国官方对民间劳动力总数和真正失业人数的统计方法不科学，甚至故意缩小（对黑人的失业更是如此），它公布的失业人数与实际失业人数相距甚远。一般地说，就它公布的失业人数增加一倍，才大体上符合实际。这样，到 2001 年 11 月，美国的实际失业人数就是 1632 万人。

与经济危机的发展相较，美国雇主解雇职工通常是滞后的。何况这场经济危机的恶化阶段还刚刚开始。因此，美国工人阶级的失业状况今后还将进一步恶化。

（2）这场经济危机，美国工人阶级失业的一个显著特点，就是大批科技职工被解雇。

根据哥伦比亚广播公司播放的大型公司解雇职工的专题新闻节目，在这场经济危机期间，截至 2001 年 10 月，决定解雇职工的商品零售公司共 10 家，决定解雇职工的航空公司共 14 家，决定解雇职工的包括石油、快餐、咨询等多种类型公司共 25 家，决定解雇职工的制造业公司共 56 家，而决定解雇职工的高科技公司就有 170 家；这最后一种，如果再加上决定解雇职工的 32 家因特网公司，就达到 202 家，遥遥领先于其他各类公司。还需指出的是，在上述制造业公司中，有一些也是高科技公司，如联合技术公司、通用电气公司等。上述 170 家高科技公司中，仅朗讯科技有限公司和摩托罗拉公司等 6 家，决定解雇的职工就达 176000 人（2001 年 11 月 30 日 CBS Market Watch）。

这场经济危机，美国各高科技研究、开发区的职工受到的打击最沉重。硅谷即为其显著例证之一。2000 年 9 月，硅谷失业率还只有 1.8%；到 2001 年 9 月，那里的失业率已上升到 5.9%（路透社 2001 年 10 月 13 日圣何塞电讯）。仅 2001 年 7 月 26 日一天，硅谷及其邻近地区被解雇的高科技人员即达 31000 人。《洛杉矶时报》称这一天为"高科技糟糕的一天"（2001 年 7 月 27 日《洛杉矶时报》）。

（3）2001 年，美国家庭总共约为 10500 万户。其中，6000 万户以上为低收入户，每户年收入在 25000 美元或以下。他们还都是在业的工人群众。

设在华盛顿的"全国低收入住房联盟"于 2001 年 10 月发表的一篇报告说，在全国各地，领取联邦政府规定的最低工资的在业工人无力支付廉价房租。要支付廉价房租，他们的工资必须等于政府规定的最低工资的 269%（2001 年 9 月 28 日《行政人员情报述评》第 11 页，2001 年 12 月 3 日《基督教科学箴言报》）。

因此，在这场经济危机期间，美国无家可归的流浪者人数正在大幅度上升。其中，又以纽约市的上升幅度为最高。

（4）在这场经济危机期间，约 40% 的美国失业工人同时失去医疗保险。与此同时，还有相当数量的工人根本没有医疗保险（2001 年 11 月 26 日"世界社会主义者因特网"）。

美国是一个医疗费用极高的国家。工人群众一旦生病，没有医疗保险，就只有等死。就是那些由劳资双方各出一部分资金、与保险公司签订了医疗保险合同的公司（这通常是一些大公司），工人生病也不是完全保险。因为这些医疗保险，有一些只保工人，不保工人家属；有一些只保一般疾病，不保重病。

（5）2001年，在这场经济危机期间，世界最富的美国，约有2330万人处于饥饿之中。

美国政府原来发放"食品券"，为穷人提供廉价食品。1996年，美国国会通过了《个人责任与工作机会法》。此后，有资格领取"食品券"的人数大幅度下降，大批穷人只能依靠私人慈善机构的施舍才能勉强维持生命（2001年12月3日"世界社会主义者因特网"）。

第五，是"9·11事件"（包括事后发生的炭疽病在包括华盛顿、纽约在内的全国各地的反复传播、感染）对美国国民经济的冲击，尤其是对金融业（包括保险业）、航空业、旅游及其与之相关的行业的打击最为严重。这也成为加剧这场经济危机的重要因素之一。尽管国会迅速通过了金额达400亿美元的"反恐怖和经济重建计划"，加上金额为150亿美元的"航空业援助计划"，但等于杯水车薪，对制止国民经济的进一步恶化基本上起不了作用。

最近几个月来，特别是从11月的感恩节和12月的圣诞节期间，尽管包括各大商品零售连锁店在内的零售商对商品价格大幅度打折扣，使出各种招数吸引顾客，商品销售仍然疲软。在通常时期，这是美国商品销售旺季，商品零售总金额占全年50%以上。2001年，这种商品销售旺季没有出现。这种现象显示，美国轻、重工业将被迫进一步减产裁员，使这场经济危机进一步恶化。

由此可见，美国这场经济危机的发生和恶性发展，从本质上看，仍然是国家垄断资本主义处于衰落阶段资本主义制度本身无法克服的固有矛盾趋于激化的结果。

四 对两个重大问题的答复

第一个问题是，目前，一场世界资本主义经济危机是否正在形成？

由美、欧、日等30个国家组成的经济合作与发展组织（简称经合组织），2001 年 11 月 21 日发表了它每半年一次的《经济展望报告》。报告虽然对经济恢复做了若干乐观的预测，但它对当前世界经济形势所做的主要结论却是："世界已经陷入衰退，这是 20 年来第一次发生"，这将是"第二次世界大战以来最严重的一次"。

美国一些报刊也发表了大致类似的论断。

笔者认为，当前，说一场世界资本主义经济危机正在形成，比较稳妥。

说一场世界资本主义经济危机正在形成，其主要根据如下。

（1）占世界国内生产总值接近 30% 的美国从 2000 年第三季度就已经开始发生经济危机，从 2001 年第三季度已开始进入恶化阶段。这场危机对整个资本主义世界的冲击，将是严重的。

（2）日本经济不仅 2001 年，而且 2002 年仍将处于危机之中。

（3）西欧经济实力最强大的德国，在 2001 年中期也已经陷入经济危机（2001 年 8 月 24 日《行政人员情报述评》第 8 ~ 10 页）。从 2001 年第三季度起，英国工业的主体——制造业生产也已开始下降。法国的失业率长期居高不下，目前仍然是 8.9%，几乎相当于美国官方统计的一倍。

（4）笔者在《三论》里说过，到 1998 年底，在世界范围内流动的金融衍生品总金额已超过 200 万亿美元。现在要补充的是，到 2001 年 3 月，这个数字已上升到 280 万亿美元。其中 85 万亿美元在美国，其余 195 万亿美元则游移在欧洲、日本和世界其他地方（2001 年 4 月 6 日《行政人员情报述评》第 6 页）。本文第一部分已经说过，大量的金融衍生品交易，在美国是危险的。现在要说的是，游移在欧洲、日本和世界其他地方的金融衍生品交易金额超过美国两倍以上，它同样是危险的。

（5）由于西方国家对广大发展中国家的盘剥、特别是债务剥削进一步加重，亚、非、拉美发展中国家的经济状况普遍不佳，其中一系列国家和地区已陷入严重的经济危机之中。

1980 年，亚、非、拉发展中国家的负债总额为 6450 亿美元。20 年来，这些国家仅向西方国家支付上述负债款的利息已达 56000 亿美元。但是，这些国家的负债不仅没有减轻，而是进一步加重。到 2001 年 3 月，这些国家的负债总额竟相当于 1980 年的 7 倍（2001 年 4 月 6 日《行政人员情报述评》第8页)。

受西方国家债务盘剥之害的最突出典型是阿根廷。它本来是拉美经济三巨头之一。由于无力偿还沉重的外债,目前不仅陷入连续4年的经济危机,而且发生了社会动荡和政治危机,整个国家濒临破产。拉美第一大国巴西的情况也不好,债务沉重,每年向外国支付的利息即达200亿美元。2001年,巴西经济增长率已大幅度下降,金融市场也已多次发生动荡。

在亚洲,新加坡和我国台湾省已经陷入严重经济危机之中。包括印度尼西亚在内的大多数东南亚国家,经济增长率也在程度不同地下降。

许多非洲国家的经济状况不好,社会动荡。

由此可见,说一场世界资本主义经济危机正在形成,是站得住的。

第二个问题是,美国这场经济危机是否有可能发展成为20世纪30年代那种资本主义史上特别严重的"大萧条"(The Great Depression)?

笔者在《三论》里对这个问题的答复是:"目前尚不能肯定,还有待进一步观察,但也不能绝对排除这种可能性。"经过半年多来的观察,现在笔者的答复是,目前也还不能完全肯定,但这种可能性已经进一步增加了。其主要根据如下。

第一,美国这场经济危机已经长达六个季度,其恶化阶段来势凶猛,目前这场危机还"看不到隧道尽头的亮光"。

第二,世界上三个主要资本主义大国——美、日、德同时进入经济危机,彼此相互影响,而美国对日、德的冲击更为严重。

第三,一场世界资本主义经济危机正在形成。

第四,美国这场经济危机不是由于通货膨胀引发消费下降从而产生"生产过剩"引起的,而是由于投资过度、生产设备增长过度以及由此产生的企业负债过度和"生产过剩"引发的。这与美国在战前发生的多次经济危机相同,而与战后发生的历次危机不同。这种类型的危机难以驾驭。与战后发生的历次危机相较,这场危机的严重程度有可能更深,持续时间也有可能更长(2001年8月25~31日《经济学家》,第11页)。

第五,日本1990年泡沫经济破灭,12年来,尽管日本政府多次出台振兴经济方案,均不见效,一直处于危机、停滞、危机的恶性循环之中。

如果加上 2002 年，就是 13 年了。至于 2003 年能否走出危机，现在还很难说。这是二战结束以来资本主义世界出现的一种新现象。究其原因，是国家垄断资本主义进入衰落阶段以后资本主义制度本身无法克服的固有矛盾趋于激化的结果。

美国的泡沫经济比日本还要严重。1990 年以前，日本的泡沫经济主要是股市泡沫和房地产泡沫。而美国的泡沫经济，除股市泡沫以外，还有巨额金融衍生品泡沫、债务泡沫和科技泡沫，其泡沫经济的规模远远超过日本。本文前面已经说过，美国的金融衍生品交易已陷于险境；股市泡沫已基本上破灭；债务泡沫正紧紧纠缠着美国统治集团，使他们难以医治美国的这场经济危机。

因此，能不能绝对肯定，美国的这场经济危机的持续时间将会比日本短得多，其严重程度将会比日本轻得多呢？至少目前看来，难以做出这种绝对肯定的结论。

此外，还有一个美元的国际地位趋于虚弱的问题。2001 年 7 月以来，随着美国经济的恶化和美国经常项目赤字的上升，美元对欧元、日元的比价几度下降。一些国家的中央银行正在将本国的外汇储备部分地从美元转为欧元。2002 年 1 月 1 日，"有形欧元"将正式出现在国际外汇市场上。随后，一些国家将本国外汇储备从美元转为欧元的步伐势必进一步加速。这种情况显示：①外资将逐步撤出美国，从而削弱美国的经济；②美国向国外发行本国货币的权利将遭到打击；③美元的国际霸主地位将遭到严重挑战。凡此种种，无论在近期或者从远景看，对美国经济都是不利的。

综上所述，可以看出以下几方面。

第一，资本主义制度本身无法克服的固有矛盾将贯穿于资本主义制度的始终。只有资本主义制度结束，这个矛盾过程才会结束。一切回避或者否定资本主义制度本身无法克服的固有矛盾的观点，都是错误的，是违反马克思主义的基本原理的。

第二，一切断定美国经济已进入"新经济"阶段，从而断言美国经济将长期持续繁荣的观点，都是不符合客观实际的，因而是错误的。

第三，一切断定科学技术只有利于资本主义，断定科技将给资本主义制度带来长寿，从而否定科技在资本主义制度下具有二重性的观点，也都是不符合实际的，是违反辩证唯物主义和历史唯物主义的。

第四，一切为资本主义制度涂脂抹粉的观点，一切极力美化资本主义制度的观点，都是错误的，有害的。

第五，人类的未来属于社会主义、共产主义，而不属于资本主义。

这就是本文的基本结论。

［张海涛，中国社会科学院世界历史研究所研究员，中国社会科学院荣誉学部委员］

（本文始发于《当代思潮》2002 年第 1 期）

美国"遏制但不孤立"中国政策提议的历史由来、反响及其意义

顾　宁

　　第二次世界大战结束后，从杜鲁门到约翰逊总统执政期间，美国政府一贯采取了"遏制并孤立"（containment and isolation）中国的政策。1966年3月8~30日，美国参议院对外关系委员会（后简称参议院外委会）在主席 J. 威廉·富布赖特的领导下，先后举行了9天的会议，就美国政府二战结束以来推行的对华政策进行听证。有14人到会作证，其中有著名的中国问题专家费正清和鲍大可等人。电台、电视台和报刊这些传媒机构对听证会进行了报道和实况转播。"遏制但不孤立"（containment without isolation）中国的新的政策思考和建议就是在这次听证会上提出来的。本文就听证会的背景、内容、反响及其意义作一评述。

一　召开对华政策听证会的历史背景

　　自1965年开始，美国参、众两院就美国政府的越南政策举行了多次听证会。这是由于自1964年约翰逊总统上台执政后，越南战争逐步升级，引起国会内部反战派和美国民众的强烈不满所致。1966年3月美参议院外委会进行的对华政策听证会，就是这一系列听证会中的一个。

　　J. 威廉·富布赖特组织听证会的目的是什么？他为什么要在组织美对越政策听证会的同时专门组织美对华政策听证会呢？美对华政策和对越政策之间是什么关系？与美苏冷战又是什么关系呢？

听证会的目的，用富布赖特自己的话来说，是"为了影响约翰逊政府对华政策的制订。同时，教育公众，教育国会议员，也教育我自己"[①]。虽然听证会的最终目的是政治性的，即防止战争的爆发。[②] 二战以后，美国总统的权力越来越大，在某些方面超越了《美国宪法》规定的"三权分立"的原则（虽然宪法对总统权力范围的解释在一些方面是含混不清的）。然而，"美国国会像二十世纪复杂的世界上所有其他国家的立法机构一样，其权力与所谓政府的'行政'部门相比已经下降。总统及其政府越来越多地提出政策，并在立法事务中行使领导权"。[③] 正如历史学家们批评的那样，战后历届总统权力的扩大，使他们可以冠之以"大政府"的称号。富布赖特组织听证会也反映了这样一种不满情绪，就是总统在外交事务中的权力越来越大，根本不把国会放在眼里。应该重新明确国会对制定外交政策的权限并控制总统的外交权。此外，自 1949 年以来，美国政府、新闻等机构对中国的宣传及报道等都是片面的，这对美国民众起到误导作用。听证会请了不少中国通作证这一点，恰恰体现了富布赖特的用心——教育公众及议员，重新认识美对华政策。

在一系列美国对越南政策听证会中，专门组织中国问题听证会是因为越战、美国对越南政策涉及的是美国与中国的关系问题。换句话说，美国在越南展开的有限战争，是针对中国的，是要遏制中国。

第二次世界大战后，世界格局呈现出两极对抗的局面，也就是美苏对立。战后美国对华政策是在美苏冷战这一大的战略框架下制定的，其主导思想源于对苏遏制政策。在中苏矛盾明朗化之前，美国政府坚持把中国看作苏联的盟国，同苏联一样具有扩张性。1950 年朝鲜战争爆发后，亚洲同欧洲一样"成为冷战的首要战场"，因而"遏制中国也被加进遏制苏联的

---

① 笔者于 1987 年 2 月 3 日在华盛顿采访富布赖特时的谈话。

② 入江昭编《美国对华政策——时代的证词：国会听证会证词选》（Akira Iriye ed.，U. S. Policy Toward China – Testimony of the Times：Selections from Congressional Hearings），波士顿小布朗出版社，1968，第 XIV 页。笔者于 1986 年 3 月在华盛顿采访鲍大可时，鲍在谈话中也提到富布赖特这一意图。

③ M. J. C. 维尔：《美国政治》，商务印书馆，1981，第 126 页。

政策之中，因为相信：遏制中国事实上就是遏制苏联"。① 艾森豪威尔执政时，国务卿杜勒斯于 1952 年在共和党竞选纲领中说，要结束对远东的忽视，并努力孤立、包围中国，使北京政府崩溃。1954 年 9 月和 12 月，美国又先后与英国、法国、泰国、菲律宾、澳大利亚、新西兰、巴基斯坦在马尼拉签订了《东南亚集体防御条约》，与中国台湾签订了《共同防御条约》，从而更好地遏制中国。除对中国在政治和地理方面进行孤立以外，美国政府还在经济上对中国实行禁运：如 1950 年 12 月 2 日，美商务部宣布"对运往中国的一切货物实行许可证管制办法"；② 美政府又于次年 5 月 18 日操纵联合国大会"通过对中国实行禁运的决议"。③ 在台湾问题上，美国政府大搞"一中一台"，在联合国提出"福摩萨问题"案，要联大讨论所谓"台湾未来地位问题"④（1950 年 9 月 20 日），阻挠中国重返联合国。总之，纵览美国外交史以及美中关系史的中外专著及文章，我们虽然查寻不到美国政府"遏制并孤立"中国政策产生的具体时间以及具体内容，但是归结起来：在政治上不承认中华人民共和国；制造"一中一台"；反对恢复中国在联合国的合法席位；把中国孤立在世界性组织及国际大家庭之外；军事上包围中国；经济上对中国实行禁运，便构成了这一政策的内涵。而这一政策由杜鲁门总统时期制定后，历经艾森豪威尔、肯尼迪和约翰逊三位总统执政期而日趋"完善"。

而美国在越南的战争，实质上是针对中国的。在美国领导人眼中，中国是越南北方的积极支持者，越南共产党的领导人同中国共产党领导人之间关系甚密。为了防止共产主义在东南亚扩张，美国在法国退出越南之后，毅然补充进来。而冷战时期美国的对外政策常常是基于国家利益而制定的。正是基于这种国家利益的考虑，加之于意识形态方面的因素，约翰逊总统死抱着越南不放。因为美国政府认为，遏制越南的解放运动就是遏

① 路易斯·J. 哈利：《作为历史的冷战》（Louis J. Halle, *The Cold War as History*），哈珀和罗出版公司，1967，第 286 页。
② 李长久等编《中美关系二百年》，新华出版社，1984，第 174 页。
③ 李长久等编《中美关系二百年》，第 177 页。
④ 李长久等编《中美关系二百年》，第 171 页。

制中国，遏制中国实际上就是遏制苏联。总之，对中国的遏制构成了美苏冷战一个不可分割的组成部分。由于害怕重温共和党指责杜鲁门丢掉中国的旧梦，约翰逊是根本不可能从越南撤兵的，只能使战争逐步升级，在越南越陷越深。

越南战争的升级引起了美国民众、学术界及新闻界强烈的不满，反对越战的呼声越来越高。“越南战争引起许多美国人重新审查不仅是在越南问题上的而且是在全世界的美国外交政策的前提。”① 因此，美参议院外委会不仅就越南战争、美对越政策举行听证会，而且把与美国对越南政策紧密相关的美国对中国政策首次（自 1949 年以来）列入公开听证之列。

二 “遏制但不孤立”中国政策提议的出台

参加参议院外委会美国对中国政策听证会的人共 14 位，他们是哥伦比亚大学政治学教授鲍大可、哈佛大学东亚问题研究中心主任费正清、哈佛大学政治及历史学教授本杰明·施瓦茨、哈佛大学东亚问题研究中心副主任约翰·M. H. 林德贝克、退役的美国海军陆战队准将塞缪尔·格里菲思、哈佛大学政治学教授摩顿·H. 霍尔珀林、密执根大学经济学教授亚历山大·艾克斯坦、乔治·华盛顿大学国际关系学副教授哈罗德·欣顿、哥伦比亚大学政府学副教授唐纳德·扎戈里亚、众议院前议员周以德、华盛顿大学东亚和苏联研究所所长乔治·泰勒、耶鲁大学政治学教授饶大卫、芝加哥大学政治及历史学教授汉斯·J. 摩根索以及加州大学伯克利分校政治学教授罗伯特·斯卡拉宾诺。这些人中除周以德、饶大卫和泰勒拥护美国政府当时推行的对华政策、竭力反对政府采取任何对华灵活的政策外，其他 11 人分别不同程度地批评了美国政府的对华政策，并且主张政府放弃“遏制并孤立”中国的政策，代之以“遏制但不孤立”中国的政策。

在听证会上第一个作证的是鲍大可，也正是他首先提出了“遏制但不

---

① 丹·考德威尔：《论美苏关系》，世界知识出版社，1984，第68页。

孤立"中国的想法。他在听证会上说，（中国）共产党"政权不是一种即将消失的现象。……它将继续存在下去。可以预测，未来我们将不得不继续面对这一现实"①。"在未来的十年中，如何对待中国将是我们面临的最棘手的对外政策之一。"② 鲍大可认为，"美国对共产党中国的全部态度都需要进行根本改变。在过去近17年间，我们推行的一项政策可以最好地描绘成旨在遏制并孤立共产党中国的政策"。③ 他认为，"遏制"政策在某种程度上是成功的，但"孤立"政策是"不明智的"和"不成功的"。④ 鲍大可指出："现在是我们国家改变其对共产党中国的态度并且采纳一个'遏制但不孤立'政策的时候了——尽管美国现已深深地陷入了在越南斗争，……"⑤ 对于这一新的政策，鲍大可阐述了它的具体内容：应在各方面努力，鼓励非政府间的接触。我们不应对大陆中国进行全面贸易禁运，而应只对战略品进行禁运，⑥ 因为我们目前进行禁运的重要性……仅仅是象征性的，因为没有任何其他主要的贸易国家实行这种禁运，而且北京可以从日本、德国、英国或其他地方购买到被我们拒绝卖给他的那些物品……⑦应鼓励美国商人开辟其他机会。进行贸易交往；在联合国应努力接受给共产党中国和民族主义中国（注：指国民党）席位的提案；⑧ 我们

① 《美国对大陆中国的政策——第89届国会第二次会议，美国参议院对外关系委员会听证会》（*U. S. Policy with Respect to Maniland China – Hearings before the Committee on Foreign Relations, United States Senate, Eighty – Ninte Congress, Second Session*），1966年3月8日、10日、16日、18日、21日、28日、30日，华盛顿美国政府出版局，1966，第8页。
② 《美国对大陆中国的政策——第89届国会第二次会议，美国参议院对外关系委员会听证会》，第3页。
③ 《美国对大陆中国的政策——第89届国会第二次会议，美国参议院对外关系委员会听证会》，第4页。
④ 《美国对大陆中国的政策——第89届国会第二次会议，美国参议院对外关系委员会听证会》，第4页。
⑤ 《美国对大陆中国的政策——第89届国会第二次会议，美国参议院对外关系委员会听证会》，第4页。
⑥ 《美国对大陆中国的政策——第89届国会第二次会议，美国参议院对外关系委员会听证会》，第4页。
⑦ 《美国对大陆中国的政策——第89届国会第二次会议，美国参议院对外关系委员会听证会》，第15页。
⑧ 《美国对大陆中国的政策——第89届国会第二次会议，美国参议院对外关系委员会听证会》，第4页。

的目的是最终建立正常的外交关系，尽管还需要时间……①

费正清是第二个作证的。他在发言中同意鲍大可提出的美政府应采取对华灵活政策的建议。他认为，"我们应该在美（对华）政策方面有一个新观点——这就是不孤立中国，而使它有所交往……"②"中国应该被包括在所有国际会议之中，如裁军会议，还应包括在专业的和功能性国际协会之中，包括在不仅仅是乒乓球赛的国际体育活动之中，并且被包括在包括我们在内的同每个人的贸易（除战略物资之外的）之中。"③他也同意鲍大可关于在联合国接纳大陆中国和台北的提议。但指出，美国在联合国大会投票时，应"采取一种灵活的态度，并且不应操纵别国，……"④

林德贝克在作证时说，"我们当前对大陆中国禁运的政策并没达到任何主要目的"。⑤"对中国施加压力或遏制都没起什么作用。"⑥他认为长期看来，让中国参与国际事务和介入国际上正常的经济关系"在政治上是会富有收获的。"⑦

施瓦茨在作证时也同意遏制政策，不同意孤立中国。与此同时他也同意与中国进行贸易（除战略物资外的）往来。⑧

作为经济学专家的艾克斯坦在听证中着重分析了美国对中国的贸易政策并介绍了中国的经济发展状况。他指出，如果共产党政权会"垮

---

① 《美国对大陆中国的政策——第89届国会第二次会议，美国参议院对外关系委员会听证会》，第15页。
② 《美国对大陆中国的政策——第89届国会第二次会议，美国参议院对外关系委员会听证会》，第172页。
③ 《美国对大陆中国的政策——第89届国会第二次会议，美国参议院对外关系委员会听证会》，第106页。
④ 《美国对大陆中国的政策——第89届国会第二次会议，美国参议院对外关系委员会听证会》，第177页。
⑤ 《美国对大陆中国的政策——第89届国会第二次会议，美国参议院对外关系委员会听证会》，第232页。
⑥ 《美国对大陆中国的政策——第89届国会第二次会议，美国参议院对外关系委员会听证会》，第232页。
⑦ 《美国对大陆中国的政策——第89届国会第二次会议，美国参议院对外关系委员会听证会》，第232页。
⑧ 《美国对大陆中国的政策——第89届国会第二次会议，美国参议院对外关系委员会听证会》，第232页。

台"的理论不切实际的话，那么就应该接受这种事实，即"共产党中国是一个看上去将会存在一定时期的政治实体，一个社会和一种经济势力"。① 他认为，美国自 1950 年以来对中国始终推行一种"没有改变"的政策，而其实行的"贸易控制"是旨在支持孤立和遏制中国这一目标的。② "禁运使我们同盟国分开；使我们同他们发生摩擦，尤其是在我们企图迫使他们执行同我们一致的政策时；使我们的商人无法同中国进行有可能的但是有节制的贸易交往，而现在其他国家却在同中国进行着贸易交往。"③

扎戈里亚在发言中支持鲍大可和费正清关于美国政府应改变对华政策的提议。他认为，没有中国参与，武器控制和裁军问题及亚洲的稳定就无法实现。④ 他还说，他个人认为，"同共产党中国建立外交关系是好事"。⑤ "如果我们想解决在世界和亚洲的许多问题的话，没有我们和中国共产党人的对话是不能解决的。我们最终是要进行这种对话，我认为华沙的走廊（注：指中美大使级谈判）不是进行这种重要谈话的地方。"⑥

欣顿在作证时不同意在外交上承认中国的提议，但他认为，美国政府在过去几年间已经有幅度地变得温和了。这方面一个很好的迹象便是最近助理国务卿邦迪在一次讲话中提到放松对护照和旅游的控制。他认为，"我们的确需要对方（注：指中国）做出些反映"。⑦

摩根索在听证会上作证时说，"很显然，孤立（中国的）政策完全是

---

① 《美国对大陆中国的政策——第 89 届国会第二次会议，美国参议院对外关系委员会听证会》，第 330 ~ 331 页。
② 《美国对大陆中国的政策——第 89 届国会第二次会议，美国参议院对外关系委员会听证会》，第 334 页。
③ 《美国对大陆中国的政策——第 89 届国会第二次会议，美国参议院对外关系委员会听证会》，第 337 页。
④ 《美国对大陆中国的政策——第 89 届国会第二次会议，美国参议院对外关系委员会听证会》，第 375 ~ 376 页。
⑤ 《美国对大陆中国的政策——第 89 届国会第二次会议，美国参议院对外关系委员会听证会》，第 385 页。
⑥ 《美国对大陆中国的政策——第 89 届国会第二次会议，美国参议院对外关系委员会听证会》，第 386 页。
⑦ 《美国对大陆中国的政策——第 89 届国会第二次会议，美国参议院对外关系委员会听证会》，第 395 页。

一个失败。就接纳中国进入正常的外交、政治和贸易关系而言,正是美国受到了孤立,而不是中国"。① 他认为,美国放弃孤立中国的政策并不是具有决定性的,在美中关系方面,具有决定性的是"遏制"问题。美在20世纪四五十年代在欧洲对苏联进行军事上的遏制是成功的,"我们一直试图通过在中国周边的军事要塞来遏制中国……这样做可能会在亚洲取得成功。但我认为,对中国实行这一政策是个根本性的错误"。② 他认为,中国当前主要威胁是文化和政治上的,而这种威胁如果不能与美国的首要利益相佐的话,便没必要在军事上遏制中国。③

斯卡拉宾诺在发言中也不同意美政府遏制并孤立中国的做法。他指出,通过孤立来进行遏制的这一政策,不仅从国际政治的现实来看是不合适的做法,而且从对中国国家本身的影响看也是很不令人满意的。他很高兴看到美政府已经在对华政策上有所改观,比如他于1959年提出的一些诸如允许美国学者、科学家、记者和一些公民去中国旅游的做法等,政府这方面也有动议。④

以上的发言仅仅批评了美在过去十几年间推行的对华政策。除此之外,由于这些作证人大都是中国问题专家,其中费正清、林德贝克、格里菲思、泰勒、周以德、饶大卫等人都一度在中国待过,因此在作证期间,应参院外委会要求,他们都从不同角度和不同程度,根据自己的专长就中国历史、中国共产党的历史及现状、中国的外交政策、中国在联大席位、中苏矛盾、中国经济、中西方历史上的接触、美对华政策的历史及现实、越战和美中关系等相关问题做了解释和分析,使在座的国会议员对上述问题有一个比以前更加深入的了解。

---

① 《美国对大陆中国的政策——第89届国会第二次会议,美国参议院对外关系委员会听证会》,第553页。
② 《美国对大陆中国的政策——第89届国会第二次会议,美国参议院对外关系委员会听证会》,第553~554页。
③ 《美国对大陆中国的政策——第89届国会第二次会议,美国参议院对外关系委员会听证会》,第555页。
④ 《美国对大陆中国的政策——第89届国会第二次会议,美国参议院对外关系委员会听证会》,第570页。

三 对听证会的反响

在历时 9 天的听证会进行的同时，美新闻界也日常忙碌。美国哥伦比亚广播公司的电视台转播了听证会的实况，[①] 全国不少地区的报刊对听证会进行了报道。从新闻界的报道及反响中，可分以下几类。

1. 美国政界的反响

（1）总统及国务卿

约翰逊总统在 3 月 22 日举行的记者招待会上就记者的提问回答说："我们对这些听证很关注，而且完全理解像众议员扎布洛基先生和参议员富布赖特先生的这些不同委员会召开的听证会。""我们认为，听听这些教授、专家、大使以及其他人的观点是件好事。"[②] 这些话虽然是冠冕堂皇的，但至少可以反映出约翰逊还是不得不承认他是注意到听证会的，至于听得进听不进作证人的批评就是另一回事了。

《华盛顿晚邮报》于 4 月 14 日刊登了从政界传来的一则消息：约翰逊总统已对国务卿迪安·腊斯克和其他政策顾问说，长远来看，这次听证会可能会有助于促进对中国问题广泛的讨论，因而可以使他将来处理中国问题时更为灵活。文章还说，约翰逊对外委会承担公开讨论对华政策这一任务的做法是高兴的。然而他也担心对华政策上的任何重大改变将会引起参、众议员的冲突。可以看出，约翰逊还没有为改变美国未来的对华政策做好充分准备，但据当时的国家安全委员会成员詹姆斯·小托马斯讲："由于约翰逊总统对富布赖特主持的听证会的关注并对听证会加以评论，他的态度变得更开明了。"[③]

在 3 月 20 日回答哥伦比亚广播公司记者提问时，国务卿腊斯克指出，

[①] 根据笔者 1987 年给该公司打电话的电话记录。

[②] "1966 年 3 月 22 日总统记者招待会"，引自《美国总统公开文件集：林登·约翰逊，1968—1969 年》（*Public Papersof the Presidents of the United States：Lyndon Baines Johnson，1968－1969*），美国政府印刷局，1970，第 346 页。

[③] 詹姆斯·小汤姆森：《关于美国对华政策的制定（1961~1969 年）：对官僚政治的研究》，《中国季刊》第 50 号，1972 年 4 月至 6 月一期，第 239 页。

"'遏制'政策是与太平洋的和平相关的。……美国不但关注大西洋,也关心太平洋。'遏制'是指美对其盟国'坚守诺言'。至于'孤立',不是美国要孤立中国……"①

可以看出,在总统和国务卿之间,在美对华政策上还态度不太一致。

(2)国会

国会中绝大多数参、众议员赞赏这次听证会,尤其是新的政策提议,即鲍大可和费正清提出的"遏制但不孤立"中国的提议。例如,来自威斯康星州的共和党众议员亨利·鲁斯在听证会进行期间就力促政府改变对中国的政策。鲁斯说,一种认为企图孤立共产党中国的做法是行不通的,这种"感觉"正在华盛顿日益增强。他还提出,"美国应重新考虑与中国进行贸易往来"。②

《纽约时报》3月11日刊登了汤姆·威克的题为"北平谜"的文章。他在文中指出"连像来自密苏里州的民主党参议员赛明顿那样的强硬派都对鲍大可提出的关于重新估价孤立主义政策的看法表示欢迎"。"听证会很可能使中国这一以前无法涉及的问题不再是不可思议的了。"

国会议员中反对听证会的也大有人在。比如,俄亥俄州极端保守的议员约翰逊·阿什布鲁克6月在国会进行了题为"红色中国院外集团"的讲演。他污称鲍大可、费正清和摩根索是所谓的"红色中国院外集团"③的成员,并称他们把"遏制但不孤立"中国作为该集团最喜爱的口号。他反对改变对华政策,认为"目前改变我们的对华政策,不仅会削弱美国在自己盟国眼中的地位,而且会使北平政府更加好战"。④

2. 美国报刊界的反应

同政界一样,美报界对听证会的反应也不一样。

(1)支持态度

纽约大学国际发展学教授维拉·米歇尔·迪安在写给《纽约时报》的

---

① 美国国务院:《国务院简报》第54卷第1398号,政府出版局,1966,第566页。
② 《华盛顿邮报》(*The Washington Post*),1966年3月24日。
③ 根本不存在什么"红色中国院外集团",而实际上却存在着一个支持中国台湾的"院外援华集团"。
④ 美众议院:《国会档案》,第89届国会,第二次会议,第112卷,第二部分,第14583页。

信中说："副总统休伯特·汉弗莱引用了鲍大可在听证中用的'遏制但不孤立'一词的做法是令人振奋的。美国人民有理由感谢副总统，最终使被限制讨论的与北平的关系这一专题合法化。此外，更重要的是，美国公众有理由和副总统一道，就参议员富布赖特邀请中国通在外委会作证一举所表现出的政治才智和勇气，表示钦佩。"在文章结尾时，迪安说，她希望副总统汉弗莱能够敦促约翰逊总统和国务卿腊斯克，继续听取被麦卡锡主义迫使离开外交界的那些中国通的建议。①

当听证会进行了一半时（3月21日），《新闻周刊》预测富布赖特主持的听证会很可能会发展成为将"全面审查美国对远东的政策"。这一政策是自杜鲁门以来被历届总统"小心翼翼地锁在冷战冰箱（cold war ice box）的最底层的"。这一评论非常形象化，但从另一侧面也可以证明美对华"遏制并孤立"政策十几年来并未改变的状况。

另一个重要杂志《生活》也发表题为"我们对中国的政策有希望予以改变"的社论，指出：虽然副总统引用了听证会上绝大多数作证的中国通赞成的"遏制但不孤立"中国的说法，但"这不是口头上的"，已开始见诸行动。如国务院取消的几个与中国有关的禁令（例如美国人去中国旅行）。②

肯尼斯·克劳福德在《新闻周刊》上开辟的专栏中发表题为"对中国要友善"的评论文章。文章说富布赖特主持的听证会"是对约翰逊总统施加压力，从而使美国的对华政策软化"。③

（2）反对的意见

《俄勒冈人报》3月8日刊登了一个专题报道，题为"关于红色中国的听证"。文中指出，"电视无疑是最大限度地播放了听证会实况。参议院中批评政府的人企图寻找机会在公众中宣传他们的不满情绪"。听证会将是"有害的"。参议员富布赖特"选择了一个危险的方式"谋求结束越南战争。

---

① 《纽约时报》（*The New York Times*），1966年3月18日。
② 《生活》（*Life*），1966年3月21日。
③ 《新闻周刊》（*News Week*），1966年4月4日。

3. 美民意测验对听证会的反响

如同在很多政治事件发生后要进行民意测验一样，听证会后也有人就民众的反映做了调查，6月14日的《华盛顿邮报》发表了路易斯·哈里森撰写的有关民意测验的文章。文章中说，就听证会搞的民意测验的结果表明，绝大多数关心这场听证会的美国人认为，听证会使他们"对美国在亚洲的任务有了更好的了解"。对这次听证会有看法的人中的55%认为"参议员富布赖特的做法是对美国有利的"，而45%的人则认为他这样做是"有害的"。

总之，从以上列出的美国政界、报刊以及民意测验对听证会的反响来看，富布赖特实现了其搞美对华政策听证会的初衷：让广大公众正确地了解美国外交政策的主张[①]、影响总统对华政策的制定、教育国会议员及美国公众，使他们增加对中国的了解。

四 听证会及"遏制但不孤立"中国政策提议的意义

富布赖特组织的美对华政策听证会其意义非同一般。首先，这次听证会是自1949年中华人民共和国成立以来，自1950年麦卡锡主义在美横行、制造所谓的红色恐怖以来，美国参议院外委会第一次邀请那些遭到清洗、多年没在公众面前露面的中国通公开到国会作证，阐述自己对美对华政策的看法，批评政府的对华政策，提出自己的政策建议。富布赖特这样做是个果敢的行为，而更重要的是他为中国通们提供了一个公开谈论美政府对华政策、而且是在参议院公开言论的讲坛，并使多年来不可想象能公开谈论的问题，成为可能。

其次，听证会使国会议员和美国公众受到关于中国历史、现状、中国共产党、国民党政权、中国经济、军事、中苏关系、中越关系等多方面的、知识性的教育。这是自20世纪50年代以来美国公众第一次有机会了解中国的真相。因为自1949年中华人民共和国成立以来，杜鲁门政府一直

---

① 费正清：《费正清自传》，天津人民出版社，1994，第502页。

被指控"丢失了中国"。自那时起，由于中美双方交往渠道不畅通，美国的新闻机构对中国的报道都是片面的，从而对民众起了误导作用。

再次，听证会为美国公众审视美政府对华政策起到一个良好的、"最重要的开端"① 的作用。参议院外委会召开这次听证会后，众议院也召开了类似的听证会，使公开批评美政府的对华政策问题不再是什么禁区了。学者们也可以公开讨论美中关系问题，就美中关系公开进行评论并出版专著。如 1966 年有三本与中国有关的著作问世，它们是罗伯特·布卢姆的《世界事务中的美国与中国》、哈罗德·欣顿的《世界政治中的共产党中国》和阿奇包德·斯蒂尔写的《美国人民与中国》。次年，威廉·富布赖特本人的《权力的傲慢》和费正清的《人民的中国和美国》、约翰·霍恩伯格的《两个世界之间：亚洲与美国关系中的政治、报刊及公众舆论》、入江昭的《跨过太平洋：美国与东亚关系的内部历史》以及埃德温·赖肖尔的《越南以外：美国和亚洲》等著作也纷纷出版（因篇幅有限在此对上述著作不加评论）。

而"遏制但不孤立"中国的新的美对华政策框架的提出的意义在于：首先，提出这一新的政策性建议的不是美政府要员，不是国务卿，而是中国问题专家，是一批学者。

其次，这些专家是从幕后走到幕前，从为政府的智囊机构（如对外关系委员会）进行中国问题研究，写政策性报告，到在公开场合阐明他们曾在内部报告中讲过的观点。比如鲍大可就曾于 20 世纪 60 年代初参与对外关系委员会组织的对华政策性研究，并担任领导。他在听证会上的证词及新的政策提议，都与他多年从事的对华政策性研究有关。这些学者的公开发言，反映出学术界思想活跃和对政府在制定对华政策的不满现象。

再次，这些赞同采取对华灵活性政策的学者不但在口头上，而且在行动上为促进美国人民了解中国、促进美国政府改变对华僵硬政策做出了具体努力。举行听证会的同一年，美中关系全国委员会和美中学者交流委员

---

① 鲍大可在作证时讲："希望这次听证成为自 1949 年共产党接管中国以来，公众审查对华政策的最重要的开端。"

会成立了。鲍大可曾于 1968～1969 年任美中全国委员会主席。在听证会上作证的另一位中国问题专家亚历山大·埃克斯坦也于 1971 年任该委员会主席。参加作证的斯卡拉宾诺曾积极参与了美中学者交流委员会的筹备工作。这两个委员会在帮助美国民众了解中国，在尼克松访华前后及中美建立外交关系前后，在两国民间交流方面曾起到了相当大的作用。[①]

“遏制但不孤立”中国这一新的政策建议在听证会上由鲍大可、费正清等人提出之后，在社会上有相当程度的反响。副总统汉弗莱在听证会召开的第二天便对采访他的一家电台的记者说，美对华政策应是“遏制但不必孤立”。虽然他的讲话不能代表约翰逊政府总的意见，但从侧面反映出，美国政府内部对美对华政策这一新的政策提议还是有不同看法的，至少副总统本人是接受这一新建议的。

“遏制但不孤立”中国的新的政策提议与美政府自 1950 年起一直推行的“遏制并孤立”中国的政策有什么新鲜之处呢？新的政策提议：①主张政治上承认中华人民共和国是一个存在的政体，不会马上消失；②承认经济上的禁运是个失败，主张与中国进行除战略物资外的贸易往来；③主张必须与中国进行比大使级谈判规格更高的对话；④主张让中国参与如裁军等重大国际事务；⑤主张在联大搞“一中一台”，而不是把中国拒于联大之外（注：自 1962 年起美政府在联大搞了 2/3 多数票通过才允许中国在联大拥有席位的做法[②]）；⑥主张让美国公民去中国旅游；⑦最终与中国建立外交关系。

虽然约翰逊政府没有听取这些中国通的建议，对副总统的表态也没加评论并立即采取行动，改变对华政策，但从其继任尼克松上台后的表现来看，确实是丢掉了“孤立”的做法，而坚持“遏制”不放。而“遏制但不孤立”中国的政策新建议的提出至今已整整 30 年了。从这 30 年中美关系发展的历史来看，从尼克松时期开始，历届美国总统一直沿用这一政策

---

① 见顾宁《中美建交前后的美中关系全国委员会》，《世界史研究动态》1989 年第 9 期；《中美学术交流的桥梁》，《美国研究参考资料》1989 年第 11 期和《1972～1992 年的中美文化交流》，《世界历史》1995 年第 2 期。

② 见顾宁《肯尼迪政府阻挠中国重返联合国始末》，《世界历史》1996 年第 1 期。

直至现任总统克林顿。由于第一个社会主义国家苏联的解体，中国便成为美国首当其冲要遏制的对象。此外由于中美两国国家性质不同，文化传统不同和意识形态上的差异，这种"遏制"与"反遏制"的斗争将长期持续下去。今天，在我们纪念中美建立外交关系 20 周年之际，回顾这一段历史更有意义。

［顾宁，中国社会科学院世界历史研究所研究员］

（本文始发于《世界历史》1997 年第 1 期）

评"有关罗斯福'新政'的几个问题"

——答刘绪贻同志

黄绍湘

在建设社会主义精神文明的号召下,国内美国史的研究,和社会科学的其他学科一样,需要加强马克思主义的理论学习,并以它为指导思想,实事求是地分析、阐明美国史领域中的重要问题;更需要对第二次世界大战以来的美国现代史专题,进行深入细致的研究和探讨,使之更好地为四化建设服务。我认为,这是提高我国美国史研究水平、开创我国美国史研究新局面的根本途径。从这个愿望出发,我从不同角度,写了三篇建议性的文章①,以一得之见,就教于读者、同行。1983 年 7 月,我在《开创美国史研究的新局面》一文中,提到了国内对罗斯福新政的不同评价和我自己的看法,同时就这一方面作了自我批评。刘绪贻同志近几年从研究美国黑人运动史转而研究新政问题,今年在《世界历史》第一期上发表《有关罗斯福"新政"的几个问题》的专论与我商榷(以下简称《刘文》)。实际上,提出了有关美国现代史的下列重要问题,虽当前研究任务繁重,仍不得不简叙管见,答复刘绪贻同志,并就教于读者和同行。

---

① 黄绍湘:①《加强马克思主义学习,重视美国史学史研究》,载《世界历史》1983 年第 4 期;②《开创美国史研究的新局面》,载《美国史论文集》(1981~1983),三联书店,1983;③《开创我国美国史研究新局面的浅见》,载《历史研究》1984 年第 1 期。

一 关于罗斯福新政的年限问题

我还细读了刘绪贻同志有关新政的其他几篇文章。归根结底，我们的根本分歧，在于对新政的性质、作用的评价不同。我在《开创美国史研究的新局面》一文中提出：我不同意那些认为"肯尼迪继承了新政传统，并扩大其规模，到约翰逊时代，更将新政推行到最高峰"等对新政的评价，并指出这种评价"完全忽略了不同时期的背景和具体历史条件"。《刘文》在开端时，将"新政"研究中属于常识性的问题，即罗斯福实施新政的年限问题，和我们对新政的根本分歧同时提出、主次不分；并引用《矛盾论》中一段文字，加以质问。实际上，如果刘绪贻同志果真正确地理解了《矛盾论》的精髓，就不至于在新政问题上继续固持偏见了。现为了尊重《刘文》的提法，仍先就"年限问题"谈起。

关于罗斯福实施新政的年限问题，在中外有关新政的论著中，早已存在不同的提法，并行不悖，这是研究新政问题的起码知识。归纳起来约有四种：一是把新政分为"第一次新政"和"第二次新政"，如刘绪贻等翻译的阿塞·林克等著的《一九〇〇年以来的美国史》就是如此；二是把新政分为初期（第一阶段）和后期（第二阶段），如南京大学历史系同志翻译的拉尔夫·德·贝茨著《1933～1973年美国史》，关在汉同志在《罗斯福选集》的前言中，都如此说明；三是把新政分为三个阶段，具体分法极不一致（详见胡国成《罗斯福新政研究状况简介》，载《世界历史》1982年第5期）；四是根据新政各项措施的性质和在新政实施过程中的连续性，分别加以综合叙述和分析，如美国最早研究新政的著名历史学家之一德怀特·杜蒙德，在他1939年出版的《从罗斯福到罗斯福》中；在吉尔伯特·C. 非特和吉姆·E. 里斯合著的《美国经济史》及加尔文·D. 林顿编著的《美国两百年大事记》中；国内不少《世界通史》有关新政的论述以及邓蜀生同志在《罗斯福"新政"评述》一文中，都未分阶段。黄绍湘《美国通史简编》限于篇幅，也采用了综合述评的办法。笔者认为，在论述罗斯福新政涉及年限时，笔者视论著的篇幅和阅读的对象，取材有博有约，不拘一格，是无可厚非的。其实，只要介绍新政的观点明确，内容扼要，能使国内广大读者对新政的性质、作用，得到确切的了解，从而认清资本主义制度内在矛盾的实质，以提高认识，都是可行的。在新政实施年限方面，采取人云亦云的一种见解，强求一致，如《刘文》中所述那样，是不足取的。

二　关于 "新政" 的性质、作用问题

罗斯福新政，是在美国资本主义处于空前严重的 1929～1933 年经济危机的威胁下，罗斯福政府为了挽救资本主义制度所采取的改良主义性质的经济、社会政策措施。美国学人将新政作为历史现象是比较普遍的，如拉尔夫·德·贝茨在前引的《美国史》中，把 1937～1938 年作为 "新政的终极"；刘绪贻等译的阿塞·林克等著的《一九〇〇年以来的美国史》中，有专节论述 "新政的消逝"；美国著名记者威廉·曼彻斯特在其所著的《光荣与梦想》中指出：在罗斯福初任总统那两个百天度过时，"罗斯福的新政，这时已是强弩之末"[1]。罗斯福 1941 年公开宣布停止实行新政[2]；如果认为 1941 年作为新政这一历史现象的终止年代过于提前，那么，曾担任罗斯福顾问的美国著名政治历史学者詹姆士·伯恩斯指出，罗斯福本人于 1943 年底建议以后不要再用新政这个名词[3]，应该是可信的。曼彻斯特对此且绘声绘色地报道说："在 1943 年 12 月 28 日，……罗斯福对人说，他对新政这个提法感到腻了，他说十年之前，'新政医生' 这个内科专家，把这个国家的急性内科病医好了……"[4] 这意味着罗斯福自己宣告新政的终结，明确表示新政只是解决急性的严重经济危机的政策措施而已，刘绪贻同志对罗斯福的自述讳莫如深，对上述学者的论著视而不见。他在《关于罗斯福新政的寿命问题》（以下简称《寿命问题》）一文中，罗列了美

---

① 威廉·曼彻斯特：《光荣与梦想》（第一册），商务印书馆，1978，第 240 页。
② 刘绪贻：《关于罗斯福新政的寿命问题》，载《世界史研究动态》1984 年第 5 期，第 8 页。
③ 转引自胡国成《罗斯福新政研究现状简介》，载《世界历史》1982 年第 5 期，第 84 页。
④ 威廉·曼彻斯特：《光荣与梦想》，第 417 页。

国一些史学家的评论性论述，综合成文，并夸张地说："到今天为止，世界上还没有发现第二种挽救资本主义极端危机并延长其生命力的较有些作用的办法。"① 似乎从 20 世纪 30 年代中期以来，欧洲的英、法和资本主义世界其他各国的当政者，都是因袭了新政的措施，才能存在到今天，岂非一叶蔽目之论。我认为，对西方史学论著，应以马克思主义的观点、方法，进行深入比较研究之后，取其精华，弃其糟粕，不宜不加分析地全盘接受。例如，美国著名记者西奥多·怀特在《美国的自我探索》一书中，对约翰逊当政时提出的施政口号"伟大社会"评论说："'伟大社会'纲领期间的两届国会驱使政府深入美国生活的无数角落"，"以后各届国会，从尼克松、福特时期到卡特时期，没有一届敢偏离'伟大社会'纲领的路线"，这当然是过誉之词；而美国作家曼彻斯特在评论约翰逊的"伟大社会"的所作所为时，用了"伟大的梦——和梦的破灭"作标题，有事实有分析地对约翰逊由于扩大侵越战争，使军费开支浩大，引起通货膨胀，物价高涨，因而不得不削减本已拟订的支付教育费用、社会福利开支；同时，又如实地描述了美国青年反对征兵，人民反对战争，黑人反抗种族歧视种种史实，比较公正地对约翰逊的政绩，做出了符合上述标题的论断。今天，对美国历史中的同一历史事件，我们可以看到各种不同观点的论述，问题在于我们如何正确对待。如果迎合附和，并随意发挥，以创见自诩，是难以令人信服的。

至于新政的作用问题，撇开那些贬低、否定新政作用的论述不提，一般都肯定新政采取的救济、改革和复兴的政策措施收到了一定效果，新政挽救了严重的经济危机，巩固了美国的资本主义制度。但还没有看到对新政的评价，拔高到如刘绪贻同志所说的那样高度："罗斯福新政的实施，使三十年代垄断资本主义的发展出现了新规律"②，是"符合凯恩斯主义的罗斯福'新政式'的国家垄断资本主义"③。这种随心所欲的议论是不科学的。

---

① 刘绪贻：《关于罗斯福新政的寿命问题》，第 10 页。
② 刘绪贻：《罗斯福新政的历史地位》，载《世界历史》1983 年第 2 期，第 51 页。
③ 刘绪贻：《有关罗斯福"新政"的几个问题》，《世界历史》1985 年第 1 期，第 23 页。

罗斯福实施新政后使美国经济有了好转，但仍处于"特种萧条"之中，至 1937 年又爆发了经济危机；罗斯福于 1938 年采用了扩大赤字开支的办法，对这次危机起到了缓解作用。根据苏联学者谢沃斯季扬诺夫等人的研究：1938 年工业生产水平继续下降，整个地说，较 1937 年下降了 23%，其中钢产量下降了 43.1%，生铁产量几乎下降了 49%，煤产量下降了 21.4%，汽车产量下降了 47.8%。[①] 罗马尼亚经济学家格·普·阿波斯托尔主编的《当代资本主义》一书中说："国家在和平时期对经济进行干预的第一次大尝试，是罗斯福在美国搞的所谓新政，结果以失败告终。直到第二次世界大战后，经过了十至十五年这样一个阶段，才在科技革命的环境下，产生了那些微观经济以及特别是宏观经济的变化，促使能够保证进行资本主义再生产的某些机制得以建立起来"，是值得参考的。[②] 美国制度学派经济学家加尔布雷思也指出："美国政府的和平开支从来都不足以阻止经济萧条，只有四十年代的总动员，才阻止了它"[③]，是正确的论断。美国经济史学家吉尔伯特·C. 菲特和吉姆·E. 里斯指出："评价'新政'的得失，要看用什么样的标准。如果从国民经济全面恢复这个角度来看，'新政'充其量只能说取得了部分成就。美国经济，直到因扩军备战而增加军费开支以及第二次世界大战爆发后，才算最终排除了大萧条的最后影响而逐渐走向繁荣。"[④] 另一位美国经济史学家福克纳也说："1939 年战事的爆发，把美国从由于 1937 年的经济萧条而堕入的经济衰颓中挽救出来。"[⑤] 我国学者关在汉也指出："综观新政六年，在经济上直接效果并不显著"；"新政第二阶段（1935~1939 年）的措施，……照顾面较宽，……但成效亦复有限"；"1939 年和 1940 年，美国政府大量增加防务开支，大危机状况才得以开始消失"。[⑥] 王明中教授甚至认为："第二个

---

① 谢沃斯季扬诺夫主编《美国现代史纲》，三联书店，1978，第 353~354 页。
② 格·普·阿波斯托尔主编《当代资本主义》，三联书店，1979，第 145~146 页。
③ 引自艾拉·卡曾纳尔逊和马克·凯塞尔曼《权力的政治》(Ira Katznelson & Mark Kesselman, *The Politics of Power*)，纽约，1979，第 97 页。
④ 吉尔伯特·C. 菲特、吉姆·E. 里斯：《美国经济史》，辽宁人民出版社，1981，第 738 页。
⑤ 福克纳：《美国经济史》下册，商务印书馆，1964，第 430 页。
⑥ 关在汉编译《罗斯福选集》前言，商务印书馆，1982，第 1~2 页。

'新政'在1939年已变成第二个衰退。"①《刘文》中用美国1938年对德、日、英、法的商品出口值较1937年为少的数字，来掩盖美国对这些国家军火战略物资的输出与年俱增的真相，是站不住脚的。以美国对日本输出为例：1937年是日本全面侵华的年份，美国对日军事物资输出，占美国全部输出的58%，1938年对日输出总额虽然减少，但美国输日商品中军事物资所占比例达67%，1939年美国输日军火物资竟占美对日输出商品总额的70%。② 在争鸣文章中，采用调换概念的办法，以掩盖上述事实真相，为实事求是的学风所不取。当然，我在《开创美国史研究的新局面》一文中，只提美国扩充军备并向双方兜售军火物资，中止美国1937～1938年经济危机，也有不够全面之处。

三 关于罗斯福在实行新政中的作用问题

我们应该全面、准确地估价个人在历史发展中的作用，但如果过于拔高，则适得其反。刘绪贻同志在《关于罗斯福新政的寿命问题》一文中说："1929至1933年发生了一次空前严重的经济危机，资本主义制度摇摇欲坠。当时，害怕社会主义革命而又较有远见的资产阶级统治者和理论家，为了挽救垄断资本主义制度，认识到自由放任主义确实已经过时，只有将一般垄断资本主义迅速推向国家垄断资本主义才有希望。富兰克林·罗斯福就是这样一位资产阶级政治家，约翰逊·梅纳德·凯恩斯就是这样一位理论家。"③ 我认为，这样提法就不是实事求是的。罗斯福、凯恩斯都不承认"垄断资本主义"，资产阶级经济学中，并无国家垄断资本主义这一概念。美国经济学家萨缪尔森讳言"国家垄断资本"，而称之为"混合经济"。正是列宁首先论证垄断资本主义的实质和垄断资本主义过渡到国家垄断这一规律，列宁说："战争和经济破坏逼迫各国垄断资本主义走向

---

① 王明中：《1937—1941年的美德矛盾》，载《世界历史》1983年第2期。
② 比森：《美国远东政策》（T. A. Bisson, *American Policy in the Far East*, 1931 – 1940），纽约，1940，第105页。
③ 刘绪贻：《关于罗斯福新政的寿命问题》，第10页。

国家垄断资本主义。这是客观的形势。"① 但能认识这一规律，而且运用这一规律却不那么容易，难道罗斯福这位维护垄断资本主义制度的当权人物，能自觉地认清这一规律，并且是在"新政"措施中运用这一规律的先知先觉的资产阶级政治家吗？"凯恩斯爵士有句众所周知的妙语——'长期来说，我们都死了'"；② 这样一位将其注意力集中于解决资本主义病态的短期政策的凯恩斯，能够是理解并运用这一规律的理论家吗？我认为，罗斯福迫于1929～1933年惊涛骇浪的经济形势，用实用主义的态度，进行新政试验，已属难能可贵，我们并没有必要苛求他一定理解这一规律。实际上，正如美国经济学家弗雷德·阿尔瓦因和小弗雷德·塔普莱所指出的：富兰克林·罗斯福"提出正统派经济观念来参加总统竞选，他的竞选纲领号召平衡预算，并主张把政府的作用减至最低限度"③。拉尔夫·德·贝茨说："罗斯福在匹兹堡的演说，许诺减少联邦支出的20%，公开抨击了胡佛的开支政策及赤字，实际上给候选人自己套上了一个平衡预算的枷锁……"④ 但经济危机带来的灾难如此触目惊心，罗斯福才不得不采取紧急预算的应急措施。在罗斯福实行"百日新政"期间，他信心不足地说："如果我们失败，我就是美国的末代总统了。"他执政后通过的一系列法令，并非胸有成竹，而是不拘成规，敢于闯新路。罗斯福对新政派说："挑一个办法试试看嘛。失败了，就另换一个。总之，要搞点什么试试。"他对当时实施新政的主要措施这样评价说："有时连我自己也觉得有点受震惊。"美国著名记者威廉·曼彻斯特说："罗斯福占了便宜主要是与胡佛相比"⑤，这主要在于"胡佛对垄断资本推行自由放任政策，加剧了生产和金融活动的盲目性，而罗斯福则根据当时形势，采取了改良主义的办法，在争取企业合作下，竭尽全力以挽救和巩固垄断资本主义"，"罗斯福及新政派则企图在重工业、银行势力和轻工业资本势力之间搞协调平衡"，⑥ 并

---

① 《列宁全集》第26卷，人民出版社，1959，第150页。
② 弗雷德·阿尔瓦因、小弗雷德·塔普莱：《新经济形势》，商务印书馆，1982，第137页。
③ 弗雷德·阿尔瓦因、小弗雷德·塔普莱：《新经济形势》，第135～136页。
④ 拉尔夫·德·贝茨：《1933—1973年美国史》上卷，人民出版社，1984，第48页。
⑤ 威廉·曼彻斯特：《光荣与梦想》（第一册），第111、151页。
⑥ 黄绍湘：《美国通史简编》，人民出版社，1979，第587页。

能在当时各种思想派别中巧为周旋。贝茨指出："实践证明，他是一个老谋深算而又机警灵活的政治艺术的大师。"① 显然，罗斯福并不了解垄断资本主义的发展规律。

美国著名政治历史学者、曾担任罗斯福顾问的詹姆士·伯恩斯认为，罗斯福是位足智多谋的政治家，他善于运用"狐狸的计谋以达到狮子的目的"；伯恩斯写了一本罗斯福的传记，题名《罗斯福：狮和狐狸》，是歌颂罗斯福外交政策的，这同时说明罗斯福在国内国际形势瞬息万变的年代中，具有运筹帷幄、左右局势的能力。至于罗斯福在世界反法西斯战争中，团结同盟国，明智地为战胜德意日法西斯侵略，对人类进步事业做出了独特贡献，因不在本文讨论范围，未作具论。

对罗斯福新政时期的工人阶级斗争问题，刘绪贻同志和我也有分歧。我认为：在资本主义社会里，无产阶级和广大贫困者反对资产阶级的斗争是普遍存在的，1929～1933年严重经济危机期间，罗斯福实施新政时期并不例外。美国史学家罗兰·伯索夫教授是从保守观点撰写史书的，他也认为："美国历史学家们对美国工人阶级在美国历史上的特殊作用，一向未主持公道。"② 历史事实也确是如此。就拿销路颇广、1979年已出第六版的托马斯·贝利和戴维·肯尼迪合著的《美国盛况：共和国史》一书，连美国共产党领袖威廉·福斯特的名字都没有出现过一次，更不必说他领导的艰苦斗争了。明年就是1886年秣市惨案一百周年，对这些为争取八小时工作制而英勇牺牲的战士，世界进步人民深表景仰，而美国出版界却把这些英勇牺牲者诬蔑为"欧洲的垃圾"，"长发、兀眼、有臭味，无神论者，一群鲁莽的外国来的卑鄙人"③。罗斯福政府制定与实施的《产业复兴法》，承认了工人的劳动权利，并有集体议价与最低工资和最高工时的规定，这较胡佛执政以前时期来说，是贯彻了美国的民主精神，但由法律规定的纸

---

① 拉尔夫·德·贝茨：《1933—1973年美国史》上卷，第68页。
② 〔美〕约翰·海厄姆：《美国历史重建》（John Higham, *The Reconstruction of American History*），康涅狄格，1980，第23页。
③ 约翰·A. 加拉蒂：《美国简史》（John a. Garraty, *A Short History of the American Nation*），纽约，1981，第316页。

上的东西并不等于现实的东西，更何况《产业复兴法》还有许多漏洞，如政府设立仲裁局，但没有规定雇主要承认工会，只说雇主愿意，可以跟本公司的工会谈判。可是当时正在新兴的工业如钢铁、化学工业、汽车、橡胶工业中，并没有经过自由竞争阶段，就组成庞大的垄断企业[①]，在这些大企业中，工人还没有来得及组成工会；此外，在其他许多大企业中，工人们经过长期艰苦斗争，已组织了工会的，又遭到 20 世纪 20 年代雇主发动的自由雇佣运动而受到限制、摧残，"封锁工厂制"和八小时工作制都被取消。[②] 到 1929～1933 年严重经济危机袭来，业已被削弱的工会运动更是大难临头。《产业复兴法》本来是为复兴工商业制定的，雇主只顾享受《产业复兴法》给工商业带来的利益，"企业家不过是为了其他目的利用国家复兴管理局而已"[③]。虽然工人经过谈判、斗争，也能得到好处，但大企业主们凭着他们的地位，曲解《产业复兴法》第七条，大力发展公司工会，这样就激起 1934～1935 年的大罢工。而罗斯福呢，"出身富家，并没有跟工会携手合作的思想准备。他把自己看成救世主，愿对被剥削的工人施点恩，可是这跟做工会的盟友是两码事"。1934 年罢工案共有 1856 起，多数是为了争取资方承认工会的。这是牺牲惨重的年代，资方的恐怖手段使这一年的劳工史血迹斑斑。1937 年在钢铁工业、汽车工业、无线电、橡胶公司这些新兴工业的工人中，掀起了争取成立工会的罢工，并进行"静坐罢工"，以抵制间谍、工贼、警察破坏罢工。罗斯福对工人"静坐罢工"运动很恼火，认为工人一罢工，繁荣就难保。[④] 在经过艰苦的斗争做出重大牺牲之后，工人阶级才取得在这些大公司内组织工会的权利。罗斯福生活在美国的群众、阶级之中，不可能不考虑到广大工人的迫切要求。如果我们在论述罗斯福政府制定与实施劳工立法时，不谈或忽视美国工人的斗争是一种促进的力量，就不符合当时的历史事实，岂不正像美国史学

---

① 黄绍湘：《美国通史简编》，第 501 页。
② 黄绍湘：《美国通史简编》，第 495～496 页，拉尔夫·德·贝茨：《1933—1973 年美国史》上卷，第 178 页。
③ 〔美〕阿塞·林克等：《一九〇〇年以来的美国史》中册，中国社会科学出版社，1983，第 51 页。
④ 曼彻斯特：《光荣与梦想》（第一册），第 189、190、221 页。

家罗兰·伯索夫所指出的，对美国工人运动太不公平了吗？在此补写一笔，对上述提到的《产业复兴法》本身在新政中的作用，又如何估价呢？贝茨评论说："《全国产业复兴法》仍不失为新政在改革和调节工业方面的最初尝试。同时，《全国产业复兴法》也是新政寻求与大企业合作的为数寥寥的几个法令之一。甚至连试验性的整顿和扩张全国复兴总署计划都被最高法院停止之后，除了在公用事业等某些方面之外，罗斯福政府再也没有提出什么法令来节制工业。"[①] 这说明了罗斯福对大企业的妥协。那么，刘绪贻同志一向强调的新政措施的连续性，在产业经济改革方面，又有多少依据呢？

四　军费开支对美国经济所起的作用问题

众所周知，衡量一个国家经济增长水平（即《刘文》所指经济涨落的两项重要指标）是国民生产总值和工业生产指数的增长速度，而不是军事开支。国民经济军事化，实际上是人为地开辟的一个生产部门；军事产品一般不流入自由市场，唯一的买主是国家。根据马克思政治经济学基本原理，我们探讨军事生产和开支对美国经济所起的作用时，是把国民经济军事化作为垄断资本主义经济、政治与军事政策的产物，从而探讨国民经济军事化的深化程度与美国资本主义基本矛盾的相互影响情况：如国民经济军事化的扩大和加深，大大降低了民用部门扩大再生产的速度，给国家财政支出带来了沉重的负担，成为财政赤字形成的主要原因，加剧了通货膨胀，加深了美国资本主义基本矛盾，等等，而绝不是以它作为衡量美国经济涨落的指标。至于美国国民生产总值绝对数字的增长，只能说明它是美国原有的物质基础雄厚、工农业生产水平较其他资本主义国家为高，科技水平在世界上也遥遥领先，大大提高生产力等事实的结果。因此，虽然战后美国经济增长速度有时低于其他一些主要资本主义国家，如国民生产总值增长率，20 世纪 50 年代低于日本、

---

① 〔美〕拉尔夫·德·贝茨：《1933—1973 年美国史》上卷，第 81 页。

西德、法国、意大利和英国，60 年代仅略高于英国，低于日本、西德、法国、意大利，工业生产增长率在 50 年代和 60 年代稍高于英国，大大落后于日本和西德。[①] 但美国的国民生产总值的绝对数字，在资本主义世界仍居首位。刘绪贻同志将 1960 年到 1979 年十个年份美国国防开支占国家总开支的百分比，和美国国民生产总值增减的百分比，两类数字凑合一起，并列表比较，企图说明军事开支不影响美国经济，却掩盖了美国经济发展速度趋向缓慢和在资本主义世界工业生产中所占比重逐步下降的真相。实际上，战后美国政府推行扩张政策和战争政策，既把军费开支作为刺激经济的一项手段，又把它作为"反危机"的一项重要措施。为了澄清历史事实，有必要简单地叙述一下战后美国军费开支，对美国经济所起的这两方面的作用。

战后美国经济发展经历了两涨两落：1947～1953 年和 1961～1969 年是两个经济增长较高的时期，1954～1960 年和 70 年代是两个生产比较停滞的时期，必须确切地指出：美国经济的涨落都与军费开支有关。第二次世界大战期间，美国远离战场，且以同盟国兵工厂身份，加紧生产军火和军事装备，这不仅对战胜法西斯有利，而且也繁荣了美国的经济。二战后，美国利用在战争期间大大加强的经济实力和军事实力，到处建立战略基地，并大量输出商品和资本，扩大了国外市场；在国内，由于战争受到抑制的民用工业设备得到更新的机会，科技革命提高了劳动生产率，战后美国经济高涨，1947～1953 年出现了战后初期美国经济繁荣阶段。1948 年军事开支减少了 11%，接着 1949 年发生战后第一次危机。军费立即增加了 7.6%，1950 年爆发了侵朝战争，美国国民生产总值一下子增长了 8.7%，工业生产率更增长了 15.7%，1953 年朝鲜战争高峰时，美国直接军费开支占联邦政府支出的 65.7%，占国民生产总值的 14.1%，美国经济转入战争轨道，出现了战争景气。1947～1953 年，工业生产平均年增长率为 6.3%，国民生产总值平均年增长率为 3.9%。朝鲜战争一结束，1953 年军费支出下降了 17%，1954 年下降了 30%。美国于 1954 年陷入了另一

———————————

① 《战后美国经济》编写组编《战后美国经济》，上海人民出版社，1973，第 536、537 页。

次经济危机。1954 年工业生产年增长率下降 5.3%，国民生产总值年增长率下降了 1.3%。为摆脱危机，1955 年军费开支立即增加了 7.6%，以刺激经济。1958 年仍将增加军费开支作为"反危机"措施，军费增长了 8.1%。[1]

60 年代又是美国经济高涨的年代，也与侵越战争和将侵越战争升级有密切关系。在 1961 年，为摆脱经济危机，军费开支增加了 6.6%。1965 年和 1966 年的经济高涨，一方面是受企业固定投资增加和民间耐用消费品的需求的刺激；另一方面，扩大侵越战争带来了军需生产的繁荣。军费开支在 1966 年财政年度比上一年度增加 14.5%，即 72 亿美元；在 1967 年财政年度比上一年增加 23.4%，即 133 亿美元；在 1968 年财政年度，又比上一年度增加了 14.9%，即 105 亿美元。军费开支在联邦预算总额中所占比重，1965 年为 41.9%，1967 年为 44.3%，1968 年为 45.0%[2]，在侵越战争高峰的 1969 年，军费支出达 885 亿美元，占政府支出的 46.3%，绝对数字比侵朝战争高峰的 1953 年度的军费支出增加了 69.3%。[3] 因侵越战争升级的巨额军费开支推迟了 1967 年美国业已成熟的经济危机，使之于 1968 年才爆发。[4] 1971 年尼克松政府为缓和财政危机，削减了 30 亿美元的军事开支，1972 年军费开支在联邦政府支出占比中减少了 3.2%，在占国民生产总值中减少了 0.6%，绝对数字增加了 17 亿美元，仍保持 817 亿美元。军费开支的削减，影响了 1973 年经济危机的爆发。卡特政府执政时，仍以军费开支支撑美国经济，1978 年比 1977 年增加了 7%，1979 年比 1978 年增加了 8%。在战后的 1948 年，美国直接军费开支为 118 亿美元，占国民生产总值的 4.8%，到了 1972 年，军费开支已达 817 亿美元，占国民生产总值的 7.2%。从 1939 年到 1972 年 6 月，美国的国民生产总值

---

[1]　以上数字根据〔美〕霍华德·J. 谢尔曼《停滞膨胀》（商务印书馆，1984）第 203、204 页，《战后美国经济》第 480 页和上海国际问题研究所编《现代美国经济问题简论》第 5、6 页综合写成。

[2]　〔日〕林直道：《战后国际通货危机与世界经济危机》，商务印书馆，1984，第 208、219、220 页。

[3]　《战后美国经济》，第 480 页。

[4]　仇启华主编《现代垄断资本主义经济》，中央党校出版社，1982，第 241 页。

增长了 11.5 倍，而直接军费却增加了 58.7 倍①，正如仇启华等指出的："二次大战后的一个显著特点是：三十多年来在没有世界大战的情况下，军事费用不断大量增加……国民经济军事化在美国表现尤为突出。"② 刘绪贻同志对以上战后美国经济的实际情况置之不顾：一方面，小视庞大的军事开支对美国经济增长、经济危机直接的作用，忽视战后美国国民经济军事化对战后历届政府内外政策的巨大影响；另一方面，无视战后美国经济、政治形势已完全不同于新政时期的具体历史条件，一味强调新政的连续性，认为"罗斯福'新政'实施年限延长到约翰逊、肯尼迪时期，甚至直到今天……"③，是缺乏科学依据的。

刘绪贻同志又提出 1961 年、1965 年、1970 年三个年份美国和日本军费开支占国民生产总值比重，恰与 60 年代美国和日本工业生产年平均增长率和国民生产总值年平均增长率成反比例，来说明"仅用军费与战费开支的大小不能解释国家的经济涨落"。④ 马克思曾精辟地指出：军事消耗"从直接的经济方面来说，就等于一个国家将部分资本抛诸大海"⑤。战后美国军事开支浩大，致使其经济增长率落后于日本，不正是马克思这一精辟论述的最好注释吗？战后美国力图充当"美国世纪"的霸主，发动侵朝战争和侵越战争，军事费用不断增加，国民经济军事化极大地消耗了美国的财力人力。从 50 年代末，美国经济实力即开始相对下降，经济增长速度放慢，工业增长逐步下降，而肯尼迪、约翰逊犹不自量力，60 年代发动和扩大越南战争；侵越战争失败，美国在资本主义世界的实力地位急剧衰落。相对而言，西欧和日本，战后却处于和平时期，军费开支占国民生产总值甚微，固定资本的更新和扩大快，并采用新技术，迅速提高生产率；因此，不仅在国民生产总值，且在工业生产增长率方面，西欧（除英国工业生产率略逊于美国）和日本都超过美国，尤以日本为甚。随着时间的推

---

① 《战后美国经济》，第 480 页；褚葆一主编《当代美国经济》，财经出版社，1981，第 220 页。
② 仇启华主编《现代垄断资本主义经济》，第 221 页。
③ 《刘文》，第 18 页。
④ 《刘文》，第 21 页。
⑤ 马克思：《政治经济学批判大纲》，转引自《美国通史简编》，第 706 页。

移，主要资本主义国家之间经济实力的对比发生了显著变化，西欧和日本崛起，尤以日本异军突起，对美国经济进行挑战。这正是资本主义发展不平衡规律发生作用的表现。综上所述，刘绪贻同志不从资本主义发展不平衡规律研究国际垄断资本主义这种新情况，也不认真研究第二次世界大战以后美国经济发展变化的全过程和国际经济的总趋势，只是孤立地罗列美国国防开支、工业生产、国民生产总值等数字，用以印证"新政"的延续作用，就难以如实反映战后美国历史的真实了。

五 关于战后经济危机与凯恩斯主义问题

刘绪贻同志笼统地说："只要美国资本主义制度存在，就会出现危机，罗斯福新政是如此，肯尼迪、约翰逊执政时也是如此。……因而就不能不采取反危机措施……肯尼迪、约翰逊实行'新政'是必然的。"[①]并以此指责我"忽略了资本主义社会的根本矛盾以及由此根本矛盾引起的经济危机"。

经济危机是资本主义制度下生产力反抗束缚它的生产关系的表现形式，是由资本主义基本矛盾决定的，因而是不可避免的。经济危机理论是马克思主义政治经济学中一个重要的理论组成部分。二次大战以后，由于国家垄断资本的干预和参与，战后经济危机有了一些新特点。对具体问题要做具体分析，是否可以把马克思在国家垄断资本主义尚未发展、资产阶级尚未采取大规模干预经济措施的条件下，所做出的关于经济危机的理论，笼统地来概括二战后的经济危机，而不认真研究战后经济危机的新特点，把复杂的经济现象简单化呢？

经济危机是生产过剩危机，危机是社会总资本的中断，危机发挥暂时强制解决生产力与市场之间的矛盾的作用，第二次世界大战前的危机就是如此。二战前经济危机期间，固定资本下降幅度很大（如战前 1929～1933 年危机时，1933 年固定资本投资比 1929 年下降 77.4%，1937～1938 年危

---

① 《刘文》，第 17 页。

机时，1938 年固定资本投资比 1937 年下降 26%），生产急剧下降（1929～1933 年经济危机期间，美国工业生产下降达 46.2%，煤、生铁、钢产量分别倒退 28 年、36 年、31 年），失业人数猛增（1929～1933 年失业率增加到 23.7%），通货减少、信贷紧缩、物价下跌（1920～1921 年危机，货币供应量减少 13.7%，1921 年消费物价下跌 53.6%；1929～1933 年危机期间，货币供应量减少 25.2%，1933 年消费信贷减少了 45.3%，消费物价下跌 53.6%）[①]。由此可见，战前危机确实通过对生产力的巨大破坏，暂时解决了生产与消费的矛盾。战前危机是大规模新投资的起点，为新的一轮生产发展扫清了道路。战前的经济周期包括四个阶段，即危机、萧条、复苏、高涨，周期的阶段性十分明显。二战后由于国家对经济的干预，经济危机周期变形，极不规则，危机的破坏性减轻，以致使生产过剩与市场相对狭小之间的矛盾不得发泄而被不断积累起来，使萧条和复苏阶段不再像过去那样明显，高涨也不力。经济周期的四个阶段很难区分。生产与消费矛盾积累的最后结果是"滞胀"的产生。具体分析二战后经济危机的主要新特点有如下述。

（1）战后科技革命的兴起大大提高了社会生产力，战后美国经济增长速度超过两次世界大战期间。美国联邦政府大规模采购商品和劳务，并实行加速折旧、减税、优惠税率等办法，对经济进行干预，使生产能力更加膨胀。联邦政府对科技工作的调节，使垄断程度提高。与军事有关的新兴工业的兴起，成为美国经济繁荣的支柱，当某些老的工业部门陷入危机时，新兴工业部门生产继续增长，使生产能力畸形发展。

（2）战后固定资本经常地大幅度增加，破坏原有的周期规律，战后甚至在危机期间，固定资本下降幅度也很小，甚至根本不下降，反而上升。如战后 1957～1958 年经济危机中，固定资本下降最多的，也只有 17.4%；1960～1961 年危机期间，固定资本下降 3.7%，而 1969～1970 年经济危机期间，固定资本不仅没有下降，反而增加了 5.5%。战后危机期间工业生

---

① 《战后美国经济》，第 525、520、521 页。

产下降幅度，少的还不到 10%，最多的一次亦不过 14.8%[①]，在失业率方面，战后即使在经济高涨阶段，也存在开工不足、生产力闲置、高失业率现象。这些都影响并改变了战前经济危机的格局。

（3）战后由于联邦政府实行赤字财政政策，并将国民经济军事化，其目的本来是要通过通货膨胀，以刺激经济，增加就业，而实行结果，货币发行量有增无减，通货膨胀率难以控制。1957~1958 年经济危机期间，生产停滞与通货膨胀并发症已初见端倪。消费物价指数分别上涨 3.5%、2.7%[②]，比整个 50 年代平均上涨率为高。自 70 年代开始，通货膨胀成为美国最棘手的经济问题，出现生产低速增长，失业增加和物价上涨同时并存的"滞胀"并发症。由于二战后经济危机情况与战前迥异，作为经济政策的反危机措施，自然也与战前不同。美国自建国以来直到 30 年代，一贯奉行财政预算收支平衡的原则。罗斯福在 1929~1933 年严重经济危机袭击下，为摆脱大萧条局面，被迫采取扩大政府开支的赤字政策，以发放补助金和举办公共工程，提供就业机会为主，刺激经济回升。罗斯福本人深知赤字财政的危害性，一直采取稳健的通货膨胀政策；直到第二次世界大战战火弥漫，1939 年美国实行局部动员，国防开支增加，对外贸易额上升，罗斯福才放弃了平衡预算的念头。但 1939 年直接军费开支不过占联邦政府支出的 15.5%，占国民生产总值的 1.6%，与二战后相比较，实瞠乎其后。战后历届政府，都以膨胀和扩大信贷等财政金融措施作为"反危机"的重要手段；60 年代将赤字财政长期化，这并不是由于财政资源的缺乏，也不是由于税收的减少；赤字财政并不像新政期间用在以工代赈、举办公共工程方面，主要是用在扩大国防开支，以维持其对外的实力政策，并刺激经济、追求经济高速度增长率，或防止、缓和经济危机。战后赤字财政，成为经常性的措施，而赤字财政导致日益严重的通货膨胀，当通货膨胀发展到一定限度时，即转而采取紧缩政策，采用抽紧银根等"反通货膨胀"的措施。在长期通货膨胀的情况下，收缩通货使资本主义经济活动受到压

---

① 《战后美国经济》，第 525 页；《论当代帝国主义》，上海人民出版社，1982，第 229 页。

② 褚葆一主编《当代美国经济》，中国财政经济出版社，1981，第 281 页。

抑，往往成为触发经济危机的诱因。冰冻三尺，非一日之寒，1974~1975年，美国经历了30年代以来危害最大、历时最久的危机，"生产过剩"、商品滞销与通货膨胀同步发展，官方发表的失业率在9%以上。

世界是动态的。美国资产阶级史学家对此也深有体会，如林克等人指出："自始至终生活在五十年代和六十年代的美国人，几乎没有谁会否认后者的显著差异；即使是繁荣的二十年代和大萧条的三十年代，也没有形成更为明显的对照"。"六十年代恰好与五十年代对立；这种对立很明显，而且几乎是残酷无情的。"① 据此，60年代和罗斯福实施新政的30年代，不消说差异更大，而刘绪贻同志不顾罗斯福30年代实施新政的具体历史条件，硬把新政延长到60年代，甚至直到今天。而且，对战前战后经济危机有区别，反危机措施亦有差异这一情况不深入研究，不做具体分别，说什么："他（指罗斯福——笔者）实行的'新政'，是符合凯恩斯主义的……二次世界大战后，凯恩斯主义成为美国官方经济学。到肯尼迪、约翰逊时代，凯恩斯主义经济政策不仅是反危机措施，而且成为美国经常性政策。这就是说，肯尼迪、约翰逊和罗斯福实行的基本上是一样的经济政策，不过有所发展而已。难道这还不足以说明罗斯福'新政'实施年限延长到了肯尼迪、约翰逊时代吗？"② 根据以上简介和分析，再将所引上述《刘文》相对照，孰是孰非，十分清楚。为了澄清我们之间分歧的实质，有必要就凯恩斯主义在美国的运用与演变，作扼要的说明。

凯恩斯主义代表了20世纪30年代西方经济学的主要思潮，它是在30年代经济大萧条时期逐渐形成的。当时社会的重要问题是失业，凯恩斯提出了一套短期内复兴经济的对策，即"刺激有效需求"，鼓励消费，鼓励投资；并主张由国家通过"刺激经济的政府开支"来解决就业问题。新政的经济指导思想并非来源于凯恩斯主义，而系来源于30年代芝加哥学派的观点。③

① 阿塞·林克、威廉·卡顿：《一九〇〇年以来的美国史》中册，刘绪贻等译，中国社会科学出版社，1983，第344页。
② 《刘文》，第18页。
③ 黄绍湘：《关于罗斯福实施新政的经济指导思想——答读者问》，载《河北师院学报》1985年第1期。对此问题，刘绪贻同志曾于1981年11月10日来信问笔者，次日笔者即函复，笔者在上书这篇文章中，因刘绪贻同志是教授，未直接提名。

新政与凯恩斯主义对经济萧条所开的处方，只是巧合而已。凯恩斯的主要著作《就业、利息和货币论》一书，直到 1936 年才问世，当时新政已实行好几年了。1938 年，凯恩斯经济学由于得到美国著名经济学家汉森的支持，才在美国广泛传播。战后美国实行的凯恩斯主义，是汉森和萨缪尔森的新凯恩斯主义，它是战后凯恩斯主义的一个支派，战后初期，自称"新古典综合派"，原因是他们在理论上把凯恩斯主义和凯恩斯所摒弃的新古典派（即马歇尔经济学又称剑桥学派）糅合在一起。另一支派是以英国著名经济学家罗宾逊夫人、卡尔多等人为主要代表的新剑桥学派，又称凯恩斯左派。1948 年萨缪尔森出版《经济学》一书，是凯恩斯主义在美国经济学中取得主导地位的标志。美国凯恩斯主义按照战前资本主义周期性经济危机期间通货膨胀与失业没有同时出现过的情况，提出一个稳定经济的简单模式，即经济停滞时期反危机反萧条；在经济高涨阶段反通货膨胀。由于第二次世界大战后经济危机变形，凯恩斯主义者进行多次修正，60 年代中期已将"凯恩斯的经济学变为凯恩斯本人所无法接受的东西"[1]。

为了进一步具体说明问题，再重点介绍战后杜鲁门、肯尼迪、约翰逊几位民主党总统执政时的经济政策与凯恩斯主义的演变简况。

杜鲁门执政期间，美国经济实力和军事实力已大为膨胀，他的注意力主要是对外政策，其对内政策，只是如何把急剧膨胀起来的战时经济较稳妥地转到和平时期的轨道上来。1946 年以后，杜鲁门相继免除了新政派（如亨利·华莱士）或迫使新政派离职（如摩根索等），致使"新政的结构正在土崩瓦解"[2]。1946 年首次成立经济顾问委员会，其中虽延聘有凯恩斯主义者，却以著名的制度主义学派利昂·凯塞林任重要的经济顾问。至于杜鲁门提出"公平施政"，最真实的原因是为 1948 年竞选制造舆论，只部分地解决了退伍复员军人的住房荒的问题。肯尼迪、约翰逊也全神贯注于对外扩张政策和战争政策，约翰逊获得了"世界警察"的称号。肯尼迪是在 1960～1961 年经济危机与美元危机同时袭击下上台的，面临着生产

① 弗雷德·阿尔瓦因等：《新经济形势》，第 141 页。
② 拉尔夫·德·贝茨：《1933—1973 年美国史》下卷，第 53、54 页。

过剩危机和黄金外流即美元危机。自 20 世纪 60 年代开始时的经济特征是西欧和日本形成了高速度增长，向美国挑战，而美国则为经济增长率低、失业率高（1958～1961 年，年平均失业率达到 6.1% 的高水平[①]）所困扰，美元外流，国际贸易出现逆差。肯尼迪采取了双重利率政策，对短期贷款实行高利率，以吸收外流的"欧洲美元"，借以保卫美元，遏止黄金外流；同时对长期贷款实行低利率，以刺激投资，并实行加速折旧、减税法等措施，鼓励资本家投资。双重利率政策收到一定效果，但经济增长仍较缓慢。肯尼迪延聘凯恩斯主义者沃尔特·赫勒和阿塞·奥肯等人为经济顾问，献策献计。[②] "经济增长论"的鼓吹者罗斯托深受肯尼迪和约翰逊赏识，他是肯尼迪、约翰逊政府中坚决主张进行侵越战争的黩武分子的经济顾问、坚定不移的鹰派发言人[③]，60 年代初，适应统治者的需要，美国凯恩斯主义者提出长期实行赤字预算、促进经济增长的主张，以期对经济做出"更大刺激"；侵越战争升级，即是对美国经济"更大刺激"的手段之一。这样，不仅对标准的凯恩斯主义所持刺激消费、实行温和的通货膨胀的主张加以修正，也对他们自己在 40 年代提出的只在危机期间实行通货膨胀、在经济繁荣时期反通货膨胀的简单公式作了根本修正，使通货膨胀政策经常化、长期化、合法化，后患无穷。肯尼迪认为，采取国家大规模投资的办法来对付经济衰退，只会使危机更加尖锐化。至于"新边疆"的提出，其来由之一是出于与苏联进行军备竞赛，将军备竞赛从地面引进宇宙空间"新边疆"中所包括的福利开支等，显然不占重要地位。约翰逊 1965年连任总统时，经济情况好转，为了推行"伟大社会"纲领，他在医疗补助、教育经费开支方面签署了法令，以争取民心，并继续推行扩大侵越战争政策。约翰逊首席经济顾问加德纳·阿克利建议增加赋税，以应付战争开支、制止通货膨胀，遭到国会、企业界领袖拒绝。由于侵越战争失利，至 1968 年 4 月，驻越美军扩大到 55 万余人，使财政赤字猛增，经济急剧

---

① 〔日〕林直道：《战后国际通货危机与世界经济危机》，第 192 页。

② 约翰·A. 舒茨、理查德·S. 柯肯德尔：《美利坚共和国》（John A. Schutz and Richard s. Kirkendall, *The American Republic*），圣路易，1979，第 489 页。

③ 〔美〕拉尔夫·德·贝茨：《1933—1973 年美国史》，第 293～294 页。

恶化。综上所述，可见杜鲁门、肯尼迪、约翰逊执政时期的经济情况、经济政策以及凯恩斯主义在几届政府中的运用，显然都在不断演变之中，与新政时期的具体历史条件迥然不同，怎么能如刘绪贻同志所坚持的那样："肯尼迪继续了新政传统，并扩大其规模，到约翰逊时代，更将新政推行到最高峰"呢？

最后，我在《开创美国史研究新局面》文中曾写道："历史的发展最雄辩地说明：不管尼克松、福特、卡特交替使用凯恩斯主义的'反危机'、'反膨胀'两套经济措施也好，撒切尔夫人采用货币主义、紧缩行政开支、控制货币量，或里根实行供应学派的少政府干预、少开支（除军费外）、少福利的经济措施也好，都难以遏制经济衰退与通货膨胀同时并发的'滞'、'胀'困境"，这完全是正确的意见；是指明当代西方经济学三大主要流派，即以萨缪尔森为代表的凯恩斯主义、以弗里德曼为代表的货币主义和以孟德尔等人创导的供应学派，它们对挽救 20 世纪 70 年代以来资本主义世界出现的经济"滞胀"，都难以奏效，与原文中论述罗斯福新政，是两个问题。岂知刘绪贻同志将笔一挥，在引文中砍去了"撒切尔夫人采用货币主义、紧缩行政开支控制货币量"一句，又做了嫁接手术，硬把凯恩斯主义、供应学派与罗斯福新政连续在一起，指责我做了"简单类比"，殊属罕见。

综观《刘文》，在文风方面，缺乏求实精神与商榷的语言之处不少，举其要者，请读者参考。诸如：主观臆断（如"黄绍湘同志尽量防止美化'新政'的感情是我们尊重的"）；添枝加叶（如引用仇启华等主编的《现代垄断资本主义经济》一书中，随意增加"这种典型"四个字，将相隔两页含义不同的文字凑合一起，企图达到夸大新政作用的目的）；借题发挥（如"不能随便认为某个知识分子还顽固坚持英雄史观"）；自以为是，强加于人（如"凡稍涉猎过凯恩斯经济学或国家垄断资本主义的人，是不会有什么疑问的"）；随意画线，否定他人（如"1977 年以前有一段相当长的时期，我国学术界中有的同志为了政治上保险，有的图省事，有的思想上受'左'的影响……"）；断章取义，进行曲解（如笔者在《美国通史简编》修订本第 564 页中，是用一段文字在概括罗斯福二战以前的内政、外交政策之后，才引用了《共产党宣言》中的警句做结尾语，现在看来，还是正确的。而《刘文》删去前一部分文字，断章取义，进行了曲解），读者核对双方全文，即可一目了然。

[黄绍湘，中国社会科学院荣誉学部委员，世界历史研究所研究员，中国美国史研究会第一届理事长]

（本文始发于《世界历史》1985 年第 8 期）

美国农业劳动力向城市转移的特点[*]

黄柯可

在人类历史上，城市的出现大约已有 5000 年之久。自第二次社会大分工即手工业与农业分离以后，出现了商品和货币。而在第三次社会大分工产生了商人阶级以后，商品生产和交换的固定地点便应运而生，形成了城市的雏形。但是，城市的出现不等于城市化的开始。城市化不是指城市发展、演变的简单过程，而是指机器生产取代手工劳动之后，城市性质和功能的根本改变。在农业文明占统治地位的前工业社会，城市的性质正如马克思所说，城市是建立在农业和土地财产基础之上，社会呈现的是"城市乡村化"的景象。城市仅是农产品的集散地和手工业生产的集中地，城市经济有赖于农业生产，其手工业和商业在国家整个经济中还不占主导地位，尚不足以改变以农业为本的状态。还有相当一部分城市只限于作为政治、宗教和军事中心。在漫长的数千年中，城市的规模和作用不断发生变化，但其功能和性质没有根本转变。只有工业化的巨大震动才使城市摆脱了农业基础，成为大工业生产的中心，呈现出马克思所说"现代的历史是乡村城市化"[①]。

城市化的重要前提之一便是农业劳动力向城市转移。与历史上各种类型的人口流动相比，这次人口转移不仅规模空前，而且性质有别。在前工

---

* 笔者在《欧美农村劳动力的转移与城市化》（王章辉、黄柯可主编，社会科学文献出版社，1999）一书中，曾论述了美国农业人口转移的进程、前提条件以及城市化的特点。笔者后来发现有关这方面的内容尚有待充实，本文即是对那本书的补充。

① 《马克思恩格斯全集》第 46 卷，人民出版社，1979，第 480 页。

业社会，无论什么原因引起的人口迁徙，包括发现新大陆之后的跨洋移民，虽然其流动方式各异，但总的性质都属于手工劳动时代的变动。工业革命发生后，生产工具和生产方式发生了彻底变革，致使农业劳动生产率不断提高，释放出来的剩余劳动力转向城市兴起的第二、第三产业。因此，这次人口流动是建立在机器生产和工厂制基础之上，人们劳动的性质由农业转化为工业和服务业，从而使整个社会进行了一次彻底的劳动力重新配置，最后完成了农村社会向城市社会的过渡。

农业人口向城市流动是工业化引起的重大历史变革，是社会向更高阶段发展的一次飞跃，标志着人类社会的进步。各国社会制度和政治体制各异，然而殊途同归，它们经历这场变革只是时间早晚而已，谁也不可能逾越这一人类社会共同的规律。美国虽然历史不长，却已走完了这次人口转移的全过程。中国、印度等国家历史悠久，可还处在城市化的初级阶段，农业劳动大军依然占据着广大农村。可见，这场历史性转移虽是各国发展的必由之路，但各国鉴于不同的历史背景和经济发展水平，实现这次转移的速度和具体方式自然有所区别；美国的建国道路与众不同，所以，农业劳动力转移这一变革也独具特色。

美国农业人口向城市转移的全过程，即从开始转移到基本停止转移，大约经历了150年，从19世纪20年代至20世纪60年代，大致可分为几个阶段①：美国内战（1861~1865年）前为初级阶段，劳动力转移这场变革初露端倪。西进运动是第一次大规模跨地区的人口迁徙，其主体是农业人口的异地流动，同时也促进了中西部地区城市化的发展。19世纪七八十年代，即内战和"重建"之后，出现第一次农业人口转移的高潮，主力军是南方各州从未流动过的黑人农民。19世纪90年代至20世纪20年代（世界经济大危机之前），是美国农业人口转移全面高涨的时期，规模大，人数多。南方农民转入北方和西部的城镇；东部和中西部的人口也大批涌入远西部新建的城市。20世纪20年代，美国城市人口终于超过了农村人

---

① 参见王章辉、黄柯可主编《欧美农村劳动力的转移与城市化》，第46、51、54~57、59~63、67~75、81页。

口，初步实现了城市化。此后，经济大萧条和二战时期，这一进程出现特殊情况。[①] 二战后五六十年代是农业人口转移的最后一个高峰，从此美国步入了城市化高度发达的国家行列。

纵观这一历史进程，美国农业人口的转移相当平稳和顺利，而且速度越来越快。这里固然有工业化水平和农业现代化程度不断提高等重要因素，然而，值得分析的却是在一般规律之外的个性特点。这些特征归纳起来，主要表现在以下几点：①农业人口外流受到的阻力小，障碍少；②外来移民不断形成新的农民，使农业劳动力转化的过程较短；③农村人口转移与全国人口流动同步、同向。

一 农业人口外流的阻力小，障碍少

在这一点上，美国与同等水平的英、法、德等国相比，明显占优势，与发展中国家的情况相距更远。19 世纪初，美国在新英格兰地区已出现简单的机器和工厂。1812～1814 年第二次反英战争取胜后，广大北部（包括东北部和中西部）全面进入了工业化时期，新兴工业城市不断涌现，使东北部地区逐渐成为制造业的中心。新开发的大湖沿岸和俄亥俄河流域，由于自然资源丰富，采矿、炼铁、石油等重工业后来居上，使居民点、矿区等地发展为工业城市。工业化风起云涌的形势自然影响着一部分农民的去向。多数人为改变收入状况，单身青年更向往美好前途而弃农进城，也有农民因家乡土质不好，生活难以维持，被迫另谋生路。就全国而言，除南方黑人外，人口流动是自由的，不受法律限制，除了交通不便、资金不足这一类困难外，几乎没有人为的障碍。

与西欧主要国家相比，美国的优越性显而易见，它从未经历封建制度，开国时便建立在资本主义经济基础之上，没有户籍制度和严格的教区制限制居民迁徙。英国是工业革命的开路先锋，曾经独领风骚，但是，农民向城市流动却受到法律条款的种种限制。18 世纪下半叶，工业革命在英

---

① 参见王章辉、黄柯可主编《欧美农村劳动力的转移与城市化》，第 79～80 页。

国爆发后，实行了100多年的旧法规，如《济贫法》《定居法》等依然有效。人们的行为被限制在所属的教区，一旦出走便会被外地教区遣回。有的法律规定，外出者必须得到原教区保证给他救济的证明，方可被其他教区接纳，而且一旦新地方对他不满，遣返回乡的费用还要由原教区负担。这样，原籍所在地很难支持人们流动。工业化开始后，英国在发展工业的同时，还要想方设法排除这些障碍，在18~19世纪英国相继颁布新法，放宽了人口流动的限制。可是，有的法律又走到了另一极端，如把农村剩余劳动力集中到"济贫院"，经过强制"教养"后，强行移至某些工业地区，或者遣送海外[1]，人们依然无选择流动的自由。直到19世纪中叶，英国工业革命初步完成时，有关人口转移的法律还在出台。可见，克服这种阻力需要相当长的时间。

在欧洲有的国家，严重影响农业人口转移的问题是长期的民族分裂。美国是由移民组成的新国家，民族分裂尚未出现，国家统一在各级政府的权威之下，各种经济制度比较健全。德国却是诸侯割据的典型，它在工业革命开始后，为统一国家所花费的时间几乎与发展工业的时间相同。德国当时分为30多个行政独立的诸侯国，其经济制度，乃至在度量衡方面均各行其是。它是在工业革命期间，自上而下强行统一了国家，制定了宪法[2]，由此才从法律上确保了人们进行经济活动和迁移的自由。美国制定宪法比德国约早60年，各州宪法也有关于保证人权不受侵犯的条款。尽管在具体执行中，践踏人权的现象时有发生，更不必说南方的奴隶制度，但总体而言，国家没有设置限制人口流动的障碍，相反，颁布了不少法律鼓励人们开发西部。

再从思想观念方面的阻力来看。美国在工业化起步时城市化进程缓慢，农村人口向城市流动只是凤毛麟角。1810年，美国城市人口总和仅占全国人口的7.3%。[3] 此后，城市数目从1820年的61座增加到1830年的

---

① 王章辉、黄柯可主编《欧美农村劳动力转移与城市化》，第17页。
② 王章辉、黄柯可主编《欧美农村劳动力转移与城市化》，第157页。
③ 兰斯·戴维斯等：《美国经济史》（L. Davis, J. Hughes, D. Mcdougall, *American Economic History*），伊利诺伊，1969，第268页。

90 座①，而且大部分并非工业城市。形成如此局面的一个重要因素便是思想观念问题。反对发展工业城市的观点在社会上颇具影响，其代表人物正是第 3 任总统杰斐逊。他长期出使欧洲，对英国工业化初期的城市印象不佳，于是提出，只有以土地为依托的人才具有纯洁而高尚的品德；工人流动性强，传播不满情绪，是社会不安定因素；美国应建成一个以农业为本的民主共和国，把工厂留在欧洲。他把城市定性为贫困、落后和犯罪的是非之地；人浮于事、效率低下和滋生腐败的土壤。其实，这类观点在工业化初期也不足为怪。因为工业革命是生产力发展所使然，人们对新生事物的认识必然需要一个过程。如若将美国与法国相比，后者则更有过之而无不及。法国工业革命发生时，全国人口的 75% 为小土地所有者，他们眷恋土地，固守旧的生产方式，思想保守，长期对工厂制和农业机械化持怀疑态度。更严重的是，直到第二次世界大战前，法国统治者还把这支以小农经济为基础的农民队伍看作"一种社会稳定的保障"②，致使法国农业劳动力的转移和城市化进程始终相当迟缓。不难看出，杰斐逊的担心与法国的统治者不谋而合。这种情况或许在农业社会向工业社会转变之初，颇具典型性。

但是，值得注意的是，同样的思想观念在美国存在的时间比法国短得多，危害也小得多。法国直到第二次世界大战时才得以转变，美国则在内战前就已打破了这种观念，两国相差一个多世纪。究其原因，取决于美国独特的国情。这一点，可以从决策者和民众的观点两个角度进行分析。

（1）决策者的观念。工业化初期，尽管杰斐逊的思想阻力很大，但是在事实面前他能及时革故鼎新。当时，美国的海外贸易一再受挫于欧洲大国，而市场上却充斥着英国的工业产品，美国面临再次沦为殖民地的威胁。当杰斐逊被迫对欧洲大国采取"禁运"对策后，美国以暂时的损失为代价换取了长远利益。杰斐逊痛苦地承认："我们的禁运产生了一个值得

---

① 埃里克·兰帕德：《城市化》（E. Lampard, *Urbanization*），载格伦·波特编《美国经济史百科全书》（G. Porter, ed., *Encyclopedia of American Economic History*）第 3 卷，纽约，1980，第 1038 页。
② 格伦·波特编《美国经济史百科全书》第 3 卷，第 120 页。

庆幸的持久的效果，它使我们开始从事国内的各种制造业，……以后我们对英国的需求则可以实足缩减一半。"① 财政部部长加勒廷说得更为具体，"以前从英国进口的货物开始在美国生产，纺织、制帽、造纸、活字印刷、火药、冶铁等工业开始起步"。② 领导层观念的变化，对于确保美国沿着工业化道路发展下去，起着至关重要的作用。

在领导层的观念方面，必须强调一点，建国之初，以财政部部长汉密尔顿为首的一派始终坚持工业化道路的方针，虽然曾经遭到杰斐逊一派的强烈反对，但其影响已广泛渗入美国人的观念之中。杰斐逊本人建国思想的转变，也可以说在某种程度上吸取了汉密尔顿的主张。罗荣渠教授曾评价说，杰斐逊"敢于放弃过时的观点，把政敌的观点化为自己的观点，把美国从险些失误的道路上拉回来。……美国如果丧失了时代机遇，她的未来将是怎样一种前景？"③ 所幸的是，从联邦政府成立到第二次反英战争胜利，这场关于建国道路的斗争仅仅持续了20多年，美国便毅然迈上了工业化的大道。与法国执政者长期对小农经济的眷恋之情相比，美国统治者显然更识时务，故而思想意识方面所产生的副作用比较小，广大农民的历史性变革进行得也就比较顺利。

（2）民众的观念。美国是一个以欧洲移民为主体的新国家，人们远涉重洋来到新大陆，力求摆脱母国的封建统治和宗教束缚。自建国前英国加强对北美殖民地的控制开始，北美人民便集会、结社，探求新的生活道路。"天赋人权"和"人民主权"思想在民众中产生了深刻影响。前者强调自然权利，人人生而平等；后者针对专制独裁，倡导人民自治。在确立和传播这些思想方面，杰斐逊建立了不朽的功勋。所以，美国人具有崇尚自由平等的传统，思想观念比较开放，容易接受新事物。

"流动"是美国社会的一大特点。首先，移民来美本身就是一场过洋跨洲的大迁移。在科技落后的时代，进行这种冒险行动生死难卜，却锻炼

① 菲利普·方纳编《杰斐逊文选》，王华译，商务印书馆，1963，第26页。
② 吉尔贝·希纳尔：《杰斐逊评传》，中国社会科学出版社，1987，第415页。
③ 罗荣渠为《美国早期现代化的两条道路之争》（张少华著，北京大学出版社，1996）一书所作的"序"，第3页。

了移民坚忍不拔的意志，为后来开发西部奠定了思想基础。他们来美后的艰苦创业又锤炼了人们开拓进取、勇于创新的性格。其次，流动是美国人赖以生存的有效方式。边疆不断向西扩展，机会和变化相伴，人们不可能故步自封，因循守旧，更何况移民四海为家，在新大陆又无祖传家产可恋，因而迁动时也少有后顾之忧。美国的特点与欧洲国家形成鲜明对照。法国由于小农经济长期存在，人口流动性很差，定居性很强。在几个世纪中农村人口的地理分布基本不变，农民很难摆脱土地的束缚。加之在法国工业化前期，大批手工作坊长期存在，吸引农民固守乡土。分散经营的纺织、制革、木材加工、铁器制造遍布农村，严重影响了工厂制的发展，更谈不上农业人口大规模的转移。① 由此可见，美国人的"流动"观念和开放意识，为农业劳动力的转化减少了许多阻力。

二 外来移民不断形成新农民，使美国农业劳动力转化的过程较短

农村人口向城市流动的方式一般为波浪式运动，一波一波向前推进，即指农民先向附近城市迁移，他们留下的空缺再由更远的农民填补进来，一步步、一批批向城市逼近。以英国农民向普雷斯顿迁移的情况为例，1851 年，该市新迁入的人口有 40% 来自 10 英里以内地区，70% 以上不超过方圆 30 英里。② 同样，美国农业劳动力的转移也是从近距离开始，逐渐由近及远，由少变多。然而，"波浪式移民"在美国还有一层独特的含义，那就是，它始终没有一个固定的农民队伍，作为向城市转移的后备军。农民本身正是由"波浪式"推进而形成的。美国在 18 世纪末人口只有 390 多万人，到 19 世纪前 10 年增加到 720 万人③，其速度很快。虽然其中 80% 以上为农民，但其基数与欧洲大国相比，则相差甚远。法国在 1826 年

---

① 参见王章辉、黄柯可主编《欧美农村劳动力的转移与城市化》，第 106、134 页。
② 参见王章辉、黄柯可主编《欧美农村劳动力的转移与城市化》，第 24 页。
③ 理查德·莫里斯主编《美国历史百科全书》（Richard Morris, ed., *Encyclopedia of American History*），纽约，1982，第 648 页。

的总人口为 3200 万人，其中农村人口占 2200 万人。德国在 19 世纪初全国人口为 2000 万人，农民就占 1700 万人，到 19 世纪中期，总人口上升为 3550 万人，其中还有 70% 左右为农民。这些国家在工业化初期已经储备了几千万农民，可以作为转入城市的强大后备力量。美国却望尘莫及，直到 1850 年，全国人口才达到 2300 万人[①]，其中约有 84% 为农民，大约 1800 万人，仅仅相当于德、法在 19 世纪初的农业人数。可是，美国的领土在 19 世纪中期却大大超过了整个欧洲，如此少量的农民面对广阔地域上蓬勃兴起的工业，实为杯水车薪，致使工业劳动力严重匮乏。

因此，美国人口的重要来源，除了自然增长外，主要靠外来移民。在整个 19 世纪，美国人口从 530 万人增加到 7599 万人[②]，增加速度超过英、德、法等欧洲大国。自 19 世纪二三十年代，英、法两国的人口出生率开始下降，到世纪末法国降到 20‰ 左右。美国的人口出生率在 1860 年后也有所下降，但到世纪末还保持在 30‰[③]，超过英、法等国，与德国差不多，属于比较高的一类。可见，美国人口的自然增长率长期保持在较高水平。

外来移民是美国人口增长的重要源泉，也是农民队伍不断形成又不断转化的源泉。据统计，在 1820/1830 年至 1850/1860 年，美国总人口每 10 年的增长率从 33.5% 上升到 34.6%，但每 10 年的自然增长率却在下降，同期由 31.9‰ 降至 24.4‰[④]，可见，总人口的增长部分由新的外国移民所致。在 1820 年以后的 100 年间，外来移民的数量逐年上升。其中，内战后又多于内战前，19 世纪末至 20 世纪初达到最高峰。1820～1860 年，入境移民总数为 500 万人，1860～1890 年增加到 1000 万人以上，而 1890～1930 年，移民总数竟增至 2200 万人。[⑤] 其中有几个年份尤其突出，1905～1907

① 王章辉、孙娴主编《工业社会的勃兴》，人民出版社，1995，第 361 页。
② 王章辉、孙娴主编《工业社会的勃兴》，第 649 页。
③ 王章辉、孙娴主编《工业社会的勃兴》，第 231、233 页。
④ 格拉斯、埃弗斯利编《历史上的人口》（D. Glass & D. Evesley, eds., *Population in History*），伦敦，1968，第 241 页。
⑤ 琼斯：《移民》（M. Jones, *Immigration*），载格伦·波特编《美国经济史百科全书》第 3 卷，第 1070 页。

年每年在 100 万~128 万人，1913 年和 1914 年各为 120 万人①，均为历史最高峰。与此同时，移民在全国人口中的比重自然也水涨船高。1830~1840 年占 14.3%，1840~1850 年占 27.9%，下一个 10 年则提高到占 31.5%。② 直到 19 世纪末，美国总人口已达近 8000 万人，且自然增长率仍高于欧洲时，即 1880~1890 年移民在全国人口中的比率还占 20.1%。③

移民在美国的迁移动向恰似一个移动的链条，不断向西推进。东北部和中北部经济发达，又有不同民族的聚集区，易于谋生，因此，成为新来者首先落脚的地方。他们待拥有一些资金和条件后，便向西迁移，购买和租种土地，成为新的农民。也有人到西部兴办企业，投资第二、第三产业。这样，向西流动的农民留下的空缺自然又由后来的移民填补。因为，开发过的地区毕竟比处女地更有利于新移民。所以，向西迁移的历程正是美国农民不断形成又不断分化和转移的过程。农民队伍形成的速度快，流动的速度也快，他们向非农产业转化的过程比较短。由此，弥补了农业后备军不足的困难。人们向西进军的历程大致分为两个阶段：内战前先移到密西西比河以东地区；战后则越过大河，向落基山脉直到太平洋沿岸进军。据统计，从 1870 年到 1900 年，由东部向密西西比河以西流动的人口每 10 年为 300 万人左右，共计 1365 万人。④ 1910 年达历史最高纪录，一年之间迁移了 459 万人，10 年后，到 1920 年还维持在 418 万人⑤，以后开始逐年递减。

农业人口的形成和转移呈现出波浪式的特点，是美国与欧洲古老国家的明显区别。其主要原因在于美国广阔的西部产生的巨大"引力"，各种发展机会对人们的强烈诱惑。

西部城市形成所走过的道路与东部有别，更不同于英、法、德等国家。在欧洲，工业化一般是在原有城镇基础上，改变其性质和功能而发展

① 美国统计局：《历史统计：殖民地时期到 1970 年》（U. S. Bureau of the Census, *Historical Statistics of the United States, Colonial Times to 1970*），华盛顿，1975，第 106~107 页。
② 王章辉、孙娴主编《工业社会的勃兴》，第 667 页。
③ 托伊伯：《变化着的美国人口》（C. Taueber and l. Taueber, *The Changing Population of the United States*），纽约，1958，第 294 页。
④ 理查德·莫里斯主编《美国历史百科全书》，第 650 页。
⑤ 理查德·莫里斯主编《美国历史百科全书》，第 650 页。

起来的。美国东部城市和欧洲的道路基本相似，其属性也是由手工业、商业和航运业为主逐渐转向工业和服务业，经历了深刻的产业变革和艰苦的旧城改造，才适应了工业化的需要。可是，美国西部原是荒漠的旷野，既无乡村更无城镇可言，随着西进运动和工业化的步伐，才由居民点、矿区和铁路货场以及小站迅速成长起一批城市，他们不是像东部城市以轻工业起家，而是建立在重工业和修建铁路的基础之上。工矿业的兴起刺激了交通、建筑、粮食和食品加工等诸多行业的发展，为西迁的人们提供了充足的就业机会。美国内战前全国城市只有几十座，战后工业化进入全面高涨时期，到 1870 年城市数量已跃为 663 座，1900 年再上升为 1737 座，城市人口占全国人口的比重为 39.6%。[1] 19 世纪中期，在全国城市占有面积名列前茅的都是东部城市。而到 1890 年，10 座面积最大的城市，西部占据 4 座，南部 1 座，东部 5 座。再到 1910 年，在前 10 名中，西部占据 6 座，南部仍有 1 座，可是东部只剩下 3 座。[2] 西部城市的快速发展使其对劳动力的需求显得更为迫切。

然而，西部工业和城市的"拉力"如果没有农村产生的"推力"配合，农村劳动力的转移也将无济于事。法国工业革命起步后，农村小农经济长期存在，而且相当繁荣，加之遍布农村的非农行业使农民谋生可以就地解决，因此，农村不但没有产生"推力"，反而对城市的"拉力"起到抵消作用，使得法国在一个世纪里农业人口的状况几乎依然如故。

美国农村的"推力"比较明显。首先，由于农民中的很大一部分由移民构成，他们来美的目的正是为改善经济状况和社会地位，所以，普遍存在着求"变"、好"动"的要求，他们会抓住每一个改变自我的机遇，甚至甘冒风险。而且，就发展前途而言，移民来美后几乎站在一条起跑线上，只有奋斗、竞争，才能出人头地。

其次，工业化带动了农业机械化，使农业生产率不断上升。以每位农

---

① 美国统计局：《历史统计：1789—1945 年》（U. S. Bureau of the Census, *Historical Statistics of the United states*, 1789 - 1945），华盛顿，1949，第 29 页。

② 埃里克·兰帕德：《城市化》，载格伦·波特主编《美国经济史百科全书》第 3 卷，第 1031 页表格。

业劳动者所能供养的人数为例：1820 年为 4.1 人，1900 年上升为 7 人，到 1920 年达到 8.3 人，比 100 年前提高了 1 倍。1950 年又比 1920 年增加 1 倍，达到 15.5 人，再到 1964 年，一个农民则能养活 33 人。[①] 值得注意的是，这 3 次翻番所用的时间越来越短，第一次花去一个世纪，第二次用了 30 年，第三次仅仅经过 13 年。而且，从 1964 年到 1970 年，一个农民所供养的人数又提高到 47 人。农业劳动生产力快速提高所产生的一个直接后果，便是释放出大批农村剩余劳动力，成为城市第二、第三产业劳动力的来源。

再次，农业的"推力"还取决于农民收入低于城市居民的状况。其实，这是一个普遍规律，并非美国所独有。但是，与众不同的是，美国南部落后的农业是长期存在的奴隶制造成的后果。美国建国后，两种经济制度并存竟长达 80 多年。南方存在的是"赤裸裸的奴隶制"，而不是"欧洲的隐蔽的雇佣工人奴隶制"[②]。美国的"直接奴隶制是资产阶级工业的基础，没有奴隶制就没有棉花；没有棉花现代工业就不可设想"[③]。而欧洲首先进行工业革命的英国，其"最重要工业部门的基础是美洲联邦的南部诸州所存在的奴隶制"[④]。南部的种植园经济为英国和美国本身的工业化起步提供了不可或缺的原料，但在南部农村留下了极度的贫困。被 30 万奴隶主统治的 400 万黑人奴隶从未进行过自由流动，无选择自己命运的权利。因此，当他们在内战中获得解放后，从 19 世纪 80 年代开始便掀起了大规模的迁移。当时，南北方的人均收入可谓天壤之别。东北部工业发达地区年均收入为 1353 美元，而南方只有 376 美元。南方的人均财富只相当于北方纽约、新泽西、宾夕法尼亚等州人均财富的 27%。[⑤] 所以经济上的贫困和政治上的白人种族主义迫使黑人大批出走，一部分农民只做异地流动，

---

① 沃尔特·威尔科克斯：《美国农业经济学》，商务印书馆，1987，第 324 页；乔治·惠勒：《美国农业的发展和问题》，世界知识出版社，1962，第 57 页。

② 马克思：《资本论》第 1 卷，人民出版社，1975，第 828 页。

③ 《马克思恩格斯全集》第 4 卷，人民出版社，1961，第 145 页。

④ 《马克思恩格斯全集》第 7 卷，人民出版社，1965，第 504 页。

⑤ 丹尼尔·约翰逊和雷克斯·坎贝尔：《美国黑人的迁移》（D. Johnson, R. Campbell, *Black Migration in America*），北卡罗来纳，1981，第 62 页。

不改变农民身份；一部分转入南方城市；大部分黑人则拥入北部和西部的工业城市，转移到第二、第三产业。仅在 1916~1917 年，进入北方城市的南方黑人就达 35 万人之多，他们主要来自黑人集中的亚拉巴马、密西西比和佐治亚等州。到 20 世纪 20 年代，全国城市中的黑人增长 46%，而白人只增长 24%。① 这时期，美国工业已在世界位居榜首，而且基本实现了城市化，可是农民收入仍旧落后于其他职业。以 1928 年农业部的抽样调查为例，农业人口的平均年收入为 273 美元，而全国的平均收入则为 750 美元。② 农民转移的“推力”仍在起作用。直到第二次世界大战后，农业已高度现代化时，农业人口的收入还低于非农业人口的收入。1960~1963 年，农业人口人均收入（扣除所得税）相当于非农业人口人均收入水平的 60%，1967~1970 年，上升为 75%。③ 1970 年以后，农业人口在全国人口中所占的比重已经很小，收入差别作为一种“推力”的历史使命才算基本完成。

三 美国农村人口转移与全国人口流动同步、同向

美国农业劳动力向城市转移的两次大高潮发生在 19 世纪末至 20 世纪 20 年代和二战后五六十年代。如前文所述，在第一次转移期间，中西部和远西部的工矿区和城市吸纳了大批东部和南部的农民。此时，全国人口流动的方向也是由东向西，由南向中西部和远西部。这首先是由于工业化促进了城市大发展，使农业人口流入城市成为必然趋势，而农民又占人口大多数，他们的变动在一定意义上代表着整个国家人口的动向。其次，美国工业化是由东向西逐步推开的，内战前，当东部已基本实现工业化时，西部还处于原始状态，南部则是以农业为主的社会。西部开发和南部的改造都与城市化同步，自然使人口流动也与之相符。

这种现象并不是普遍规律，属于美国的特殊情况。英国等欧洲国家开

---

① 丹尼尔·约翰逊和雷克斯·坎贝尔：《美国黑人的迁移》，第 74、77 页。
② 吉尔伯特·菲特：《美国经济史》，辽宁人民出版社，1981，第 685 页。
③ 威尔科克斯等：《美国农业经济学》，第 360 页。

始工业革命时，城镇已遍布全国，农村人口的流动起初是向附近的城镇，而后拥向大城市和工业中心，并不像美国那样流向同一方向。而且，这些国家虽然也形成许多新兴的工业城市，但基本不是如同美国在荒野拔地而起的城市。英国的工业城市和港口从英格兰、威尔士到北部的苏格兰星罗棋布，使农民流动的选择性比较多样。法国农村人口的流动特点是集中拥向几个大城市地区，但是它们分布得并不集中，也不像美国那样一味向西发展。法国的大城市区首推北部巴黎所在的塞纳省及周围几省，其次是中部里昂所在的罗纳省和南部马赛地区。德国在工业化进程中，没有形成像伦敦、巴黎、纽约那样的大城市，人口集中的大城市在全国的比重低于美、英、法等国，而中小城市遍布各地，小城市尤为发达，成为农业剩余劳动力流动的主要去向，形成了流向分散的特点。[1] 以 1890 年为例：10 万人以上的城市人口在全国总人口中的比率，英国为 31.82%，美国占 15.5%，德国只占 12.1%。2000 人以上的城市人口所占的比重，德国次于英国占 47%，但比美、法高出 10 个百分点。[2]

在美国，农村人口的转移是伴随着全国人口向西进军的大潮而发生的。19 世纪末至 20 世纪初，美国经济处于全面高涨时期，全国人口流动的距离一般都横跨大半个国土，规模空前。例如，19 世纪八九十年代，从威斯康星州和伊利诺伊一带向西迁移的就有 50 多万人，其中约有 27 万人中途停留在内布拉斯加地区，其余 20 多万人奔向俄勒冈沿太平洋一线。从密西西比河流域的密苏里和阿肯色等中部州移出 27 万人，其中有 16 万人向西北方向进入堪萨斯和内布拉斯加一带，其余的流向加利福尼亚州。[3] 20 世纪初的 10 年间，又有几股向西流动的大洪流。从密苏里州和阿肯色州一带约有 50 万人移出，由伊利诺伊和威斯康星等中北部

① 参见王章辉、黄柯可主编《欧美农村劳动力的转移与城市化》，第 94、172~173 页。
② A. 韦伯：《19 世纪的城市发展》（A. Weber, *The Growth of Cities in the Nineteenth Century, A Study in Statistics*），纽约，1963，第 144 页。
③ 根据埃里雷特·李等主编《1870—1950 年美国人口的再分布与经济增长》（Everett Lee et al., *Population Redistribution and Economic Growth in the United States, 1870–1950*）第 3 卷；霍普·埃尔德里奇等：《人口分析与相互关系》（H. eldrige et al., *Demographic Analysis and Interrelations*），费城，1964，第 117 页图标计算所得。

的州迁移出约 38 万人，而自田纳西和肯塔基地区向西南入得克萨斯等地的有 23 万人。① 这时，全国人口大流动的流向基本一致，然而其职业分布却是复杂的，并不单一是从农村转入城市，有在城市间进行流动的，也有到西部后又从城市到农村重操旧业的农民。

二战后五六十年代，是美国农业人口转移的第二个大高潮，此时也正是全国人口的又一次大流动。随着国家战略需求，国防工业向西部和西南部"阳光带"转移，从而带动了宇航和电子工业、信息产业和生物工程的腾飞，又刺激了相关的第三产业迅速发展。因此，全国人口增长的重心发生变化。"阳光带"成为人口流动的新去向，使昔日名不见经传的地方声名鹊起。据统计，1940～1970 年，全国有 49 座大城市人口增长率超过全国平均水平，而其中的 40 座分布在西部和南部。② 在 20 世纪六七十年代的 20 年间，西部和南部城市人口增长近 4000 万人。1960～1970 年，全国城市人口增长额的 62% 分布在西部和南部的城市，到 70 年代，这些地区又占了人口增长额的 96%。③ 可见，在人口由农村转向城市的最后阶段，"阳光带"无疑取代了东部和中部在美国内战前的地位，成为吸纳人口的引力中心。

综上所述，在发达资本主义国家中，美国农业人口转移和城市化的速度并不算快，远不及德国，但鉴于上文所述的特点，使其过程始终处于一种动态之中，平稳而顺利，不像法国在一个世纪里几乎停滞不前。美国呈现的特色是在城市化的共同规律之下，基于本国独特的历史背景和自然条件而产生的。这表明，各个国家，乃至一国之中的不同地区，发展经济，实现城市化都需要因地制宜，既不能因循守旧，也不能生搬硬套。

[黄柯可，中国社会科学院世界历史研究所研究员]

（本文始发于《世界历史》1985 年第 8 期）

---

① 根据霍普·埃尔德里奇等《人口分析与相互关系》，第 117 页图标计算所得。
② C. 艾伯特（C. Abbott）：《阳光带的定义和范围》，转引自王旭《美国西海岸大城市研究》，东北师范大学出版社，1994，第 166 页。
③ C. 艾伯特：《1920 年至今的美国城市》，转引自王旭《美国西海岸大城市研究》，第 166 页。

"春秋无义战"，抑或"修昔底德陷阱"？

——英美渐进式霸权转移的历史和理论逻辑

吴必康

古往今来，大国崛起和强国相争一直是世界历史发展中的重大问题，争霸惨烈。英国在 19 世纪确立世界霸权时，面对着多重挑战。英国与法、俄、德是传统的争霸国，曾发生战争乃至引发世界大战。但是，英国不得不对美国"另辟蹊径"，从早期的打压走向妥协，继而在二战后被迫和平让位于美国。美国则是经历劣势、均势、优势三种战略态势。两国经过打压与抗衡、妥协和竞争、合作又遏制的三个发展阶段，形成了历史上罕见的渐进式霸权转移，展示了除争霸战争以外的"迫不得已的和平转移"方式及其博弈之道。这对中国思考全局战略，少走弯路，以较小代价实现中华民族的伟大复兴，可提供历史参考。

一 "春秋无义战"：霸权转移的历史和理论

强国争霸，连绵不绝，既是永恒的历史主题，又是难解的历史之谜。其中，霸权问题首当其冲，矛盾复杂，争夺惨烈。核心问题是重大利益冲突，包括动荡的利益格局变化、激烈的利益争夺和不同的争夺方式，有关的思想理论也随之产生。

公元前 5 世纪的古希腊，雅典迅速崛起，与斯巴达发生争霸战争，史学家修昔底德总结道，"使得战争无可避免的原因是雅典日益壮大的力量，还有这种力量在斯巴达造成的恐惧"。① 后世称之为"修昔底德陷阱",专指新兴大国挑战既有的霸主国,霸主国必然应战,战争不可避免,这被视为国际关系的"铁律"。修昔底德也是西方第一个揭示战争因果关系和经济因素的史学家。他注意到商业贸易和利润争夺,还提出,"在战争中,金钱比军备更重要,因为只有金钱才能使军备发生效力:特别是在一个陆地强国和一个海上强国作战的时候,尤其是这样的"。他还分析出新兴雅典败于内部斗争、政策紊乱、对外扩张、外敌、同盟者背叛等原因,② 迄今使人深省。不过,修昔底德虽批评战争的惨烈,可能由于其书未完成,难见对争霸战争的批判性认识与和平思想。

在我国春秋战国时代,诸侯互相征伐,形成长期的争霸战争,实为夺取更多的财产、土地和人口的利益之争,反映了周室衰微后的利益格局大变革和社会动荡。对此,孔子认为:"天下有道,则礼乐征伐自天子出;天下无道,则礼乐征伐自诸侯出。"实际上,这是以复古形式要求在天下大变中保持稳定和秩序。孟子疾呼"春秋无义战",谴责争霸战争。儒家将"仁"作为政治伦理和国家间关系的最高境界。"仁"原指人人相亲爱,儒家将其提炼升华,赋予其丰富内涵,期望把人与人的关系、国与国的关系调整到中庸和谐的良好境界。儒家思想作为中国古代的主流思想,对后世影响深远。相比之下,修昔底德的思想中难见"春秋无义战"那样有思想高度的历史批判与和平境界。"修昔底德陷阱"和"春秋无义战"显示出,自古以来中国和西方对争霸战争有不同的主流观念,也预示了二者国际关系、外交哲学和文化传统的差异:西方崇尚实利、变革、武力,中国重视义理、稳定、和谐。这一差异对当代中国复兴形象的塑造,可以做出历史文化说明。

中世纪以来,"欧洲的版图是在战争的铁砧上打出来的",其封建制度"不仅为政治所必需,也是经济所必需"。③ 近现代欧洲争霸战争有英法"七年战争"、拿破仑战争、普奥普法战争和两次世界大战。西方大国莫不

---

① 修昔底德:《伯罗奔尼撒战争史》上册,商务印书馆,1985,第19、59页。
② 修昔底德:《伯罗奔尼撒战争史》上册,第19页,第150~151页。
③ 迈克尔·霍华德著《欧洲历史上的战争》,辽宁教育出版社,1998,第1、2页。

为利而争，为霸而战，也出现众多理论。

均势理论是最具西方特色的国际关系理论，是现实主义的核心思想，既古老又时尚。从修昔底德的《伯罗奔尼撒战争史》到19世纪英国外交名言"没有永恒的敌人，没有永恒的朋友，只有永恒的利益"，再到冷战中美国外交家基辛格的继承发扬和亲历实践，均势理论可谓常见又常新。该理论认为，在大国力量对比中，均势不可少，要形成制衡霸权的稳定性国际体系，防止一国独大；制衡方法有制造两极或多极抗衡、通过第三国对抗或缓冲、扶弱抑强、多国结盟、军备竞赛、分而治之等。1936年，丘吉尔指出，"英国四百年来的外交政策一直就是反对大陆上最强大、最咄咄逼人和最霸道的强国"，为此，"英国总是不避艰难，加入较弱一方，将它们联合起来，打垮和挫败大陆上的军事霸主，无论它是谁"。① 此言是英国均势外交的经典表述。在近现代国际关系中，英美不仅是均势战略高手，也先后是两个霸权国家。由此来看，均势理论在实践中首先是强者理论，为强者所用。

权力转移理论在二战后兴起，它质疑传统的均势理论，认为大国实力接近才是引起大国权力关系变化和战争的最重要原因。简言之，经济强大→政治崛起→军事扩张是大国发展的必然逻辑。该理论不仅用于解释美苏冷战等，也是美国维持霸权的思想基础之一，近些年又成为"中国威胁论"的主要理论依据，认为中国也将依此必然逻辑扩张。② 实际上，该理论可认为是"修昔底德陷阱"的现代翻版。随后，霸权转移理论在20世纪80年代被提出，罗伯特·吉尔平注重国际政治的稳定与变革以及霸权兴衰周期。他认为国际关系的本质——争夺财富和权力——没有变化；兴衰周期有两个要素：新兴大国要求改变国际体系，财富和权力分配结构发生变化。③

---

① 丘吉尔：《第二次世界大战回忆录》（Churchill, W., *The Second World War*）第1卷，纽约霍顿－米夫林出版公司，1986，第186页。Book Ⅰ, Houghton Mifflin Company, New York, 1986, p. 186。

② 参见李小华《"权力转移"与国际体系的稳定——兼析"中国威胁论"》，《世界经济与政治》1999年第5期，以及其他相关文章。

③ 罗伯特·吉尔平：《世界政治中的战争与变革》，中国人民大学出版社，1994，"导言"，第7、8页。

他认为霸主防止霸权转移有三种选择：发动战争消灭或削弱新兴大国，绥靖退让，更多扩张；还认为帝国衰落原因是过度扩张和成本太高、入不敷出及腐败等。1996 年出版的《世界经济霸权 1500—1990 年》一书提出，国家有从幼年、青年到老年的生命周期，必有兴衰的变化。其序言认为超级大国美国力不从心，日、德、欧盟无法承担"大任"，"没有人能够确切说出，15 年或 20 年之后，中国在政治和经济上将处于何种地位"。① 18 年过去了，中国成为国际政治经济中的热议话题。

早在 1904 年，英国地缘政治学家麦金德就以全球战略观念分析世界政治，提出了与马汉"海权论"齐名的"陆权论"以及欧亚大陆中心为"心脏地带"的理论；还提出中国可能成为"对世界自由威胁的黄祸"。② 1919 年，他又提出："谁统治了东欧谁便控制了'心脏地带'；谁统治了'心脏地带'谁便控制了'世界岛'；谁统治了'世界岛'谁便控制世界。"③ 英国为什么进行战争？麦金德坦言，英国是"为市场而战"，④ 道出西方争霸战争的本质。

天下熙熙，皆为利来，天下攘攘，皆为利往。西方国际关系理论虽流派众多，但都包含了两个基本内容：一是权力和利益，二是权益的分配方式。它们提出种种学说，主流理论多认为凡强必霸，争霸必战，零和博弈，有关英美渐进式霸权转移的专题解说不多。另外，这些理论往往有意无意地避重就轻，回避资本主义国家争霸及其外交哲学的本质：资本对利润的追求。众所周知，资本追求利润至上，追求利润最大化。所以，近现代历史才产生了一次次"为市场而战"的争霸战争。此外，资本追求利润，需要成本—效益核算，计算得失，并由此决策。西方政界学界关于外交和经济等政策的大量辩论，就是一种成本 - 效益核算活动，计算国内外经济账和政治账等。实际上，西方大国外交是资本外交，霸权争夺就是资本争夺。

---

① 查尔斯·金德尔伯格：《世界经济霸权 1500—1990 年》，商务印书馆，2003，"序言"，第 2 页。

② 哈·麦金德：《历史的地理枢纽》，商务印书馆，1984，第 61、45、63 页。

③ 哈·麦金德：《民主的理想与现实》，商务印书馆，1965，第 134、130 页，及第 62、136、152 页。

④ 哈·麦金德：《民主的理想与现实》，第 134、130 页，及第 62、136、152 页。

资本精于成本－效益核算。其中，利润最大化＝成本最小化＋效益最大化。为此，资本外交具有明显的商业思维和行动逻辑：以各种方式手段不断探查成本－效益关系，不断冲击对方底线，查明成本代价，取得成本－效益的比例，索要最大利益，并由此决策。反之，成本平于或高于效益水平则不可取。这意味着，争霸政策要接近到自己的成本底线才开始清醒和妥协，直到成本底线可能被击破才停止，资本才会转向"吃不掉对手就握手"（妥协合作）的图利准则。英美之间渐进式霸权转移的核心原因就在于此。

二 "取之有道"：霸权转移的三个历史发展阶段

美国从1783年独立到二战后全面取代英国霸权地位，历时160余年。1783～1865年是第一阶段，历时82年，基本态势是英强美弱。第二阶段从1865年内战结束到1918年一战结束，美国迅速崛起，形成美英"均势"状态，历时53年。第三阶段从一战结束到二战后完全取代英国，历时30年。从美国角度看，这是从劣势到均势，再到优势的历程，而且"取之有道"；对英国而言，这是从打压到妥协，再到退让的历程，不得不"让之有利"。一取一让之间，虽激烈博弈，但避免了生死之争，渐进式霸权转移完成。

第一阶段：英国打压与美国抗衡。这一阶段从1783年美国独立到1865年南北内战。独立战争结束了英国殖民统治，但英国虎视眈眈，伺机卷土重来，而年轻的美国野心勃勃，急于扩张。英国凭借强大的工业、经济和军事力量确立霸权地位，多方面打压美国，甚至企图分裂美国。美国经济、科技和教育落后，政治松散，内部矛盾多，不得不长期处于弱势，不过，国力虽弱，为求生存发展，必须敢于抗衡英国。两国矛盾尖锐，常有冲突。

第一次大冲突是1812～1815年第二次美英战争。美国向英国宣战，直接原因是英国在拿破仑战争期间，任意劫持美国商船和水手，深层原因是双方互相挑战对方的核心利益底线，激烈争夺美洲霸权。美国企图借机

"解放"加拿大，扩张领土，控制北美，将英国彻底逐出美洲；英国要捍卫加拿大和帝国"海权"，企图借机武力"粉碎"美国，于是攻占其首都，焚烧总统官邸。由于美国顽强抵抗，双方停战，以"平局"结束，恢复战前状态。这意味着美英相互冲击对方底线，查明了成本－效益关系，由此，美英关系发生三个重大转变。第一，战争表明美国国力不足，阻止了美国与英国争霸的冒进势头。第二，美国转变扩张方向，避强击弱，避开北部强大的英属加拿大，转向力量空虚的西部和南方进行扩张。第三，两国都认识到武力成本太高，无法战胜对方。英国难以武力打垮美国，美国不敢吞并加拿大，彼此避免直接的战争冲突，这为开启渐进式霸权转移道路确立了最基本条件。

随后，美国推行避强击弱的策略，逐渐形成先建立周边的"美洲体系"（本地区霸权），以后图谋世界霸权的战略。1823 年，美国宣布门罗主义，要求欧洲列强不在美洲殖民扩张，以示抗衡，同时表明美国不干涉欧洲事务，避免招祸。门罗主义成为 19 世纪美国的基本外交政策。"在1900 年之前，美国奉行孤立主义和门罗主义，实际上就是美国版的'韬光养晦'。"① 另外，这意味着美国在国力不足时避开欧洲强国以免受损，要挥戈向弱敌。如 1846~1848 年美国对弱势的墨西哥发动美西战争，夺取了墨西哥一半领土。

第二次大冲突发生在 1861~1865 年美国南北内战时期。这是美国崛起中最艰难的时刻，也是英国扼杀美国崛起的大好机会。英国未敢派兵参战，但挑战了美国的核心利益。英国联合法国、西班牙等明里暗里支持美南方分裂势力，出售军火战舰，图谋分裂美国，两国甚至濒临战争边缘。英国议员指出，"英国准备只承认林肯先生为北方各州的总统，默认南方独立"。② 美国坚决抗衡，扬言进攻加拿大，终因美军在战场上的胜利，及时阻止了英国的分裂图谋。经过惨烈内战和战后重建，美国终于度过最艰难时刻，解决了国家分裂和奴隶制等严重内部问题，为经济腾飞和国力大

---

① 黄仁伟：《美英权力转移的启示——难以复制但可借鉴》，《世界知识》2012 年第 23 期。
② 英国议会议事录：《保卫加拿大？》（*Defences of Canada*—Colonel Jervois' Report. —Observations. HC Deb. 13 March 1865 Vol. 177 cc1539－637），http://hansard. mibanksystems. com/。

增奠定了良好基础。这是美英关系的关键性转折点，英国亡美之心彻底破灭，美国扭转劣势格局，确保了渐进式霸权转移的存在和继续。

在第一阶段，美国地大物博，野心勃勃，但国力不足，内部不稳，一方面必须敢于以弱抗强，以求生存发展；另一方面不得不有所收敛，内外兼修，争霸限于美洲。由此形成了此阶段的渐进式争霸战略：稳固内部和养精蓄锐、韬光养晦和避强击弱。同时，美英经贸关系密切，相互需要对方的市场和资源，基本无损双方资本集团的利益需要，这为渐进式霸权转移准备了基本的经济条件。英国有亡美之心，但美国的抗衡使其风险成本太高，最终无可奈何。

第二阶段：美国崛起与英国妥协。这一阶段从 1865 年美国内战结束到 1918 年一战结束。英强美弱态势告终，两国比肩而立处于均势，面临多国争霸的新世界格局。美国跨出美洲，开始面向世界争霸，渐进式霸权转移进入了有重大实质意义的新历史阶段。根本原因是美国迅速崛起，国力赶超列强，英国虽依托大英帝国仍有较大综合实力，毕竟逐渐衰落，无力打压，相反，需借助美国抗衡德国的崛起争霸。于是，19 世纪末，英美出现改善关系的"大和解"。

这个阶段正值美国"镀金时代"，是美国赶超的关键时期，国力取得四大进展：逐步解决经济、科技和教育落后问题，实现了惊人的经济腾飞；通过一系列改革，调控政治松散、腐败严重和社会经济矛盾等国内问题，强化了国家凝聚力；完成了大规模领土扩张；军事力量崛起，奠定了争霸世界的武力基础，而且择机加入一战，大扬军威。

具体而言，内战后美国加速工业化，经济迅速发展，不仅快速超越英国，到 19 世纪末期成为世界第一工业大国，而且随后出现更大的加速度增长：1910 年美国工业产量几乎是第二位德国的两倍，英国沦为世界第三位；美国人口达一亿人之巨。[①] 美国实力超越列强，拥有巨大的工农业和军工生产力。教育和科技方面，内战烽火中的林肯政府不忘通过莫里尔法

---

① 沃尔顿、洛克夫：《美国经济史》（Walton, G. M. and Rockoff, D. H., *History of the American Economy*），11th edition, Cengage Learning, 圣智学习出版公司，2010，第 241 页。

案，规定政府可利用公地发展教育，建立了公立大学和职业教育体系，适应了社会经济迅速发展的需求；同时，美国从欧洲的"科技殖民地"起步，在 20 世纪初期成为教育和科技大国。19 世纪末期，美国兴起进步主义运动，针对贪腐盛行，推动政治经济、社会公正和道德等多方面改革，包括限制垄断集团的反托拉斯法，制定保护劳工利益、环境和食品安全的法律等，有利于焕发国家活力和维护社会稳定，为经济崛起提供了有力保障。军事方面，19 世纪 90 年代马汉提出著名的海权论，"海权历史，就其广义来说，涉及了有益于使一个民族依靠海洋或利用海洋强大起来的所有事情"。[1] 他认为，海权是国家强盛繁荣的主要因素，必须有强大的舰队、商船队和发达的基地网，海军战略就是建立海上优势，实现国家目标。面向大西洋和太平洋的美国，从此积极发展以海军为主的军力。实际上，马汉的海权论体现了美国迅速崛起时期的国家意志和战略发展方向——争霸世界。

实力大增的美国在对外政策方面，相比德国和日本咄咄逼人的争霸态势，可谓"有所作为"又"进取有度"。西奥多·罗斯福总统的外交名言"温言在口，大棒在手，成功在望"体现了这种新的战略风格。一是继续避强击弱。美国先拿欧洲大国中老弱的西班牙祭刀，发动 1898 年美西战争，夺取其殖民地古巴、波多黎各及其亚洲的关岛和菲律宾，跨出"美洲体系"，冲向亚洲和世界，进入扩张新阶段，从此作为世界军事大国崛起。二是争霸讲究"方式方法"。美国进入帝国主义时期，迫切需要夺取新的市场和资源，提出了重新瓜分世界的"门户开放"等政策，但又宣称无意兼并扩张，不轻易与英、德、法等强国发生大冲突。三是等待时机称雄。在英德争霸的一战中，美国先是中立，坐山观虎斗从中牟利，直到 1917 年看准双方精疲力竭的最好时机与英国结盟，为"和平"而参战，战后俨然以世界领袖自居。

虽然美国在金融、外交和海军等方面尚无压倒英国的优势，不过整体来看，内战后的美国崛起是一种超大规模的全方位崛起，包括由基础到高

---

① 马汉：《海权对历史的影响 1660—1783》，解放军出版社，1996，中译本序。

层的六方面。一是地大物博和人口众多的基础层次，二是社会相对稳定和政治稳固的基本层次，三是经济、教育和科技大规模高速发展的实力层次，四是潜力巨大的军力层次，五是积极扩张又进取有度的外交战略层次，六是国家意志坚定，思路明确。人类历史上，类似的超大规模全方位崛起是罕见的，在当代，唯有尚在发展中的中国可初步相比。这使英国不得不面对一种"大到吃不下"的美国崛起。

英国虽然江河日下，但还拥有庞大帝国、强大的海军和金融力量等优势，对美国尚未完全处于下风。不过，在新的争霸格局中，英国还面临德国、日本咄咄逼人的崛起争霸，独力难支。于是，"英美由战争、冲突逐步走向了接近与和解。……到19世纪末，英国启动了向美国'转让'世界霸权的进程"。① "没有永恒的敌人，没有永恒的朋友，只有永恒的利益"，衰落中的英国不得不在巨大压力下做出了战略选择。

第一，从英德经济竞争、殖民地争夺、地缘政治等多方面尖锐矛盾判断，认定德国是最直接和最危险的争霸对手。近在咫尺的德国争霸更急切突出，掩盖了远在大洋彼岸的美国争霸。

第二，调整政策，对美妥协，意在利用美国抗衡德国等对手，维护自己的霸权。恰好美国也与德国多有殖民争夺和贸易冲突等矛盾。于是，英美出现改善关系的"大和解"：英国在委内瑞拉危机、加美边境争端、美洲地峡运河等不伤及核心利益的问题上，牺牲别国，对美国扩张做出妥协让步，承认了门罗主义和美国的地区霸权；在瓜分中国问题上，英美就门户开放、利益均沾达成共识；在美西战争中，美、德海军发生马尼拉对峙，英国支持美国，压制德国；美国则在布尔战争中支持英国，尤其是在一战中与英国结盟对德作战。对英国而言，大和解实为大妥协，避免大冲突，以让步谋利益，换言之，"让之有利"。此举虽迫不得已，毕竟务实明智，且让步有限。

第三，利用与美国的种族和历史渊源关系、语言文化、经济社会制度等方面的共性，创造英美民族相互认同的价值观，消除英美之间长期的敌

① 黄正柏、梁军：《从冲突到和解：近代英美关系考察》，《史学集刊》2006年第5期。

意恶感，宣扬英美都是优秀的盎格鲁－撒克逊民族，是人类文明的领导者，注定要主宰世界等。一战结束后，英国地缘政治学家麦金德欢呼"英美言归于好、同心协力"，都是民主自由国家，英美要作为世界的托管国，共同维护"和平"。① 简言之，英美要结盟共存，共管世界。美国顺势利用。这种盎格鲁－撒克逊思想同样意在利用美国维护自己的霸权，且正好发生在美国迅速赶超英国和英国逐渐衰落时，也许在有限意义上是百年前"中美国"或两国集团（G2）论的早期历史版本。② 这些思想对英美渐进式霸权转移的延续，发挥了掩盖矛盾、避免冲突、促进合作的战略作用。

从资本进行成本－效益核算的角度看，对于"大到吃不下"的竞争对手，资本会"吃不掉对手就握手"（妥协合作），这就是英国对美和解的实质，也是渐进式霸权转移的核心原因。

在第二阶段，美国由弱变强，内部稳固，拥有强大的经济和军事力量，具备了"大到吃不下"的实力，迫使英国有限妥协退让，又似乎不"急于求成"，形成了此阶段的渐进式争霸战略：实力在先、争霸在后，"有所作为"又"进取有度"。英国已无亡美之心，反而开始和解以求利用，"让之有利"。

第三阶段：合作与遏制中的霸权转移。这一阶段从1918年一战结束到二战后，历时30年，渐进式霸权转移进入最后的决定阶段，在英美既彼此合作又相互争夺遏制中基本"顺利"完成。此时出现了两大历史变化因素。一是两国基本战略态势大变，英美均势告终，进入美强英弱阶段。历史天平不可阻止地倾向美国。二是两国再次面临多国争霸的新的世界格局，产生各怀异心的"共同需要"。衰落的英国面对三个最强大竞争对手德国、美国和苏联，既无力独自对抗，也难以玩弄均势制衡从中牟利，霸权地位已摇摇欲坠。问题只是"花落谁家"？

① 哈·麦金德：《民主的理想与现实》，第134、130页，及第62、136、152页。
② "中美国"（Chimera）又译中华美利坚、中美共同体、中美联合体等，在近些年中国迅速崛起和美国金融危机的双重背景下，由美国哈佛大学教授尼尔·弗格森等人提出，强调中美经济关系的紧密性方面，认为中美走入共生时代。美国学者弗雷德·伯格斯腾提出构建中美经济关系的G2模式，代替旧有的G8即八国集团，也通过G2双边机制"规范"中国。两者均有维护美国霸权利益和利用中国之意。

一战中，美国大发战争财，意满志得，英国受重创，继续衰落。英国债台高筑，欠美债务多达 40 多亿美元，美国成为英国的大债主。两战之间，德意日法西斯兴起，严重威胁世界和平，与英国的争霸冲突又不可避免，再次转移了英美争霸矛盾。二战中，虚弱的英国自身难保，再受重创，不得不又依靠美国援助以抗衡德国，对美负债高达 200 多亿美元。二战后的英国到了破落地步，加之冷战发生，英国又必须依靠美国挽救经济和抗衡苏联。而且，英国长期赖以为生的庞大殖民帝国也分崩离析。概括而言，英国的衰落已从 19 世纪后期的局部衰落向二战后的全局衰落发展，这远不是具体数据对比的衰落，而是历史性衰落。

相反，二战中美国大发战争横财，成为世界最强国，拥有最有利的战略态势，全面争霸的时机成熟了。而且，美国在两次世界大战中与英国结盟参战，打败强敌，又在二战后制订马歇尔计划，挽救英国和西欧的破败经济，对英国可谓居功至上。美国要取代英国摇摇欲坠的霸权地位，似乎水到渠成，不过，这并非一帆风顺。

首先是美国本身的问题。1929 年华尔街股市暴跌，美国陷入长期的重重危机，本国经济受到沉重打击，社会政治动荡，并引爆世界经济大危机。这是美国和资本主义历史上空前严重的经济、社会和政治的综合性危机。它重创了美国实力，延缓了美国的争霸势头（不过，经济大危机更多打击了别国，一定意义上有利于美国。现代历史表明，美国治疗自己生病的最好药方，就是使别人生病更重）。而且，国内盛行孤立主义、和平主义等，人们普遍不愿卷入外界纠纷和战事，这成为一种强大的政治传统，也限制了美国迅速争霸。

英国尽管衰落并多方与美国合作，但绝不情愿交出霸权，可谓且退且战。美国是步步为营，逐次争夺。英美围绕国际领导权、海上霸权、战时战略、金融霸权和殖民地等一系列问题进行激烈争夺，互相遏制。对美国而言，这是一种"取之有道"的战略：没有采取全面决战的传统争霸方式，而是"分解霸权，化整为零，逐步夺取"，将霸权分为不同部分，分别处理和夺取。

1919 年的巴黎和会是列强确立一战后国际新秩序的重要会议，美国开始谋求世界霸权，但未达到目的。突出问题之一是国际联盟。美国总统威尔逊倡议建立国际联盟，欲确立美国在世界事务中的主导地位，与英、法发生外交较量。英国力图在战后保持霸权地位，遏制美国。斗争结果是国联成立，美国却因与英、法争夺领导权失败而拒绝参加，实为被排除在外，争霸遭重挫。国联因没有美国参加，成为英法维持大国地位的工具，遏制了美国争霸势头。不过，美国继续耐心等待新机会。不久，在围绕海上霸权的激烈争夺中，美国于1922年迫使财力困窘的英国签订《五国海军条约》，正式承认美英海军力量的对等原则。美国获得重要胜利，有效遏制了英国势力，终结了长期的英国海上优势，夺取海上霸权。二战中，英美既合作又钩心斗角，如在军事战略中，美国主张实行"西欧战略"集中打击德国，要乘机扩大自己的势力，英国却主张有利于自己利益的"地中海战略"。美国积极反对殖民主义，鼓励英国殖民地民族自决和独立，意在战后肢解大英帝国，丘吉尔极力抵制。美国还迫使英国接受美国建立联合国的方案，终于在二战后排挤了英国，掌握了世界主导权。

超级大国必须拥有金融霸权。美国下定决心，最后夺取英国残存的金融霸权。二战使本已虚弱的英镑贬值，英国的金融霸权地位遭遇空前冲击，美国乘机利用《租借法案》等手段继续削弱英镑地位。战争还在半途时，英美两国就表现出对战后金融地位和巨大利益的高度重视，开始设计有利于本国的战后国际金融货币体系。英国由经济学大师凯恩斯提出"凯恩斯计划"，美国提出"怀特计划"。1944年在布雷顿森林会议上，凯恩斯代表英国利益，竭尽全力进行艰巨的谈判，以至身心疲惫不堪。但是，丧失实力的英镑无法抗衡带有黄金和原子弹的美元的压力。美国不战而胜，布雷顿森林会议建立的国际金融货币体系，使成员货币与美元挂钩，美元与黄金挂钩，确立了美国的金融霸权。

总之，实力更强大的美国利用英国的困境，步步为营，逐次争夺，形成了第三阶段渐进式争霸战略：当仁不让又"取之有道"，既合作牟利又遏制防范。英国且退且战，尽可能争取"让之有利"。最终，英国迫不得已，和平交出百年霸权地位，沦为二流大国，代之以英美"特殊关系"：衰落的英国和称霸的美国相互利用的关系，但实际在更大程度上是战后英国需要继续依赖和利用美国。至此，英国退让，美国进取，渐进式霸权转移完成。

三 "股权变化"：简要总结和分析

英美之间的渐进式霸权转移避免了"修昔底德陷阱"，未如传统争霸那般发生惨烈战争，相对平和，不过，这是一个复杂激烈的博弈过程。形象而言，英美关系犹如一家"合资公司"，渐进式霸权转移的演变好像是公司逐渐发生股权变化，原来的大股东的股份越来越少，变成小股东，而小股东的股份逐步增多，变成大股东。双方彼此争夺，相互遏制，又"合资经营"，相互利用。美国主要是运用"大到吃不下"的强大实力和"取之有道"的方式，英国是且退且战，力求"让之有利"。这个博弈过程包括双方的一系列战略条件和方式方法。

第一，两国实力对比的决定性、渐进性和内部稳固性，为渐进式霸权转移提供了基本历史条件。一是英国先天不足和实力衰落。英国本土小，资源和人口少，虽有庞大的殖民帝国可依托，但终非久远之计，随着帝国瓦解，原形毕露。英国科技、经济和军事等优势在多国竞争下节节败退，国力接连受到争霸战争削弱。二是美国崛起具有"大到吃不下"的实力，足以迫使英国妥协。三是英国并非急剧衰落而是渐进式衰落，美国崛起是渐进式崛起，即使从内战后的第二阶段算起，也有80多年。渐进式衰落和渐进式崛起产生了两国实力对比变化的渐进性，有了战略缓冲空间。相比之下，在英德争霸关系中，德国从1871年统一到1914年发动大战只相隔43年，而德国法西斯的迅速崛起则用了不到10年。

实力是决定性因素（因为强国永远不会向弱国转移霸权），也是渐进性的根本前提。同时，国内稳定性是国力根本，也是这种决定性和渐进性的内在基础。美国在内战前，国内问题众多，经过内战胜利和战后调控，才重新稳固了国内社会政治，迫使英国放弃了分裂美国的图谋。1929年美国又陷入持续多年的经济大危机，经过罗斯福新政才重新稳固。英国在众多战争和危机中，也费尽艰难保持了国内稳定性。它们留下了保持社会稳定的重要历史经验教训。

第二，双方战略回旋余地大，为渐进式霸权转移提供了历史空间条件。在美国崛起过程中，英美彼此无法凭武力完全击败对方，留下相对和平的发展空间；彼此市场大，相互需要多，经贸关系密切，又留下广大的经济发展空间。具体而言，英国在 1812 年第二次英美战争以后意识到无力彻底打垮美国，并且需要美国的广大市场；作为霸权挑战者的美国从未攻击英国本土，也需要贸易，两国产生 19 世纪中期以来长期的相对和平。虽然这些军事和经济因素不是唯一因素，但还是在一定程度上有缓冲作用。换言之，双方的利益空间多，留下了避免决战的战略回旋余地。

第三，长期以来多国争霸的世界格局，为渐进式霸权转移提供了历史机遇。19 世纪以来，英国先后受到法、德、俄、日等国的争霸挑战，这不仅大大削弱了英国，且多次掩盖转移了美国争霸矛盾，还使英国必须依靠美国，创造了英美合作机会，有利于美国。此外，英美两国有大西洋阻隔，双方均可借助大洋为安全屏障，这也在一定程度上减少了两国直接冲突的可能性。

第四，美国争霸"取之有道"，英国力求"让之有利"，为渐进式霸权转移提供了一种非传统的现代历史演变方式。美国发展史上充满武力扩张和霸气征服，但夺取霸权不得不讲究"方式方法"。简言之，一是并非传统般的"杀死"霸主，而是以自己的壮大，利用各种手段和机会使霸主的"资本"大贬值，乘机"收购"。这是一种典型的"资本运作"方式，符合资本的成本－效益的最佳比。二是美国在崛起和帝国主义思想狂热中，对英国基本保持了战略冷静和耐心，反而实现了夺霸目标。三是"取之有道"的方法，包括上述的韬光养晦和避强击弱、"温言在口，大棒在手"等，特别是在后期采取"分解霸权，化整为零，逐步夺取"战略。回顾历史，美国没有采取全面攻击大决战，一蹴而就的传统争霸方式，而是先在 19 世纪末取得经济优势，与德国共同消解了英国经济霸权；又在教育科技方面急起直追，建立美国优势，消解了英国霸权的重要实力基础；随后是建立海军优势，迫使英国签约承认美英海军力量对等，终于取得海上霸权；最后是在二战后建立布雷顿森林体系夺取了金融霸权。同时，美国利用反对殖民主义的民族解放独立运动，长期瓦解英国殖民霸权。英国不得不"让之有利"，避免决战毁灭，保存了基本利益，并且多方面利用美国谋利，利益关系相对平衡。一取一让之间，虽激烈博弈，但完成了渐进式霸权转移。

总体来看，渐进式霸权转移的主要特点可归纳为两国矛盾不少而不失控，实力对比是渐变而非剧变，利益关系相对平衡而不绝对失衡，美国野心勃勃却"取之有道"，英国虽不甘心但终究务实面对，"让之有利"。

当今，中国崛起和中美关系问题成为世界性关切热点，必将深刻影响两国和世界。当年的美国崛起和英美关系，与当今的中国崛起和美中关系，难以直接比较，不同处比比皆是。两者至少有基本性质、根本目的、关系方式、社会基础和历史环境条件等众多不同。当然，两者在若干方面确有一些重要的类似性，可资比较和研究，以提供历史启示，且至关重要。其中包括战略哲学和实力的生成运用的学问。不过，篇幅有限，需另外论述。可以说，超越美国不是中国的最高目的，超越而称霸更不可能、不必要、不应该是中国的根本目的。"修昔底德陷阱"不是绝对必然，新型大国关系不是不可能实现。历史发展不是简单重复，总是在以往基础上超越而创新。历史悠久的中国可有此信心、智慧和能力。

[吴必康，中国社会科学院世界历史研究所研究员]

（本文始发于《人民论坛·学术前沿》2014年第5期）

中国传统文化与西方文化的较量

——杨光先与汤若望之争

郝贵远

汤若望是明末清初来华的天主教耶稣会著名传教士，对中国历法的改进做出过突出贡献，因此受到明清两代朝廷重用，并得到当时思想比较开明的官僚和知识分子的赞扬和尊敬。然而，其晚年受杨光先控告，一度身被缧绁，几乎丢掉性命，成为轰动朝野的大案。《清史稿》载：

> 康熙五年（1666），新安卫官生杨光先叩阍进所著《摘谬论》《选择议》，斥汤若望新法十谬，并指选择荣亲王葬期误用《洪范》五行，下议政王等会同确议。议政王等议："历代旧法，每日十二时，分一百刻，新法改九六刻。康熙三年立春候气，先期起管，汤若望妄奏春气已应参、觜二宿，改调次序，四余删去紫炁。天祐皇上，历祚无疆，汤若望祗进二百年历。选荣亲王葬期不用正五行，反用《洪范》五行，山向年月俱犯忌杀，事犯重大。汤若望及刻漏科杜如预、五官挈壶正杨宏量、历科李祖白、春官正宋可成、秋官正宋发、冬官正朱光显、中官正刘有泰皆凌迟处死；故监官子刘必远、贾文郁、可成子哲、祖白子实、汤若望义子潘尽孝皆斩。"得旨，汤若望效力多年，又复衰老，杜如预、杨宏量勘定陵地有劳，皆免死，并令覆议。议政王等覆议，汤若望流徙，余如前议。得旨，汤若望等并免流徙，祖白、可成、发、光显、有泰皆斩。自是废新法不用。①

---

① 《清史稿》，卷272。

　　上面这段文字，只讲了杨光先告汤若望的理由和结果，并没有谈其原因。其实，杨光先告汤若望，决不像上文说得那么简单。杨光先反对新法，一是认为新法不合旧制，多有舛误；二是认为在历书封面上标明"依西洋新法"，是"暗窃正朔之权以予西洋，而明谓大清奉西洋之正朔也"①。历法方面的分歧，毕竟是具体的科学问题，通过实践不难判定是非。清朝的议政王大臣之所以袒护杨光先而处置汤若望，恐怕另有原因。我们知道，无论明朝还是清朝，都是封建专制王朝，它们统治人民的思想基础，便是传统的儒家学说。儒家的三纲五常伦理道德，是统治阶级用以束缚人民手脚，借以维护其专制政权的有力工具，而传教士宣扬世人只能信奉一个神灵，那便是天主，只能按照天主的意志行事，从而打破了传统的忠君思想和事亲观念，使统治阶级从思想上感到了威胁。这种局面，是那些一心维护封建礼教的官僚士大夫所不愿见到，也绝不允许的。因此，斥逐天主教便成了他们共同的目标，杨光先反对于时宪历封面上标明"依西洋新法"，清政府在罢黜汤若望后复用大统术，反映出当时上上下下都在尽力维护一种观念，即天不变道亦不变。

　　俗话说：冰冻三尺非一日之寒。杨光先由反对在时宪历封面题写"依西洋新法"，到状告汤若望的过程，反映出传统的儒家思想与天主教之矛盾已发展到不可调和的地步，以致最终酿成人命官司。汤若望去世后，南怀仁复被重用，对杨光先实行严厉报复，必欲将其置之死地。双方攻讦过程中，都把历法作为武器，实际上背后进行的是残酷的政治斗争。杨光先状词标题便是"告为职官谋叛本国，造传妖书惑众，邪教布党京省，邀结天下人心，逆形已成，厝火可虑，请乞审除，以消伏戎"。状词中称信教的中国人都是"乱臣贼子"，外国传教士散处全国，汤若望则"借历法以藏身金门，窥伺朝廷机密"，他们"内勾外连，谋为不轨"，"若不速行剪除，实为养虎贻患"②。南怀仁等后来则呈告杨光先"依附鳌拜，捏词陷

---

① 杨光先：《正国体呈稿》，《天主教东传文献续编》第3册，台湾学生书局，1966，第1146页。
② 杨光先：《请诛邪教状》，《天主教东传文献续编》第3册，第1075~1079页。

人，将历代所用《洪范》五行称为《灭蛮经》"①，谈的都是政治问题，哪里有一点学术争论的味道？

在中国历史上，借反对宗教而推行某种政策的事情，这并不是第一次。唐武宗会昌五年（845）发起的灭佛运动，曾迫令僧尼 26 万余人还俗，没收奴婢 15 万人充税户，在中国"法流十道"，"寺满百城"的景教，以及其他宗教，也因此受池鱼之殃。明朝万历末年，沈淮在南京排斥天主教，致使传教士遭明令驱逐，其激烈程度，与杨光先告汤若望相比，则相逊远甚。

正因为杨光先与汤若望的斗争异常激烈，所以过了二百多年以后，魏特先生在其《汤若望传》一书中，提到杨光先时还心有余忿。他写道：

"这位老人的性格，经当时各报告者，描写到了最黑暗地步。他做了一生诬蔑，陷害，与毁灭洁白无过失的人们的事体。人们说，受他的陷害，使他良心负责，而经他冤死的人们竟有百名以上。""汤若望是他所视为他的主要仇敌；因为他也认他自己是一位最大的天文学家的。他很明白，怎样可以很灵巧地代表一件不公道的事情，并且他还是很擅长于刀笔的。在他性格上这黑暗描写，无论怎样打重大折扣，那终究要是一位诡诈的，有绵软不断的耐力，而充满了嫉妒与刻毒的老头儿立在了我们眼前的，他对于他要毁灭基督教与汤若望的目标决不肯放松，而任何鄙恶手段皆所不顾惜。"②

既然在魏特先生心目中，杨光先留下的是这样一种形象，那么，这个"刻毒的老头儿"利用一切机会挑起事端就不足为奇了。"1659 年或 1660 年杨光先已经发表了一篇分为三章攻击汤若望与教会的文章，题名：《辟邪论》"。魏特先生写道："在这篇文章中，他首先否认天主的人格化，否认造物主，亵渎基督，亵渎玛利亚和全部基督教，并且还尝试着要把十字架的学说与其他基督教信条拖入嗤笑之中。"他认为，杨光先文章中为基督教罗织的罪名有：与中国的习俗与道德相敌视；拒绝向皇帝和父母恭顺

---

① 萧穆：《故前钦天监监正杨公光先别传》，《敬孚类稿》卷 10，转引自《天主教东传文献续编》第 3 册，第 1318 页。

② 魏特：《汤若望传》，商务印书馆，1947，第 472、473 页。

孝敬，轻视祭祖典礼、婚姻和友谊，破坏人类五伦与大自然的和谐；对国家安全构成威胁。①

1664 年，教徒李祖白撰《天学传概》，批驳杨光先的指责，书中提到中国的伏羲氏乃亚当之子孙，"国之初人，实如德亚之苗裔"，历代圣经贤传"何莫非天学之微言法语"，引起杨光先强烈不满，遂以此为口实，向传教士发起了攻击。杨光先把其所写的文章辑录到一起，出了一本集子，名叫《不得已》，中心是批驳教会的言论，而《辟邪论》则是其中的灵魂。那么，《辟邪论》中阐明了哪些观点呢？他写道：

> 明万历中，西洋人利玛窦与其徒汤若望、罗雅谷奉其所谓天主教以来中夏，其所事之像名曰耶稣，手执一圆象。问："为何物？"则曰："天。"问："天何以持于耶稣之手？"则曰："天不能自成其为天，如万有之不能自成其为万有，必有造之者而后成。天主为万有之初有，其有有元而为万有元，超形与声，不落见闻，乃从实无造成实有，不需材料、器具、时日。先造无量数天神无形之体，次及造人。其造人也，必先造天地，品汇诸物，以为覆载安养之需，故先造天造地造飞走鳞介种植等类，乃始造人，男女各一，男名亚当，女名厄袜，以为人类之初祖。天为有始，天主为无始，有始生于无始，故称天主焉。次造天堂，以福事天主者之灵魂，造地狱以苦不事天主者之灵魂。人有罪应入地狱者，哀悔于耶稣之前，并祈耶稣之母以转达于天主，即赦其人之罪，灵魂亦得升于天堂。惟诸佛为魔鬼，在地狱中永不得出。"问："耶稣为谁？"曰："即天主。"问：天主主宰天地万物者也，何为下生人世？曰："天主悯亚当造罪，祸延世世胤裔，许躬自降生救赎，于五千年中，或遣天神下告，或托前知之口，代传降生在世事迹，预题其端载之国史；降生期至，天神报童女玛利亚胎孕天主，玛利亚怡然允从，遂生子名曰耶稣，故玛利亚为天主之母，童身尚犹未坏。"问："耶稣生于何代？"曰："生于汉哀帝元寿二年庚申。"②

---

① 魏特：《汤若望传》，商务印书馆，1947，第 473～474 页。
② 杨光先：《辟邪论》，《天主教东传文献续编》第 3 册，第 1103～1106 页。

我们不惮冗繁，原文引述上面的大段文字，在于它集中表现了天主教与儒家学说的分歧，这些分歧，主要表现在以下几个方面。

第一，宇宙是天主造的吗？

天主教认为，世间万物乃天主所造，天主为万有之初有，天为有始，天主为无始，就是说，是天主创造了世界。这一说法，当时在欧洲是不容置疑的。然而，在中国这片有着广袤土地、众多人口，悠久历史和文化传统的地方，欧洲认为天经地义的真理受到了挑战。杨光先根据传统的儒家学说，斥责天主创造世界的说法"荒唐怪诞"。他写道："夫天，二气之所结撰而成，非有所造而成者也。子曰：天何言哉？四时行焉，百物生焉。时行而物生，二气之良能也。天，设为天主之所造，则天亦块然无知之物矣，焉能生万有哉？天主虽神，实二气中之一气，以二气中之一气而谓能造生万有之二气，于理通乎？"他还针对"天主为万有之初有"，"天为有始天主为无始"的说法进行了批驳，认为"而所谓无始者，无其始也，有无始，则必有生无始者之无无始；有生无始者之无无始，则必又有生无无始者之无无无始。遡而上之，曷有穷极，而无始亦不得名天主矣。误以无始为天主，则天主属无，而不得言有"。① 杨光先所否定的天主创世说，是教会的根本。既然世界不是天主所创，天主的存在还有什么价值呢？

第二，耶稣即是天主？

天主教认为，天主为救赎人类才降生为人，因此，他兼有神、人两重品格。杨光先则认为耶稣"亦人中之人"而不是神。"若耶稣即是天主，则汉哀以前尽是无天之世界。"说玛利亚感神孕而生耶稣乃无稽之谈。"男女构精，万物化生，人道之常经"，"有母而无父，恐不可以为训于彼国，况可闻之天下万国乎？""尊无父之子为圣人，实为无夫之女开一方便法门矣。""童身二字，本以饰无父之嫌，不知欲盖弥彰也。"至于天主造人及耶稣下生救世之说，杨光先认为："天主造人，当造盛德至善之人，以为人类之初祖，犹恐后人之不善继述，何造一骄傲为恶之亚当，致子孙世世

① 杨光先：《辟邪论》，《天主教东传文献续编》第 3 册，第 1106~1107 页。

受祸，是造人之人，贻谋先不臧矣。天主下生救之，宜兴礼乐，行仁义，以登天下之人于春台，其或庶几，及不识其大，而好行小惠惟以瘳人之疾，生人之死，履海幻食，天堂地狱为事，不但不能救其云礽，而身且陷于大戮，造天之主如是哉？及事败之后不安义命，跪祷于天，而妖人之真形，不觉毕露。夫跪祷于天也，天上之神，孰有尊于天主者哉？孰敢受其跪，孰敢受其祷？以天主而跪祷，非天主明矣。"①

第三，天堂和地狱。

杨光先认为："天堂地狱，释氏以神道设教，劝怵愚夫愚妇，非真有天堂地狱也。作善降之百祥，作不善降之百殃，百祥百殃，即现世之天堂地狱，而彼教则凿然有天堂地狱在于上下，奉之者升之天堂，不奉之者堕之地狱。诚然，则天主乃一邀人媚事之小人尔，奚堪主宰天地哉！使奉者皆善人，不奉者皆恶人犹可言也；苟奉者皆恶人，不奉者皆善人，抑将颠倒善恶而不恤乎？释氏之忏悔，即颜子不二过之学，未尝言罪尽消也。而彼教则哀求耶稣之母子，即赦其罪而升之于天堂，是奸盗诈伪皆可以为天人，而天堂实一大逋逃薮矣。拾释氏之余渖而谓佛堕地狱中永不得出，无非满腔忌嫉以腾妒妇之口，如真为世道计，则著至大至正之论，如吾夫子正心诚意之学，以修身齐家为体治国平天下为用，不期人尊而人自尊之，奈何辟释氏之非而自树妖邪之教也。"② 这段文字，清楚地说明了天堂地狱之说，为佛教和天主教所共有，但含义和作用却不尽相同。佛教天堂地狱之说，是劝善惩恶的一种手段，有利于维护封建统治，因此可以容忍，而并不加以阻拦。天主教的天堂地狱，是以对天主的态度为转移，敬事天主者方可升入天堂，不事天主者必将堕入地狱，虽也有劝善惩恶之意，但其最终目的并不是为了维护封建统治，因此，当教会势力对封建统治构成威胁时，便不能再容忍其存在，而要加以取缔了，而且，由这段文字可以看出，中国传统文化是无神论，儒家并非宗教。

---

① 杨光先：《辟邪论》，《天主教东传文献续编》第 3 册，第 1107、1109～1111、1115～1117 页。
② 杨光先：《辟邪论》，《天主教东传文献续编》第 3 册，第 1111～1112 页。

第四，耶稣：圣人乎？罪人乎？

在天主教看来，耶稣无疑为至善至美之圣人，因此当他被钉死在十字架上，"天则望日食既，下界大暗；地则万国震动"。杨光先则认其为谋叛之乱臣贼子，"观盖法氏之见耶稣频行灵迹，人心翕从，其忌益甚之语，则知耶稣之聚众谋为不轨矣"。耶稣被钉死于十字架上，"则耶稣为谋反之渠魁，事露正法明矣"。"其徒讳言谋反，而谋反之真赃实迹，无一不招供于《进呈书像说》中。"①

当年利玛窦借用天主一词来称呼西方的主神，并从中国经籍中选出了上帝一词，来与西方所称的天主对应。他写道："吾国天主即华言上帝也。"② 在他看来，找到彼此语言上相同或相近的词语便能沟通或弥合中国和西方在观念上的差异。其实不然。无论中国还是西方，观念的形成既非一朝一夕之功，它们的消除也决非找到几个对应的名词便能解决。仅以"上帝"一词而论，中国人和西方人的理解就大不相同。在理学盛行的明代，天被看成"万事万物万理之大宗"。在他们眼里，天为有形之理，理为无形之天，天和理是二而一的东西。理学祖师之一的程颐，在其所著《伊川易传》中说："乾，天也，天者，天之形体；乾者，天之性情。乾，健也，健而无息之谓乾。夫天，专言之则道也，天且弗违是也；分而言之，则以形体谓之天，以主宰谓之帝，以功用谓之鬼神，以妙用谓之神，以性情谓之乾乾者，万物之始，故为天为阳为父为君。"朱熹也说："乾元是天之性，如人之精神，岂可人自是人，精神自是精神耶？"③ 这里所说的天、道、理、乾，等等，都是对"上帝"一词的诠释，或者说，是"上帝"一词的同义语，因此杨光先认为"天不可言自是天，帝不可言自是帝也，万物所尊者惟天，人所尊者惟帝。人举头见天，故以上帝称天焉，非天之上又有一帝也"。《尚书》中称天、上帝乃是人类对天表示尊敬，"非天自天，而上帝自上帝也"。④ 也就是说，"天"和"上帝"是同一件事物

---

① 杨光先：《辟邪论》，《天主教东传文献续编》第 3 册，第 1117、1113～1115 页。
② 利玛窦：《天主实义》，《天学初函》影印本，台湾学生书局，1978，第 415 页。
③ 转引自杨光先《辟邪论》，《天主教东传文献续编》第 3 册，第 1124 页。
④ 杨光先：《辟邪论》，《天主教东传文献续编》第 3 册，第 1124～1125 页。

的两种称谓。

宋明理学把人们的思想引入了唯心主义，因而受到含有唯物主义成分的思想家的反对。利玛窦提出的"合儒、补儒、超儒"的方针，一方面受到明末进步人士的欢迎，但另一方面也受到持传统观念者的反对。汤若望继承了利玛窦的方针，从而也就继承了西方文化与中国传统文化的矛盾。利玛窦的"合儒"并非合当时占统治地位的儒，即宋明理学，而是合古代之儒，即汉代以前之儒。正因为如此，他们在引述儒家经典时，必言出孔孟。然而，恰恰在孔孟的言论中，关于天的论述与教会的说法背道而驰。孔子说："天何言哉？四时行焉，百物生焉，天何言哉？"① 就是说，天是一种自然现象。当然，孔子也说过"畏天命"的话，但这决不表明他笃信鬼神，相信天堂地狱之说，而是在人类尚未解开自然界奥秘，还不具备改造自然的手段之前，只能依从自然，顺应自然。

天主教认为"苍苍之天为上帝之役使者"②，把"上帝"凌驾于"天"之上，这是儒家思想上不能接受的。自汉代以来，"道之大原出于天，天不变，道亦不变"的思想，已经成了统治阶级信奉的金科玉律，封建皇帝把自己封为上天之子，代表上天对人世进行统治，并因此制定了一套"天地君亲师"的伦理道德规范，天主教否定天的至高无上的地位，就破坏了儒家思想体系的根基，造成"乾坤俱泪，五伦尽废"的局面，这当然是儒家思想不能接受，也是最高统治者所不能容许的。议政王大臣们当初支持杨光先而判定汤若望有罪，原因恐怕就在这里。

中国儒家和天主教观念的差异，还表现在功利观的不同。传教士说，耶稣"救世功毕，复升归天"，似乎在其生前做了不少丰功伟绩。儒家认为，救世之功，应是指那些"一言而泽被苍生，事而恩施万世"的大事业，"若稷之播百谷，契之明人伦，大禹之平水土，周公之制礼乐，孔子之法尧舜，孟子之距杨墨"③ 是也。这些事业，或有利民生，或匡扶世道，应该留芳万古。至于教会宣扬的天主神功，如使病人痊愈，死而复生之

① 《论语·阳货》。
② 杨光先：《辟邪论》，《天主教东传文献续编》第 3 册，第 1122 页。
③ 杨光先：《辟邪论》，《天主教东传文献续编》第 3 册，第 1127 页。

类，在儒家眼里，不过是用来欺骗愚夫愚妇的无稽之谈。既然天主可以让人死而复生，当初为何又让人病让人死呢？而且它为什么要先让人病让人死，后来又改变主意，让人痊愈或死而复生呢？由此看来，如果说真有天主，那么，天主的行为也是喜怒无常、毫无主见、随心所欲、行无定则的，其信徒将其行迹宣之于口，笔之于书，是悖理反道的，不应使其肆意传播。

任何一个国家或民族的文化，严格说来，都不是其独立创造的，而是在其自身文化基础上，或多或少吸取外来文化的结果。正因为如此，相距遥远的国家或民族，其文化却有着共同点。中国的传统文化，是在汉民族原有文化基础上，吸收附近少数民族文化乃至遥远的外国文化，经过长时间的融合才形成的。其中最明显的例证，就是佛教的传入及其在中国的发展。佛教自公元1世纪传入中国后，历经周折，不断与中国固有的文化相适应、相渗透、相融合，终于成为中国传统文化的一部分，对哲学、文学、艺术乃至民俗产生了广泛影响。利玛窦等借口佛教崇拜偶像，是迷信行为，而加以反对，迎合了一些中国文人的心理，"故交赞之，援引之"[①]，加之传教诸书"止载耶稣救世功毕，复升归天。而不言其死于法，故举世缙绅，皆为其欺蔽"[②]。因此，杨光先指斥其为大奸。汤若望《进呈书像》把耶稣被钉死于十字架上的情形和盘托出，也就授杨光先以公开反对天主教之口实："岂有彼国正法之罪犯，而来中夏为造天之圣人？其孩孺我中夏人为何如也？耶稣得为圣人，则汉之黄巾、明之白莲，皆可称圣人矣！耶稣既钉死十字架上，则其教必为彼国之所禁，以彼国所禁之教，而欲行之中夏，是行其所犯之恶矣，其衷诇可测哉？"[③] 由此，对传教士来华目的产生疑问是很自然的。

如果说杨光先是一个排外主义者，此话并不为过。然而，如果说杨光先是一个盲目排外主义者，就言过其实了。爱国主义，不论任何时代，只要有国家存在，总有其具体内容。杨光先之所以排斥天主教传教士，是与

---

① 杨光先：《辟邪论》，《天主教东传文献续编》第3册，第1129、1130页。
② 杨光先：《辟邪论》，《天主教东传文献续编》第3册，第1129、1130页。
③ 杨光先：《辟邪论》，《天主教东传文献续编》第3册，第1129、1130页。

其所生活的时代分不开的。自秦汉以来，中国便形成了中央集权的统一国家，其间虽有战乱、割据乃至分裂的局面，出现过北方少数民族的入侵，但总的趋势仍然是大一统政权占主导地位。这种情况到明朝后期发生了变化，随着欧洲殖民势力的扩张，葡萄牙人于 1553 年（嘉靖三十二年）强行租占澳门，在中国南部边陲第一次出现了欧洲殖民者的据点。明朝后期来华的耶稣会传教士，不论罗明坚、利玛窦，还是龙华民、汤若望，都是从这里进入中国内地的。他们与欧洲的联系，也主要是通过澳门进行的。利玛窦当初能在广东立足，后来又得以在北京居住，法律手续是不完备的，其他传教士亦然。之所以出现这种状况，在于"天下之人（应读作各级官吏——引者），知爱其器具之精工，而忽其私越之干禁"[1]。而且，利玛窦等人来华之初，打的是仰慕中华文化的旗号，对其真正目的——传教避而不谈。随着传教士人数的增多，活动范围的扩大，信徒也在不断发展，到汤若望时代，教堂在中国已有 30 处之多，传教士足迹遍布大江南北。教徒人数，据德礼贤先生统计，利玛窦时（1610 年）约有 2500 人，至于 1615 年，增至 5000 人。1617 年，有 13000 人，1636 年，38200 人；1650 年竟增至 150000 人。[2] 从地域分布来看，又以江西、福建、江南、浙江等省为多，而这些地区，或为清初抵抗激烈之地，或为郑成功等抗清武装活动之区，而且历史上有着秘密结社的传统。这种情况，对于以少数民族身份入主中原的满族上层来说，是不能不加以考虑的，何况在明末确实有传教士加入了抗清行列。正因为清朝是少数民族建立的政权，所以统治手段方面格外严厉，不仅与外国人交往要严格盘查，就是中国人在国内往来，也受诸多限制。但是清初忙于战事，关防建设尚未提上日程，杨光先对此表示忧虑。"夫国之有封疆，关之有盘诘，所以防外伺、杜内泄也，无国不然。今禁令不立，而西洋人之集中夏者，行不知其遵水遵陆，止不知其所作所为，惟以精工奇巧之器鼓动士大夫，天堂地狱之说煽惑我愚民……世方以其器之精巧而爱之，吾正以其器之精巧而惧之也。输之

---

[1] 杨光先：《辟邪论》，《天主教东传文献续编》第 3 册，第 1129、1130 页。

[2] 德礼贤：《中国天主教传教史》，商务印书馆，1934，第 67 页。

攻，墨之守，岂拙人之所能哉！非我族类，其心必殊。不谋为不轨于彼国，我亦不可弛其防范，况曾为不轨于彼国乎？兹满汉一家，蒙古国戚出入关隘，犹凭符信以行，而西洋人之往来，反得自如而无讥察，吾不敢以为政体之是也。"① 尤其信教之人中，有国家的高级官吏，更增加了他的担心。

当初利玛窦为了在中国传播天主教，曾想方设法影响和接近万历皇帝。从取得居留权的角度看，他取得了成功，但当面向万历皇帝传教的愿望却始终未能实现。汤若望比利玛窦要幸运得多，他不仅多次见过顺治皇帝，而且被尊称为"玛法"，授予高官，还封赠三代，可谓荣宠有加。然而，接近归接近，能否使其信教则是另一码事。当了十八年皇帝，与汤若望有着良好个人关系的顺治，从来没有下过一道正式准许天主教在中国传播的圣旨，自己也没有成为汤若望所希望的天主教徒，相反，在《御制天主堂碑记》中明确表示："朕所服膺者，尧舜周孔之道；所讲求者，精执中之理。至于玄笈贝文所称道德楞严诸书，虽尝涉猎，而旨趣茫然，况西洋之书，天主之教，朕素未览阅，焉能知其说哉！"② 由此看出，尽管汤若望与顺治皇帝之间个人关系良好，他对顺治皇帝的影响毕竟有限。

顺治去世，遗诏以索尼、苏克萨哈、遏必隆与鳌拜辅政。他们改世祖（顺治）之政。康熙皇帝年幼，对各种政务毫无经验，完全听命于辅政大臣，修历等事当然也不例外。封建王朝把修历看作维护自己统治的重要手段，无论明朝皇帝还是清朝初年的皇帝，对参与修历的外国传教士给予很高的荣誉，如崇祯送匾"钦褒天学"，顺治皇帝赐给汤若望"通玄教师"的称号，等等，目的在于鼓励他们更好地为自己服务。然而，历法的改进，未能挽救明朝的灭亡；顺治的早逝，却给了儒家反击的机会。杨光先站在儒家传统的立场上，批评天主教为异端邪说，向西方文化提出挑战，因而被国内外一些人目为守旧派的代表。我们认为，

---

① 杨光先：《辟邪论》，《天主教东传文献续编》第 3 册，第 1131～1132 页。

② 《御制天主堂碑记》。

这种说法是不恰当的。前面提到，中国传统文化是在发展中形成的，也就是说，它吸收了汉族以外的周边少数民族乃至遥远国度的文化，从而使自身不断丰富多彩。但是，文化的发展并不是孤立进行的，它与当时社会的政治、经济、思想、军事等各项活动有着密不可分的关系。战争在促进文化交流方面的作用尤为突出。徐光启等人向传教士学习西方科学技术知识，为的是富国强兵；杨光先等排斥传教士带来的西方文化，是因为看到教会势力增长会给国家安全造成隐患，他们观察问题的角度、处理问题的方式截然不同，目的却是完全一致的，那便是维持封建王朝的长治久安。

传教士带来的西方文化遭到反对，根本原因在于传教士及教会本身。从传教士踏上中国土地之日起，他们便在如何传教的方式方法上存在分歧。有人主张进行直接传教，像在印度等地那样，有人主张采取间接、迂回的方式。利玛窦为后者的代表。他提出"合儒、补儒、超儒"的方针，就是要使西方文化与中国传统文化适应，通过传播科学知识，赢得中国知识分子的同情与支持，先在中国站稳脚跟，然后逐步扩展势力，使天主教在与其他宗教的斗争中战而胜之或取而代之。至于是否要影响或改变中国的政权，恐怕是利玛窦等尚未考虑或还没来得及考虑的问题。这种方针的优点是比较稳妥，缺点是进展缓慢，因此，受到教会内部一些人的批评。汤若望继承了利玛窦的方针，努力做争取上层的工作，尽管没能达到使顺治皇帝信教，从而为在华传教打开大门的目的，但他与顺治皇帝良好的个人关系，确实保障了清初传教士的人身安全，并使他们受到地方官员的尊重。随着来华教士人数的增长，活动范围的扩大，传教工作的进展，传教士内部的分歧也逐步显现。不仅来自不同国家或不同教派的教士，想法往往会发生抵触，就是同一教派内部，也往往因为教士的不同经历会把不同的利益要求反映到传教事业中来。靠了汤若望的名字才免一死的利类思（P. Ludovicus Buglio）和安文思（P. Gblriel de Magalhaens）来到北京后，对汤若望本人及其执行的方针大加攻击，就是耶稣会内部没有形成统一指导思想的表现。李祖白著《天学传概》，把伏羲以来的中国人说成如德亚之苗裔，中国的儒家经典尽为天主教思想之余绪，这本来是天主教思想的体现，而身为李祖白师长的汤若望似乎对此书的刊刻未加闻问，反而由与之不和的利类思出面，去求许之渐作序，也反映出同一会派的传教士之间内部存在着斗争。

《天学传概》一书，暴露了传教士代表的西方文化，企图凌驾于传统的中国文化之上。其实，这种意图早在四百年前便已初见端倪。1245 年，方济各会士柏朗嘉宾（John de Plano Carpini）奉教皇英诺森四世（Innocent Ⅳ）之命，出使蒙古，所携国书中因有指责蒙古大汗好杀的言辞，当即受到贵由汗（元定宗）的驳斥；康熙年间，以教皇敕谕禁止传教士尊重中国习俗，遂下令把不尊重中国风俗的传教士驱逐出境。由此可见，凌驾于其他民族之上，是罗马教廷的指导思想。欧洲殖民主义者凭借武力把这一思想推向世界其他地区，在中国却遇到了阻碍，这是因为中国是一个有着辽阔疆域、众多人口、发达的经济和高度文明的中央集权的统一国家，而当时西方的任何国家，其实力都尚未达到独自吞并她的地步，因此，不得不采取比较缓和、比较隐蔽的方式，通过传播科学技术知识，逐步征服人心，最后达到不战而屈人之兵的目的。如果天主教后来不遭禁止，中国很可能已经成为信徒最多的国家。是教廷的干预导致了中国的禁教。19 世纪中叶以后，教会在坚船利炮的掩护下重新进入中国，成为西方殖民主义的得力助手。

对于来华传教的耶稣会士，应当具体分析。一般来说，他们出于虔诚的宗教信仰，远离故土去传播"天主"的"福音"，"解救"受苦难的生灵，并因此历经艰险，甚至牺牲性命，这种精神是值得敬佩的，对于他们带来的西方科学技术知识和为中国社会经济文化发展所做的贡献，中国人民将永远不会忘记。至于传教士宣扬的天主创造世界，耶稣就是天主，反对佛教的偶像崇拜，等等，不过是在反对迷信的旗帜下，宣传另一种迷信。杨光先从维护中国传统文化和国家安全的角度，对传教士进行反驳，实际上是在中西文化的较量中不自觉地扮演着角色，他身上表现的狭隘民族观念无疑受时代的局限，盲目排外使中国在后来付出了沉重的代价。但是，他维护传统文化，重视国家安全的意见，是不能轻易否定或一概抹杀的。爱国主义，在不同时代有着不同的内容，徐光启等努力学习西方科学技术，目的是富国强兵，杨光先反对传教士，是考虑国家的安全。他们在不同的时代为着一个共同的目标而奋斗，这个目标就是保持中华民族生活的这片土地上的和平与安宁。

［郝贵远，中国社会科学院世界历史研究所副研究员］

（本文始发于《世界历史》1998 年第 5 期）

抗日战争时期的中美关系

朱贵生

一 隔岸观火 坐收渔利

20 世纪 30 年代，中国处于民族危亡之秋。日本全面侵华之后，西方大国无动于衷。1938 年 7 月 16 日，美国国务卿赫尔发表声明说："我们一贯主张维护和平。我们主张在本国和国际上的自我克制。我们主张所有国家在推行政策时都不使用武力，不干涉其他国家的内政。"①

"八一三"淞沪战役开始，日本侵略直接威胁和损害了美国在华利益。8 月底和 9 月初，日本海军全面封锁了中国沿海（青岛除外）。9 月 14 日，美国总统罗斯福发表声明，承认日本对中国沿海的封锁，并且宣布："在没有新的指示以前，凡属美国政府的商船一律禁止向中国或日本运送任何种类的军火、军用装备或军需品。"② 同时还声明，其他任何悬挂美国国旗的商船，如企图向中国或日本运送军用物资时，责任自负。此类声明标榜"中立"，貌似公允。实际上中国当时没有远洋商船，而日本则有相当强大的远洋商船队，完全可以自运军火，同时租用其他国家船只为日本运输军火也绝不会遭到中国的攻击。所以这个声明无疑是帮助日本封锁和孤立中国。

---

① 科德尔·赫尔：《科德尔·赫尔回忆录》（Cordell Hul, *The Memoirs of Cordell Hull*）第 1 卷，纽约，1948，第 535 页。

② 李长久，施鲁佳主编《中美关系二百年》，新华出版社，1984，第 100 页。

为什么一贯高唱遵守《九国公约》、维护中国独立和领土完整的美国竟会助纣为虐呢？答案很简单：维护美国的经济利益。

在1929～1933年的经济危机冲击后，美国深感生产"过剩"，当务之急就是扩大出口。到1938年，美国对日出口相当于美国对拉丁美洲各国出口的总和。美国输日物资表面上都说是废钢废铁，而实际包括石油、钢铁、铜合金、机器、飞机、汽车、弹药等重要军用物资。"据官方发表的数字，1937年美国对日出口总额为2.88558亿美元；1938年为2.39575亿美元；1939年为2.31405亿美元。其中，军用物资占出口总额的比例：1937年是58%；1938年是66%；1939年是81%。1938年，美国输日的作战物资，竟占日本全部消耗额的92%。"[1]

然而，日本的进一步侵略扩张却教育了美国的当权人士。1940年3月30日，日本一手扶植的大汉奸汪精卫纠集几个民族败类在南京成立了傀儡政权——"国民政府"，使美国感到中国有被日本独占之虞。5～6月，希特勒横扫西欧，法国、荷兰投降，英国退守英伦三岛，它们已无力保卫东南亚的属地，从而为日本南进大开方便之门。9月底，日本占领了印度支那北部。这些变化对美国当权人士的思想产生了两大重要影响：

第一，一旦日本控制了新加坡和西南太平洋的海上通道，他们很可能就要切断对中近东英军的重要的海上供应线，从而使英国只能采取守势而不再具有进攻的威胁。如果英国只能困守英伦三岛，那么英国能否生存就值得怀疑了。1940年12月这个分析已被呈送到罗斯福总统面前。

第二，无论美国采取什么行动都会显著影响那些正在继续抗击德、日的人们的意志。同日本妥协的任何迹象都会削弱这种抵抗，甚至可能导致中、英两国都退出战争。那样美国就会单独面对世界新秩序的后果，很可能她将被迫孤军奋战而没有盟国。[2]

---

[1] 龚古今等主编《中国抗日战争史稿》，湖北人民出版社，1983，第86页。

[2] 保罗·瓦尔格：《门户关闭，1936—1946年的中美关系》（Paul Varg, *The Closing of the Door, Sino—American Relations in 1936 - 1946*），第19页。

1940 年 11 月底，日本正式承认汪精卫傀儡政权，这无疑加深了蒋介石政府的危机。美国驻华大使纳尔逊·詹森向国务院警告说，除非华盛顿采取措施，给予蒋介石新的财政和政治援助，否则重庆的垮台就迫在眉睫。[①]

这时罗斯福感到问题严重，便催促下属迅速采取行动，并开始坚持要由白宫来控制对华政策。"从此，总统着手制订一项严加管制的计划，其目的不仅要加速对华援助，而且要把中国变成在军事上和政治上都对美国有益的盟国。"[②]

二　援华抗日　联盟作战

1941 年 1 月，美国《租借法案》出台，这样，罗斯福在对外援助方面就拥有了广泛的权力。中国驻华盛顿的首席代表宋子文敦促罗斯福派一位总统特使去重庆。罗斯福挑选一位颇有魅力和相当干练的助手、总统经济顾问劳克林·居里博士担当此任。居里于 1941 年 2～3 月访问重庆。他向罗斯福提出一个详细的访华报告，建议美国加强援助中国继续抗日，促使蒋介石进行经济和政治改革，防止内战。居里还说，这样的"改革也将使中国成为美国战后较有吸引力的伙伴"。[③] 罗斯福虽然没有明确表态，但此后几年的实践证明，这就是战时美国对华政策的基本框架，直到 1944 年秋天史迪威返美，赫尔利出任驻华大使时为止。

根据美方统计，战时美国对华贷款为 6.9 亿美元，按《租借法》给予的军事援助为 8.257 亿美元，两项总计为 15.157 亿美元。这些援助的"目的是为了协助中国稳定战时经济，并使中国政府获得对日战争中所必需的军用物资、农产品和工业产品"。[④] 美国的军事援助，主要用于陈纳德指挥

---

① 迈克尔·沙勒：《美国十字军在中国》，商务印书馆，1982，第 38 页。
② 沙勒：《美国十字军在中国》，第 40 页。
③ 沙勒：《美国十字军在中国》，第 53 页。
④ 《美国与中国的关系》，中国现代史资料辑委员会翻印，1957，第 1068～1970 页。

的美国陆军第 14 航空队和史迪威主持的培训和装备 30 多个中国陆军师。即为了联合作战，打击日本侵略军。

第 14 航空队是由美国志愿航空队（即飞虎队）发展而来的。从 1941 年 12 月 18 日起，美国志愿航空队开始对日军作战，保护中国对外的唯一通道——滇缅路。到 1942 年 7 月 4 日，飞虎队击毁日机 299 架。并且据信另有 300 架日机被击落在缅甸的丛林和深山之中。他们击毙日本飞贼约 1500 人，而自己仅牺牲 24 人。[①]

美国正式参战以后，飞虎队改为中国空军突击队，属美国陆军建制。1943 年 3 月 10 日，第 14 航空队正式成立，陈纳德被提升为少将，出任司令。在同年 5 月举行的英美首脑三叉戟会议上，陈纳德要求增加飞机和作战物资的计划得到总统支持。此后，第 14 航空队的作战能力大大加强，他们轰炸上海、西贡和马尼拉以及台湾新竹的日军据点，变成日本侵略军的眼中钉、肉中刺。因而摧毁第 14 航空队在我国东南地区的基地，尤其是桂林和柳州机场，也就成为日本打通大陆交通线的战略目标之一。[②]

1944 年 4 月至 12 月初，日军实施"一号"作战，从黄河南岸的中牟打到贵州独山。第 14 航空队大显身手，广泛出击，计歼灭日军 1.4 万多人，炸毁日本飞机、船舶、汽车等数以百计。[③] 第 14 航空队的英勇战斗迟滞了日军的进军时间表。

美国空军人员在对日作战期间，有 800 多名美国青年为中国人民的民族解放事业献出了宝贵的生命。

中美人民的战斗情谊更体现在史迪威将军的业绩中。史迪威来华后任中美印战区参谋长，美国驻华军事代表，在缅甸的中、英、美军司令官，对华租借物资统制人，滇缅路监督人，在华美国空军指挥官，即身兼六职。[④] 他

---

① 斯科特：《飞虎队：中国的陈纳德》（Robert Lee Scott, *Flying Tiger, Chennault of China*），纽约，1959，第 70 页。

② 服部卓四郎：《大东亚战争全史》，商务印书馆，1984，第 1099 页。

③ 斯科特：《飞虎队：中国的陈纳德》，第 230 页。

④ 梁敬錞：《史迪威事件》，商务印书馆，1973，第 27～28 页。

认为，打败日本的关键，一是组建一支装备精良、训练有素的现代化军队，二是使中国拥有取得外援的通道。史迪威来华期间（1942 年 3 月 5 日至 1944 年 10 月 20 日）有三大建树。

（1）1942 年 4～5 月，史迪威指挥中国军队在缅甸战败后，率余部退往印度。在中国政府协助下，史迪威在印度的兰姆伽和云南的昆明、大理建立干部训练团，由美国军人担任教官，为 30 多个中国陆军师培养基干。他利用美国军械装备了 30 多个中国师，即驻扎云南的中国远征军。中国远征军在 1944 年 5 月至 1945 年春歼灭缅甸北部的日本侵略军的战斗中，立下了不朽的战功。

（2）在史迪威主持下，中美工程技术人员和印度工人从印度的利多到缅甸的密支那修筑了一条公路，把滇缅公路连接起来。这条公路于 1945 年 1 月 28 日完工，并举行了通车典礼。此后美援助物资源源不断地运进中国。为了表彰史迪威的功绩，这条路命名为史迪威公路。

（3）1942 年春史迪威率中国的两个师余部退到印度后，即对该部进行严格训练，后由中国政府补充兵员，扩编为两个军——新一军和新六军，统称驻印军，史迪威任总指挥，郑洞国任副总指挥。1943 年春天，中国驻印军开始对日寇进行局部反攻，至 1944 年 8 月 5 日，中美联军（是年春天，美国地面部队 3000 余人参战）攻克缅北重镇密支那。这个胜利具有重要的战略意义，它使美国飞机飞越"驼峰"[①] 的安全系数大大提高，货运量猛增；它使中印公路能很快全线贯通。

在整个北缅战役中，美国空军起了重要作用。马歇尔写道："重新进入缅甸是一次最为雄心勃勃的战役，而且只是靠一条连续不断的空中供应线进行的。从中国军队于 10 月（1943 年）首先进入胡康河谷，直到第二年 8 月攻下密支那城以后，那儿经常有 2.5 万到 10 万军队参战，他们主要或完全依靠空中供应的食物、装备和弹药，……"[②]

---

① 根据北京航空联谊会统计，在飞越"驼峰"的空运期间，美国飞行人员牺牲 1400 多人，中国牺牲 100 多人。

② 《美国陆军总参谋长给陆军部长的两年报告（1943—1945）》（*Two Years Report of Chief of the Army General Staff to War Secretary, 1943 - 1945*），华盛顿，1945，第 58 页。

三　抬举中国　壮大美国

到 1943 年时，中国人民已进行了 12 年全面抗日战争，这时，美国的对华政策是：

> 对中国我们有两个目标。第一是有效的联合作战。第二是承认和树立中国为主要大国，在战时和战后与西方三大盟国俄、英、美并驾齐驱，这既是为了准备一个战后组织，也是为了在东方建立稳定和繁荣。①

所以，"战争初期，罗斯福采用的亚洲战略是着重把国民党中国抬高到'大国'的地位"。② 1943 年罗斯福对英国外交大臣艾登说："将中国包括在四大国之内……是极为重要的。""中国既不会侵略，也不会成为帝国主义，而将成为抵消苏联力量的有用的平衡力量。"③ 根据罗斯福的上述战略思想，美国除给予中国一些援助以外，还采取了一些友好姿态和行动。1943 年 1 月 11 日，美中两国签署了关于取消美国在华治外法权及处理有关问题之条约。同年 12 月，美国国会又废止"不合时代的"排华法。

关于战后和平建设，罗斯福有一个设想，即成立一个国际组织来维护世界和平秩序，每个同盟国家都可以参加这个国际组织，但苏、美、英、中要成为"四个警察"，组成委员会（即后来的安理会）随时制止侵略行为。

为了实现罗斯福的这个战略部署，在 1943 年 10 月 19～30 日召开的苏、美、英莫斯科三国外长会议上，美国国务卿赫尔敦促莫洛托夫，同意让中国参加签署苏、美、英、中《关于普遍安全的四国宣言》，即为建立国际安全组织——联合国奠定基础。赫尔说："在我看来，不能把中国从四国宣言中删去。我国政府认为，中国已经在世界范围内作为四大国之一进行战争。对中国来说，现在如果俄国、大不列颠和美国在宣言中把它

---

① 《科德尔·赫尔回忆录》第 2 卷，第 1583 页。
② 沙勒：《美国十字军在中国》，第 91 页。
③ 《艾登回忆录》中册（《清算》），商务印书馆，1976，第 657 页。

抛到一边，那在太平洋地区很可能造成可怕的政治和军事反响。"① 莫洛托夫表示赫尔说得有道理。1943 年 10 月 30 日，当时的中国驻苏大使傅秉常和苏、美、英三国外长莫洛托夫、赫尔、艾登共同签署了《苏美英中四国关于普遍安全的宣言》。

不言而喻，美国竭力树立中国的大国地位绝不是什么慈善行为，而是美国全球战略利益的需要。在亚洲，保持中国继续抗战，树立中国的大国地位，以便在战后有一个亲美的中国，这样在北方可以抗衡苏联，在远东可以监督日本，在联合国里还可以牵制英国，而一个潜在的巨大的中国市场则是美国资本和商品输出的好地方。

为了让蒋介石以大国元首的身份到国际舞台上亮相，罗斯福邀请蒋介石参加开罗会议（1943 年 11 月 23～26 日），以便与丘吉尔一起商讨如何把日军赶出缅甸以及打败日本和战后处置日本等问题。

23 日罗斯福设晚宴招待蒋介石夫妇，并作一夕长谈。

（1）关于中国的国际地位——罗斯福表示，中国应取得四大国之一的地位，平等参加四强机构，参加制订此类机构之一切决定。蒋介石回答说，中国将乐于参加四强机构及其一切决定。

……

（5）关于归还领土——蒋介石和罗斯福一致同意，日本强占的中国东北四省、台湾和澎湖列岛在战后必须归还中国，这应理解为，辽东半岛及其两个港口，即旅顺和大连必须包括在内……②

《中美英三国开罗宣言》（1943 年 12 月 1 日）又正式宣布上述作战之宗旨，并称"我三大盟国表示决心以不松弛之压力，从陆海空诸方面加诸残暴的敌人。……将坚持进行为获得日本无条件投降所必要之重大的长期作战"。③

---

① 《科德尔·赫尔回忆录》第 2 卷，第 1282 页。
② 《美国对外关系文件》（1943 年开罗和德黑兰会议）（*Foreign Relations of the United States*, The Conferences to Cairo and Teheran in 1943），美国政府出版局，华盛顿，1961，第 323～324 页。
③ 《国际条约集》（1934～1944），第 407 页。

这样，中国便作为四大盟国之一登上国际政治舞台。然而，为了与中国一起有效地联合作战，树立中国的大国地位，中国国内必须有一个稳定的政治局面。因此，美国的有识之士主张促使蒋介石联合中国共产党人共同抗日。

四　考察延安　促蒋联共

抗日战争在1938年底进入战略相持阶段之后，人民抗日力量增长，日寇把作战重点逐渐转向抗日根据地。蒋介石采取消极抗战、积极反共的方针，掀起3次反共高潮，这种倒行逆施的行径，激起一切主张积极抗日的人们的义愤和反感，包括在华工作的一些美国人，史迪威及其政治顾问约翰·戴维斯和约翰·谢伟思可为代表。

史迪威写道："我是根据看到的情况来判断国民党和共产党的。国民党是腐败、失职、混乱、搞钱、苛捐杂税、言行不一。囤积、黑市、与敌人通商。共产党的纲领是……减税、减租、减息。提高生活和生产水平。参加政治。说到做到。"[1]

史迪威及其政治顾问们根据上述精神不断地向美国国务院和总统本人呈送报告，反映国共两党和中国政局的实况。所以在开罗会议期间，罗斯福对蒋介石说："如果战争要继续打下去"，蒋应当"与延安的共产党人组成一个联合政府"。总统的儿子埃利奥·罗斯福在引用他父亲的话时说，蒋同意这个想法，但要取决于苏联信守尊重"满洲疆界"的诺言。

为了防止中国发生内战，减少共产党胜利和苏联干涉的双重危险，美国人谋求一种使延安和重庆妥协的办法。这就是把美援分给国共两党，使它们可能都受到约束，不致相互进犯。

为了就地了解中国共产党的真情实况，早在1943年6月戴维斯就建议史迪威派一个观察组到延安进行考察。但蒋介石坚决不允。于是罗斯福决

---

① 西奥多·怀特编《史迪威文件》（*The Stilwell Papers*，Edit by Theodore White），纽约，1948，第316页。

定派副总统华莱士访华，说服蒋介石同意实行民主改革，允许中共代表参加政府，让美国人去延安的建议。

华莱士于 1944 年 6 月 18～30 日在重庆停留两周。在 6 月 21～24 日与蒋介石举行的会谈中，他直率地谈到罗斯福希望通过中国内部的政治协议和同苏联签订条约达到统一和稳定。华莱士表明，美国愿意调解中国国内的危机，但不会直接参与中苏谈判。①

在国共两党关系这一关键问题上，蒋介石大肆诬蔑中国共产党，然后声明："除非他们（中共）承认中央政府的最高地位，否则谈不上联合。"② 在华莱士持续压力下，蒋才同意让美国派个观察小组去延安。但尽管如此，蒋还是坚持要美国人不同共产党人采取任何联合行动。③

7 月 10 日，华莱士在白宫向总统提出了一份总结报告。他提醒罗斯福注意蒋介石有这样一个倾向，即蒋要使"共产党威胁成为他政府的种种失败的替罪羊"。华莱士还严厉地指责蒋依靠"一个由地主、军阀和银行家支持的落后无知的政府……"

华莱士访华的积极成果之一，就是"美军延安观察组"于 1944 年 7 月 22 日飞抵延安，受到中共领导人的热烈欢迎。观察组组长是包瑞德上校，团员有史迪威的政治顾问约翰·谢伟思等十余人。

7 月 28 日，谢伟思给史迪威发去一份报告："很有意思，我自己的第一印象……非常好。……我们一行人都有同一个感觉——我们来到了另一个国度，我们接触的是另一种人民。精神和气氛有着不可否认的变化。"④

8 月 23 日，毛泽东和谢伟思进行了 6 个小时的谈话。这位已故的中共主席告诉美国人说，1937 年国共两党又进行合作，但国民党不是真诚地全心全意地接受合作，而是迫于下述 5 个因素：①日本的进攻；②外国舆论

---

① 沙勒：《美国十字军在中国》，第 161、162 页。
② 沙勒：《美国十字军在中国》，第 161、162 页。
③ 华莱士：《幻想的时代》，1944 年 6 月 18～30 日记载内容，转引自沙勒《美国十字军在中国》，第 162 页。
④ 《在中国失去的机会》（第二次世界大战时约翰·谢伟思的急电）（*Lost Chance in China, Despatches of John S. Service in World War Ⅱ*），约瑟夫·埃什里克编，纽约，1974，第 179 页。

的压力；③共产党持续增长的力量——在西安表现出来的；④中国人民的意志——抗日；⑤国民党内部的软弱——它使国民党无法打败我们。①

"美军延安观察组"进入延安前后，正是日军打通大陆交通线、国民党军队一溃千里之时。于是美国陆军参谋长马歇尔倡议，由史迪威指挥中国所有的部队，包括共产党的部队。②

7月7日，罗斯福致电蒋介石，建议蒋任命史迪威指挥所有中国军队（包括中共的部队）和在华美军，以抗击敌人。蒋介石自然不肯交出军权，但他也不敢硬顶罗斯福，因此采取拖延战术，在给罗的复电中表示：一，原则同意，但需准备时间；二，请罗先派一位特使来华，以协调蒋和史迪威之间的关系。罗斯福决定派赫尔利访华。

赫尔利一行绕道莫斯科前往重庆。在莫斯科期间，苏联外长莫洛托夫曾向赫尔利保证："克里姆林宫既不支持延安，也不反对国民党。"③ 这种保证成为他心中的一张底牌。

1944年9月6日，赫尔利一行到达重庆。史迪威以为赫是他的支持者。9月15日，史氏晋谒蒋介石，建议将包围陕甘宁边区的胡宗南部队调往华南，抗击日寇。次日史迪威和宋子文坦率地交换了意见。史对宋说，如果他不能马上得到充分的指挥权，如果陈诚和白崇禧不分别被任命为军政部部长和参谋总长，他就要敦促华盛顿"完全撤出中国，另行建立基地"。④

史迪威给总统和马歇尔的信也在9月16日到达他们手中。这一天，罗斯福发给蒋介石的电报等于最后通牒。美国总统写道："拖延的时间已经过去了，如果不给史迪威指挥部队的全权，美援即将停止……"9月19日，史迪威把罗斯福的这份电报亲自交给了蒋介石，恰巧打断了蒋介石和赫尔利的私下会谈。史迪威以为，他有了总统的全面支持，十拿九稳可以担任新的角色了。但史氏万万没有想到，赫尔利到达重庆以后，已秘密地

---

① 《在中国失去的机会》，第296～297页。
② 约翰·戴维斯：《抓住龙尾》（John Paton Davies, *Dragon by the Tail*），纽约，1972，第325页。
③ 《美国对外关系文件集，1944》第6卷，第253～256页，转引自沙勒《美国十字军在中国》，第165页。
④ 沙勒：《美国十字军在中国》，第167页。

主动和蒋介石合作，想方设法使蒋摆脱这位讨厌的美国将军。

9月24日，赫尔利收到蒋介石和宋子文联名写给罗斯福的一封信。信中表明，虽然蒋介石原则上同意由美国人来担任中国所有武装部队的总司令，但永远不同意由史迪威出任此职。赫尔利在蒋、宋的信上附加了他自己的意见，告诉总统说，史迪威已成为在中国的中心问题，如果把史迪威调开，蒋就可能在军事和政治上采取新的主动行动。最后，赫尔利说，蒋的决定是不可更改的，他赫尔利本人赞成这个决定。时值美国总统竞选高潮，罗斯福希望第4次当选，他当然不愿与四大国之一的中国决裂。10月18日，罗斯福决定召回史迪威。20日史迪威离华返美。

五　扶蒋反共　挑动内战

史迪威罢官返美和赫尔利出任驻华大使（1944年11月），是战时中美关系的转折点。赫尔利奉罗斯福之命，来华调解史、蒋矛盾，调解国共两党关系，但他很快就放弃了中立的调解人的立场，暴露了他固有的反共原形。

赫尔利在了解国共两党的基本立场之后，自己准备了"五点建议"，先交蒋介石。蒋授意王世杰、张治中进行修改，弄得面目全非，赫尔利就把它带到延安。在两天的会谈中，对于赫尔利带来的"五点建议"，毛泽东说明了中共原则性的不同意见。谈判结果，中共领导人毛泽东与赫尔利在协议上签字。"五点协议"的主要内容是，①中国政府、中国国民党及中国共产党通力合作，为击败日本而统一所有国内武力……②国民政府应改组为一联合政府，由一切抗日政党及无党派之政治团体所派代表构成之……③联合政府应遵照孙中山先生所倡原则，创设一民治、民享、民有之政府……④一切抗日武力应遵守并实施联合政府及联合军事委员会之命令……⑤中国的联合政府承认中国国民党、中国共产党及一切抗日政党的合法地位。[①]

---

① 世界知识出版社编辑《中美关系资料汇编》第1辑，世界知识出版社，1957，第142页。

赫尔利在周恩来陪同下返回重庆。当他把"五点协议"交给国民党后，宋子文说，国民党永远不会接受中共的要求；蒋介石说，决不会同意组织联合政府。10 天之后，赫尔利完全背弃了他亲手签署的"五点协议"，而向周恩来转交国民党的"三点反建议"，其核心是中共必须交枪，把部队交给国民党政府改编，然后由政府统一指挥；唯一让步是，中共可以"遴选"几个高级军官参加军事委员会。所以毛泽东在周恩来 11 月 21 日发给他的电报上批道："党治不动，请几个客，限制我军。"① 中国共产党理所当然地拒绝了美蒋这种交枪阴谋。

赫尔利图穷匕首见，一方面开始清洗使馆里那些敢于如实反映情况的中国通；另一方面秘密地对蒋介石说："等到对日战争结束，你那些装备精良的师团就可以轻而易举地战胜共军。"② 在初步"调解"国共矛盾失败之后，赫尔利于 1945 年 2 月偕魏德迈、梅乐斯一起回国述职。这时美国大使馆临时代办乔治·艾奇逊强烈地认为，国务院从赫尔利那里得不到有关中国情况的全面和客观的意见。因此他认为这是职业外交官们向政府提供情况分析和政策建议的时候了。2 月 28 日，谢伟思起草了一份"中国局势"的报告，以艾奇逊的名义发回华盛顿。

报告指出，（1）由于美国迅速增加各种援助和只支持和加强中央政府等，"所有这些因素加到一起，大大增加了蒋的强有力的感觉，结果使他产生了不现实的乐观，因而缺乏作出任何妥协的意愿"③ ……

（2）"共产党人已做出结论，我们肯定只支持蒋，而且我们也不会迫使蒋伸出手去帮助共产人或者与他们合作。"④ ……

（3）"结论看来是明显的，中国的混乱将不可避免，可能爆发的灾难性的内部冲突将加速到来。……从长远观点看，这种局势对美国的利益也是危险的。"……

---

① 转引自牛军《从赫尔利到马歇尔》，福建人民出版社，1989，第 41 页。
② 《赫尔利和蒋介石会谈备忘录》，1945 年 2 月 16 日，转引自沙勒《美国十字军在中国》，第 208 页。
③ 《在中国失去的机会》，第 359~360 页。
④ 《在中国失去的机会》，第 359~360 页。

"假定军事需要是存在的，我们建议考虑的第一个步骤，就是总统用明确的词句告知委员长，军事需要要求我们供应共产党人和其他有助于抗日的适当团体，与他们合作……并且我们可以指出，由我们援助共产党人比他们寻求俄国人的帮助或直接、间接的干涉要好得多。"①

"而且，采取我们认为现实地接受中国事实的政策，我们就能期望得到中国所有抗日力量的合作，使共产党人站在我们一边，而不是把他们推到俄国人的怀抱。"……

美国驻华使馆政务官员从抗日需要出发，建议武装中共部队。但美国决策人从全球战略考虑，首要问题已经不是援共抗日，而是怎样防止共产主义扩张了。因此，美国参谋长联席会议在听取赫尔利、魏德迈和梅乐斯汇报时，定下的基调是讨论"共产党叛乱"问题，即如何扶蒋反共。而此时罗斯福已在佐治亚州的温泉疗养（4月12日逝世），很难过问中国事务。

4月2日，赫尔利在华盛顿记者俱乐部发表公开讲话，攻击中共及其领导的抗日军队是中国统一和民主的障碍，故意把中共与军阀混为一谈。

他声称中共的力量被过高估计，国民党军队才是中国最强大的力量，美国决不向中共提供援助。②

第二天，赫尔利离开华盛顿取道伦敦和莫斯科返回重庆住所，以便取得英、苏对美国对华政策的支持。回到重庆以后，赫尔利大言不惭地公开吹嘘美国对华政策仿佛就是美英苏三大国一致的政策，而在暗地里却加紧鼓励和怂恿蒋介石发动内战。由于国民党军队已经开始在局部地区使用美国武器打起内战，中国共产党利用各种宣传手段猛烈抨击美国的扶蒋反共政策。1945年7月12日，毛泽东在为新华社撰写的评论——《评赫尔利政策的危险》中指出："这个以赫尔利为代表的美国对华政策的危险性，就在于它助长了国民党政策的反动，增大了中国内战的危机。假如赫尔利政策继续下去，美国政府便将陷在中国反动派的又臭又深的粪坑里拔不出脚来，把它自己放在已经觉醒和正在觉醒的几万万中国人民的敌对方面，

① 《在中国失去的机会》，第360~361页。
② 《美国对外关系》中国卷，1945，第317~318页。

在目前，妨碍抗战，在将来，妨碍世界和平。"①

历史证明了毛泽东的英明预见。美国以援华抗日开始，逐渐成为中国的盟友；以扶蒋反共告终，又与中国人民对立。这就是战时中美关系的不幸结局，但也是历史的必然。

［朱贵生，中国社会科学院世界历史研究所研究员］

（本文始发于《世界历史》1995 年第 4 期）

---

① 《毛泽东选集》合订本，人民出版社，1976，第 1015 页。

图书在版编目（CIP）数据

欧美史研究. 第 1 辑 / 孟庆龙,王宏波主编 . --北
京:社会科学文献出版社,2018.12
ISBN 978 - 7 - 5097 - 8817 - 2

Ⅰ.①欧…　Ⅱ.①孟…②王…　Ⅲ.①欧洲－历史－
研究 ②美洲－历史－研究　Ⅳ.①K500.7②K700.7

中国版本图书馆 CIP 数据核字(2018)第 292935 号

欧美史研究（第 1 辑）

主　　编／孟庆龙　王宏波

出 版 人／谢寿光
项目统筹／宋月华　郭白歌
责任编辑／郭白歌

出　　版／社会科学文献出版社·人文分社　（010）59367215
　　　　　　地址：北京市北三环中路甲 29 号院华龙大厦　邮编：100029
　　　　　　网址：www. ssap. com. cn
发　　行／市场营销中心（010）59367081　59367083
印　　装／三河市龙林印务有限公司

规　　格／开 本：787mm × 1092mm　1/16
　　　　　　印 张：19.5　字 数：299 千字
版　　次／2018 年 12 月第 1 版　2018 年 12 月第 1 次印刷
书　　号／ISBN 978 - 7 - 5097 - 8817 - 2
定　　价／98.00 元

本书如有印装质量问题，请与读者服务中心（010 - 59367028）联系